尹建莉　著

U0657461

最美的 教育 = 最简单

作家出版社

尹建莉，教育学者，教育硕士，经典教育著作《好妈妈胜过好老师》作者，家庭教育领域标志性人物。曾在一线从事教育工作多年，现致力于家庭教育研究及写作。

谨以此书献给我敬爱的父亲母亲!

目 录

序言

两个书名，两个教育发现

朱旭东

几年前，尹建莉拿来她的第一部家教书稿《好妈妈胜过好老师》，书中传达的有心无痕的教育理念已让我略有惊讶。现在又读到她的第二部书稿，流淌在字里行间的教育的美丽和质朴，再次让我有眼前一亮的感觉。她的第一本书已获得很好的社会反响，从这部《最美的教育最简单》来看，尹建莉的研究和写作又上了一个台阶。

在这本书中，她的角色从家长完全进入到研究者的身份中，写作更进一步地从个体经验进入到群体经验，从经验理性进入到学术理性，从个案思考进入到对更广泛社会教育问题的关注。尹建莉在自己的专业上一直不断成长，同时又引导着广大家长进入专业成长的轨道，这种引导力在本书中呈现得更为突出。

本书的每篇文章各自独立，整本书却浑然一体，因为其内部始终有一个非常清晰的逻辑框架。这个框架不是文字结构上的教条，而是遵循了发现问题（problem）、提出问题（question）、分析问题和解决问题这样一个科学认知的规律。她深入地观察生活，敏锐地发现问题，勇敢地剖析问题，并且积极地给出建议，这样的思考路线和专业素养贯穿始终。

尹建莉的这本书和她的前一本书《好妈妈胜过好老师》主要落脚点在家庭教育上，两部作品一定程度上填补了教育学在家庭教育方面的空白，弥补了政策和学院理论无法对个体教育生活形成细节关怀的不足。

一个儿童的成长，任务很多，如认知与情感的发育，道德与公民性的成长，个性与社会性的协调，健康与安全意识，艺术与审美品位，兴趣与学业平衡等等。这些需要家庭和学校两方面合力完成。儿童的智力、情感等方面的发育主要经由家庭来实现，社会性和认知发展等方面则主要通过学校来完成，家庭教育和学校教育必须相辅相成。比如一个孩子，他在学校哪怕仅仅是和同学打一场篮球，除了表面上的碰撞和冲突，更多地领略到的是竞争、合作、角色、关心、帮助、接纳等意识，这些体验是家庭教育难以孤立地给予的。

教育要发展儿童的个性。个性不是孤僻，是在遵循社会普遍规则、准则基础上所表现出来的与众不同。越是个性越应该具有融合性、社会性，大家因为不一样才会在一起，由个性组成的群体，才是丰富的，才会和谐。家庭教育和学校教育合力而为，才能塑造出优秀的人才。

从《好妈妈胜过好老师》到这本《最美的教育最简单》，两个书名概括出两条教育真理，对当下很多人的认识来说，犹如新发现。虽然从书稿中也看到了尹建莉在面对种种教育问题时，有纠结和烦恼，但相信她对教育的热情始终饱满，希望她在今后的研究和写作中继续有佳作诞生，为家庭教育的研究拓展出更宽的路子。

2014年7月北京师范大学英东楼

前言

生命中最美的馈赠

尹建莉

小时候听过一个"手端银碗讨饭吃"的故事。说的是有三位父亲经常到庙里为儿子祈福，天长日久感动了菩萨。有一天他们同时被菩萨请去，允许他们从众多的宝物中每人挑一样，回去送给儿子。第一位父亲挑了一只镶嵌着宝石的银碗，第二位父亲挑了一辆包满黄金的马车，第三位父亲挑了一副铁铸的弓箭。

得了银碗的儿子每天热衷于吃喝，得了金马车的儿子喜欢在街市上招摇，得了弓箭的儿子整天在山野间狩猎。多年后，三位父亲去世，爱吃喝的儿子坐吃山空，把碗上的宝石抠下来变卖完，最后不得不手端银碗讨饭。爱招摇的儿子失去了招摇的资本，每天从金马车上剥一小片金子，换点粮食辛苦度日。会打猎的儿子练就了一身狩猎好功夫，经常扛着猎物回来，一家人有酒有肉有穿有吃，一辈子不发愁。

这个朴素的民间故事寓意是深刻的：作为父母，如果我们留给孩子的只是一些消耗性的财富，是不可靠的；只有给孩子留下一些生产性的、可持续性的财富，才是真正对他们一生负责。

时代发展到今天，什么是我们能送给孩子、可保障他们一生幸福健康的最可靠的宝物呢？从教育的角度来说，这几样东西最重要。

第一件宝物是"阅读"。阅读不但可以塑造一个孩子的智力，还可以塑造他的心理品质。因为任何一部书，只要它是一本好书，往往充满真善美的情怀，会对孩子形成潜移默化的影响。

第二件宝物是"自由"。给孩子自由，不是对孩子放任不管，而是意味着你必须给孩子"三权"：选择权、尝试权、犯错误权。一个人，首先是个自由的人，才可能成为一个自觉的人。

第三件宝物是"良好表率"。给孩子做出表率，不仅是你在外人面前是什么样子，更重要的是你和孩子相处时是什么面貌。和孩子如何相处，是最直接最有效的教材，你能教给孩子的，全写在这里面了。

孩子和孩子是一样的，又是不一样的。家长的任务，是帮助孩子健全地发展自己。教育家杜威说过："一切教育的最高目的是形成性格。"在每个人的生命成长中，没有比家长更重要的老师。

不过，教育的匪夷所思之处，或者说和其他事情最大的区别，就是目的和结果的背离。很多家长的愿望和努力，不但没转化成生产力，反而变成了破坏力，这样令人痛心的例子比比皆是。无数相似的儿童，每天会有千万种不同的生活细节；而当下关于教育的新概念、新名词越来越多，使很多家长反而不知所措——所有这些情况，让不少家长感叹，教育孩子这件事好难好复杂。

一位诺贝尔物理学奖获得者曾说过，"物理是最简单的科学"。教育学亦如此，最美的教育最简单。教育不是一堆技术指标、专业术语和硬邦邦的言行，教育有其精美的内在秩序，即教育原理。把握到原理，就是把握到教育的万能钥匙，可以打开无数症结之锁。这对每个家长来说，其实都不是难事。家长和家长的差别，经常不是身份、地位或文化程度的差别，而是教育理念决定的手段的差别。手段的不同，区分出你给孩子的到底是银碗、金马车还是一副良弓。

本书是我的第二部家教作品，较前一部《好妈妈胜过好老师》，本书感性描述略少，理性分析较多，仍采用案例写作的方式，同时继续坚持雅俗共赏的风格。每篇文章的切入口或核心案例往往很小，大家都司空见惯，陈述的道理却比较大，但这种"大"往往是归于简洁，而不是繁复。我希望通过自己的专业知识，简化教育这件事，让所有的家长都能意识到，原来美好的教育是简单的，自己也可以成为教育专家。

书中有不少观点会对某些流行的认识形成冲击，所有观点都是我经过审慎的思考后写下。因为每一篇孤立的文章都篇幅有限，不可能对所涉及观点进行全方位的铺陈。所以如果你在读某篇文章时，觉得作者说话有失偏颇、解释不足，或不易理解，请不要急，这一篇中没能尽情阐释的东西，可能在另一篇中有比较详尽的论述。本书有着统一的逻辑和价值观，它的一切论点都建立在经典教育学和心理学基础之上。经典永不过时，而人性总是相通的。一切教育如地球上的陆地，表面看各板块距离很远，有大洋相隔，其实大海下面它们全部是相连的。只有深入地看，才能联系地看、简单地看。

我自己有一个阅读经验，一本有深度的书必须读几遍，才能理解得透彻。在这里我也把这个经验分享给本书的各位读者，分享的意识也是来源于很多阅读过我的第一部家教著作《好妈妈胜过好老师》的读者的反馈。他们说，读我这本书时，会经历以下不同的阶段。

第一遍，认可作者的观点，也羡慕作者能做得那么好。但觉得自己遇到的情况和作者遇到的不一样。并且作者的做法太细腻，感觉自己学不来。放下书后，遇到事情还是不知道该怎么处理。

第二遍，会发现前一次阅读原来很粗略，尽管每个字都读过，却忽略了很多重要信息。直到再次阅读，才发现不少迷惑的事情原来书中是有答案的。而且新的阅读会让自己透过故事开始领略背后的教育原理，对于自己如何做，开始心中有数了。

第三遍，发现许多不同的故事背后运用的原理其实是相同或相通的，归纳起来也很简单。这其实就是有了融会贯通的能力，这时再遇到什么事，就会不知不觉地把一些原理运用到孩子身上，效果也立即能显现。

这里说到的"三遍"，不是一个非常确定的次数，因为家长的阅读基础和认知基础不一样，因人而异吧。总之，阅读的次数和获得的教育水准及信心肯定是成正比的。希望大家在读过本书后，最终都会说：教育孩子原来好简单啊！这就是对我的最大的肯定与赞美。

我的这本书主要是写给家长的，它能在多大程度上被大家接受并感觉受益，一方面取决于我的努力程度，另一方面也取决于读者，取决于你的接纳程度。这本书虽然由我写成，但要实现它的社会价值，却需要由亲爱的读者和我共同完成。世间万事常讲一个"缘"字，我的书如果让我们双方有缘，那是我们彼此的福分，除了珍惜，唯有向上苍感恩。

不是会生孩子就会做父母，在当代，做个好家长必须要学习，教育的真正准备是完善自己。一个人没办法选择自己有什么样的父母，但可以选择自己成为什么样的父母。无论你置身都市还是乡村，是贫穷还是富有，是高官还是平民，你都可以把最好的教育送给孩子——让孩子成为一个身心和谐的有用的人，这是每位父母都有能力送给孩子的最宝贵的财富，是生命中最美的馈赠。

2014年7月1日

第一章

保卫纯真童年

1

给孩子一面涂鸦墙

一个缺少尝试、不犯错误的童年是恐怖的，它并非意味着这个孩子未来活得更正确、更好。也许恰恰相反，由于没有童年探索的铺垫，他的认知基础反而很薄，在未来的生活中不得不花费更多的力气去辨识世界、适应生活；很有可能一生都活在刻板、无趣和谨小慎微中，甚至是自暴自弃的堕落中。

画画是儿童的一种天性，到处乱画几乎是一种必然。

我女儿圆圆在2岁左右发现了笔的奇妙后，就兴致勃勃地往她所有能接触到的东西上乱画。奇怪的小人儿和线条开始是落在童话书上，然后就上了我和他爸爸的书、日记本及我们的影集。我们当然也给她白纸，让她尽量画在纸上，但她似乎不愿受此约束。既然管不了，我们就一般不管她，实在不能让她乱画的东西，就放起来，不让她接触到。她后来还往家具上画，我们告诉她不可以这样，并赶快把家具擦干净了，有的擦不干净，也不会因此责骂她。遇到这种情况，只能换个想法，把她的破坏看成是可爱的创作，想着等她长大了，如果这些家具还用着，正好可以让她看到她小时候多么淘气。

后来，圆圆不知从什么时候开始对画在墙上发生了兴趣，开始我们有些心疼白白的墙壁被她画得乱七八糟，就在墙上贴了很大的白纸，告诉她画在白纸上。但很快发现她真正的兴趣除了在"画画"上，更是在"画在墙上"。这个小家伙表面听我们的话，背地里总是偷偷越出纸界，在墙上落下笔墨，仿佛是一种挑衅。

意识到她的兴趣后，我们赶快修正自己的想法，不但没批评她，反而饶有兴致地欣赏她在墙面上的"创作"，我还故意对她爸爸说，难怪古人要画壁画，原来画在墙面上的东西和画在纸上的感觉确实不一样。圆圆看我们不在意她的破坏行为，又往墙上画了几次，就不再有兴趣了。而我们的心态放平了，确实也越来越能看出她的涂鸦之美了。

到她小学一年级时，我们换了一个新房子，很精心地装修过，雪白的墙壁似乎又刺激了圆圆的绘画兴趣，搬到新家时，她表示很想在这上面画些什么。我和她爸爸就决定空出大大的一面墙，不摆放家具，专门给她涂鸦。圆圆一听高兴极了，立即拿出一盒彩笔创作起来。

因为我们一直以来很听她的话，所以已是小学生的圆圆也学会了"听话"，我们要求她只画在这一面墙上，不要乱画到别处，她答应了，也能做到。当时她有几个同学喜欢放学后来我家玩一会儿，小姑娘们第一次来我家看到涂鸦墙时，总是很吃惊。当她们知道自己也可以像圆圆那样随意往这面墙上画或往上粘贴东西时，更是惊喜，往往会立即行动起来。

到圆圆小学毕业时，这面墙已是非常丰富了。不少到我家的人看到这面墙都觉得有点不可思议，精心装修的房子，怎么舍得让孩子把一面墙弄成那样子？我总是开玩笑回答说，这是一堵艺术墙啊，多好看！

我说的是真心话，我越来越意识到，儿童都是绘画天才，也是创意天才。在他们拿着一支笔恣意涂画时，其实是在启动自己的艺术才华。我经常在端详一些儿童画时心生感动，那种真诚、朴素和表达上的自由洒脱，是任何人教不出来、任何技巧难以到达的境界。如果你真的能用心去看一幅孩子的画，就一定不会把孩子在墙面上的创作看成破坏。我由衷地喜欢家中这面墙，摆一组家具或挂两张字画难道就能比圆圆和小朋友们画上去的公主、王子或不知所云的线条、各种颜色的贴纸更美更动人吗？

一面墙的光洁值多少钱？即使你不喜欢孩子乱涂乱画，也可以"忍痛割爱"，把这份自由和快乐送给孩子，过几年把墙重新修整一下不就行了。而孩子回报你的，往往是无法以价钱衡量的才华和丰沛的情感。

经常有人问我如何培养孩子的想象力，我的答案是：想象力不用培养，不限制就是培养。在教育上，并非家长做得越多越好，有时恰恰相反。尤其在培养孩子想象力方面，我认为"少就是多"是一条黄金法则。

因为成人常常受制于经验和常识的束缚，自己如果不是想象力丰富的人，在培养孩子想象力方面其实非常有限。卖菜的小贩可以称出一筐土豆的重量，但他不相信有人会称出地球的重量，他的常识中，称重只有一杆秤。家长不要以自己的有限，来理解和指导一个有无限可能的孩子。如果你想培养一个能算出地球重量的人，最好不要把他的思维早早地固定到秤杆上。减少干涉，才能给孩子留下开阔的思考空间。

儿童本身都有丰富的想象力，如果他在生活中很少遇到这个不许动、那个不能那样做之类的限制，并且他早早地接触了书籍，能从书籍这扇窗中望出去，看到现实以外的世界，那么想象力就可以得到正常发展。大约在圆圆四五岁时，我给她买了一套《恐龙》，通过那套书圆圆了解到，恐龙生活在很久很久以前，曾是地球的主宰，后来因故灭绝，现在只能在博物馆看到它们的化石。圆圆有一天又翻看这本书，突然问我，"妈妈，以后是不是就该有本《人》书了？"我乍一听，愣了一下，然后就明白了。是啊，现在人是地球主宰，谁能保证亿万年后，"人"不是另一种文明生物谈论到的遥远的"恐龙"呢？

有人说过，儿童是天生的哲学家，我十分相信这句话，只有在一个自由的灵魂中，才能产生真正的自我思考，才能产生想象力和创造力。这种力量，必须在幼儿期萌发、苗壮，否则就会萎缩。

圆圆大约4岁时，有一天在茶几上摆弄一根鞋带，她把鞋带中间绕个大圆，两头在圆的两侧直垂下来，像一个梳着直披肩发的头像，她说这是妈妈。我一看，真的很像，表示出惊喜。她接着用这根鞋带摆出了蝴蝶结、小豆苗、大蟒蛇、蜜蜂、剪子、带把的气球等等，甚至摆出了一个扎着羊角辫的小圆圆，都十分传神。因为当时只有胶片相机，不舍得浪费胶片，我就找张纸，把她摆出来的造型都画下来。后来，几乎所有看到这张纸的人都会为圆圆的造型能力惊叹。这当然首先是圆圆的天赋所在，但我们作为家长，至少没有压抑和破坏她这份天赋。

几乎每个孩子都带着某种天赋和偏好出生，"给孩子一面涂鸦墙"，并非倡导孩子满家乱画，这里想强调的是：不要阻止孩子的创造力和好奇心，给他一些"搞破坏"的机会，它价值千金。家长为此付出的不过是一点时间、一点金钱和一点耐心。假如孩子在自己家中活得缩手缩脚，经常为一些无心之过遭到责骂，家庭就没有为他提供最适宜的生长条件。墙面可以修旧如新，损失的钱可以赚回来，孩子的爱好和创造力掐灭了，可能永远无法重新燃烧。

检验你的孩子在家中是否获得了尊重和自由，家庭是否为他提供了一个放飞想象的空间，这里有一道简单的自我测验题：当孩子不小心闯了祸，如打了杯子或碰翻电脑，他的第一个反应是为那损坏的东西而难过，出现内疚情绪，还是急于看你的脸色，出现辩解的行为？

有位家长说她很用心教育孩子，可是2岁的孩子特别不听话，总是什么都要乱动，不让动就大哭，她每天为此和孩子发生好多次冲突，感觉很抓狂。

也许这位家长理想中的孩子应该除了玩具什么都不乱动，要动也会提前征求家长意见。天下有这样的孩子吗？如果她知道我女儿圆圆小时候不仅是什么都喜欢动一动，还经常搞破坏，是否会大吃一惊？

大约也是圆圆两岁多的时候，有一天只有我和她在家。我当时忙着干自己的事，圆圆似乎在我的梳妆台那边玩，感觉她很安静，就没去关照她。过一会儿，忽然听见圆圆说"呀，不好吃"。跑过去一看，发现她两只小手、脸蛋上都是白白的东西。我吓了一跳，马上就明白发生了什么事。我刚买的一瓶面霜，全被这小家伙抓出来，抹到脸上、镜子上，而且嘴里也有！可能是我的样子把圆圆吓着了，她脸上一瞬间浮起害怕的表情。我赶快笑着对她说："没事，别动，妈妈给你拍张照片！"抓起手边相机给她拍了照，然后开始清理。我先用白纱布擦她嘴里的油，一边擦一边问她："宝宝是不是闻着这个很香，以为很好吃，就吃了一口？"她点头。我问她好吃吗，她摇摇头说不好。我笑笑，对她说，嗯，这个不是吃的东西，不好吃，也不能吃，只能往脸上搽。然后又告诉她，再香的东西，如果不是吃的，都不能往嘴里放。圆圆忽闪着眼睛，在认真听我的话，看样子她听懂了。

我一边给她洗脸洗手，一边又对她说："你把油搽到脸上是对的，不过搽得太多了，你有没有注意到妈妈每天给自己和小圆圆用搽脸油时，都是只用一点点？"我给她用毛巾擦干净脸和小手后，从她的儿童霜中沾一点油出来，让圆圆看看手指上的量，然后涂到她的脸蛋上。一边涂一边告诉她，每次洗过脸，用这一点点就够了，不需要太多。圆圆乖乖地让我涂油，听我给她讲这些，很配合很满意的样子，洗过脸后，蹦蹦跳跳玩去了，以后再也没破坏过我的任何一瓶面霜。

后来，我的一位邻居看到我给圆圆拍的那张照片，听完我讲的故事后，感叹地说："你真是好脾气，要是我，得骂她一顿。一瓶油就这样被她糟蹋了！"邻居的想法可能有一定代表性，不过我觉得遇到这类事情发不发火，和"脾气"无关，其实和对事情的认识有关。

如果家长看到这种"破坏"的潜在价值，知道孩子的自尊比一瓶面霜更重要，知道一次大胆的尝试能让孩子获得一种常识和探索的兴趣，就会知道一瓶面霜被孩子破坏了，有可能比它搽到脸上更有价值——这样想的话，心中还会有不快，还会发脾气吗？

"教育"并不是单纯的规范和监督，其实，"放纵"也是一种教育，是一种形式消极、意义却积极的教育。在这种"纵容"下，孩子可能损坏一些东西，可能制造更多家务，甚至可能受点小伤，而这正是走在受教育的轨道上。

"规矩"固然是社会生活的必需，人们常说"没有规矩，难成方圆"。但是，在儿童教育中，则是"规矩太多，难成方圆"。

不要急于给孩子立规矩，尤其在他们认识世界的初期。有人说"规矩是用来打破的"，这句话用在儿童教育上是再恰当不过。儿童对一切事物都充满好奇，探索的欲望充满体内的每个细胞，而且，他们不知道行为的边界，所以常常会做出格的事或闯祸。在这样的一个关键期，家长要以正面心态面对孩子的种种"坏行为"，只要不危险，不妨碍他人利益，都可以放手让孩子去尝试。

有的孩子甚至对某种"坏东西"表现出偏好，这种情况下，家长也要尽量满足孩子的愿望，不跟孩子拧巴。其实，在孩子那里，一切东西都是纯洁的、有趣的，"好坏"之别其实常常是成人的一种偏见。家长要正确评估一件事的可行性，尽可能为孩子提供丰富的生活体验，不要简单否定，不要强硬地限制，更不要轻易进行道德的或善恶的评价，哪怕这件事看起来非同寻常。

在我女儿圆圆不到两岁时，我假期带她回我父母家，她姥爷和姥姥每天中午要喝两小杯酒，圆圆看到了，也咿咿呀呀地叫着要喝，我就用筷子蘸一点给她尝尝。小孩子刚刚开始认识世界，对一切都充满好奇，我基本上都会满足她。圆圆第一天尝过后，第二天还想尝，我照样给她尝一筷头。她姥爷喝的是高度白酒，小家伙居然一点不嫌呛，把筷头咂吧得有滋有味的。我在父母家住了一个月，圆圆天天都和姥爷一起"品"一点点酒，热情不减，看到酒瓶拿上饭桌就兴奋。对此我从未表现出异样，总是平和以对，既不制止也不怂恿。

不担心她会形成酒瘾，我相信，除了毒品，物品本身都是中性的，自身并没有道德倾向。酒是天使还是魔鬼，带给生命的是享受还是堕落，取决于一个人内心有何种接纳基础。一杯酒，不过是一杯气味有些浓烈的饮料，没有决定一个人品格面貌那么大的力量。那个最后死于酒精中毒的人，如果世界上没有酒这种东西，也会有别的东西让他沉溺其中。"瘾"是一种心病，心理健康的人不会得这种病。

家长都希望孩子有良好的道德和习惯，但道德或习惯的教育不能仅仅以"限制"来实现，它应该是以"榜样"和"信任"来实现。我的家族也许有好酒的遗传，我父亲和母亲酒量很好，酒品也好，我家的孩子都对酒有好感，但没有一个酒鬼，没有一人因酒生事。我二哥像圆圆一样，自小对酒表现出超乎寻常的喜爱，父亲也经常给他尝一点点，他同样一直品学兼优，是县里的高考状元，在后来的工作中也一直出色。而且他很早就对酒失去兴趣，现在除了亲友聚会有度地喝一点，平时是不会喝的。

我举这个例子并不是提倡给孩子喝酒，想说的是，在任何事情上，只要家长自己做出了好榜样，而且信任孩子，不总以狐疑的眼光打量孩子，孩子没有为某件事长期和家长处于拉锯战中，那么孩子不会对一种内涵不深的东西有太长久的兴趣的，而且他也是乐意听家长的意见的。

一个缺少尝试、不犯错误的童年是恐怖的，它并非意味着这个孩子未来活得更正确、更好。也许恰恰相反，由于没有童年探索的铺垫，他的认知基础反而很薄，在未来的生活中不得不花费更多的力气去辨识世界、适应生活；很有可能一生都活在刻板、无趣和谨小慎微中，甚至是自暴自弃的堕落中。

爱因斯坦说过："想象力比知识更重要，因为知识是有限的，而想象力概括着世界的一切，推动着进步，并且是知识进化的源泉。"[1]如果家长急于以一种成人世界的思维和标准来限制、规范孩子，很容易压抑孩子的正面激情，使他们的自由意志和创造力停止生长，乃至萎缩；压抑感还容易刺激出负面情绪，让孩子出现逆反或是自我封闭症状。有的家庭，甚至孩子把沙发巾弄皱了都要遭到训斥。一个表面上纤尘不染、井井有条的家，维护它的代价是孩子失去了自在和放松的生活。20年后，整洁的家中坐一个规规矩矩、毫无创造力、没有自我调整和选择、判断能力的人——这是你想要的结果吗？

几乎所有人在培养孩子的目标方面都是一致的，但在方法上却大相径庭。有太多的家长或老师表现出行为与目标的分裂，这些分裂表现为：一边赞美着创

---

[1]《爱因斯坦文集》，商务印书馆，2009年第2版，409页。

造力，一边刻意培养谨小慎微的人；一边欣赏着宽容，一边对孩子苛求挑剔；一边呼吁着要尊重孩子，一边执行棍棒或羞辱教育。

近年来国人喜欢探讨的一个话题是，为什么中国本土没有获诺贝尔奖的科学家。人们总喜欢把板子打到中国的学校教育上。学校教育固然有其弊端，但如果孩子在家庭生活中处处受限，不能做一点点反常规的事，不能有一点点出格行为，创造力和探索意识被处处压抑，早早萎缩，如何能指望学校培养出爱因斯坦呢？

"给孩子一面涂鸦墙"，这是一种教育理念，目的并非把孩子都培养成艺术家或科学家，也不是怂恿孩子干出格的事或干坏事，而是尽可能让孩子有一个无拘无束的童年。理解孩子的尝试需求，尽可能地为他们提供尝试机会，给他们一份自信快乐的思维方式，使他们的天赋和潜能在日后成长中充分发挥出来。

2

儿时不竞争，长大才胜出

> 童年的任务不是向外延展，而是向内积累。一个人内在力量强大，才能很好地把控自己，未来才有可能处理好自己和世界的关系，在人生事务中获得主动权——这才是培养竞争力的正常顺序和逻辑。

"儿时不竞争，长大才胜出"这样的观点如同一个悖论，可能挑战了人们的习惯。

一直以来，我们的习惯是崇尚竞争，犹如崇尚美德一样；而且很多人认为竞争意识要从小培养，如同美德需要从小培养一样。这实际上是一个认识误区。这一误区的出现有两个主要原因，一是过分高估了"竞争"的正面意义，二是没明白童年的主要任务是什么。

人生并非完全不需要竞争，我们不否认竞争给人们带来的成就感，能推动社会进步。但竞争一定要守住两个度，一个是心理程度，一个是年龄向度。前者说的是"适度"的竞争是好的，不要"失度"；后者说的是并非任何年龄的人都适宜参加竞争，老人和孩子的生活中就不该有竞争。因为他们是弱势人群，体内能量本身就很少，竞争消耗能量，于老人来说会加速枯萎，于孩子来说会影响其正常成长。

老人竞争一直不是一个普遍的社会问题，儿童竞争却愈演愈烈。希望孩子未来有出息，能在社会竞争中胜出，这个目标本身没错，就像少年怀有理想从来没有错一样。但如果认为孩子的竞争意识要从小培养，在孩子年幼时就推动他参与竞争，这就错了。

童年是一个非常独特的年龄段，有自己独特的任务。小孩成长为一个成年人的正常过程，是一个由"小动物"向"人"进化的历程，即"自然人"向"社会人"过渡的历史。初生婴儿和一头刚出生的小牛犊一样无知，体力上比小牛犊更柔弱，从童年走向成年的时间也比小牛要长得多。这是大自然的精心安排，它要为每一种有巨大潜能的生命，留出足够的积蓄能量的时间。就像麦苗从小绿芽过渡到麦穗硕壮需要时间和阳光雨露一样，孩子的成长也需要较为漫长的岁月以及严格的、不可逾越的顺序。

童年的任务不是向外延展，而是向内积累。一个人内在力量强大，才能很好地把控自己，未来才有可能处理好自己和世界的关系，在人生事务中获得主动权——这才是培养竞争力的正常顺序和逻辑。

成年人的责任则是不打扰孩子的自我发展，有条件的情况下给孩子一些助推力——即我们常说的要给孩子良好的启蒙教育，呵护好儿童的好奇心，发展孩子的自由意志，让孩子有幸福感——这些教育学上恒定的真理，正是发掘儿童内在潜力、成全他未来竞争力的最简单最重要的手段。

可惜的是，现在很多人看不到这些简单教育要素中深藏的力量，却更愿意把精力花在一些眼前的竞争事务上。其理由是，社会需要竞争，应该从小培养孩子的竞争意识。不能不说，这看似长远的想法，实际上是短见。

有这样心理的家长，往往自己的攀比心比较重，喜欢给孩子灌输一些弱肉强食的道理，喜欢计较一些可量化的外部得失，如会背的唐诗比别人多几首，是否上了重点校，成绩排名如何，获得了多少种证书，等等，不仅引导孩子和他人比，更推动孩子和自己较劲，较少关心孩子内在的感受。表面看来这些家长站得高，其实并没有看得很远。

当孩子的注意力被转移到各种"比"的事情上，自我成长力量就开始分散，而竞争带来的焦虑感又会更多地消耗孩子的精力……孩子内心变得越来越羸弱。

我曾收到这样一封信，写信的是一个二年级小学生的家长，信是这样写的：昨天，我儿子放学回家，晚上做作业时还好好的，一会儿拿出了一张试卷就开始掉眼泪，我以为没考好，瞄了一眼分数，是99分，我问是怎么回事，他就问："妈妈，我数学一考就是100分，语文考试怎么老考不了100分呢？"说着就开始哭了。我用您的方法告诉他，你自己把试卷订正完，如果全对了，还是100分。可他含着眼泪说，可是在老师那里不是100分，老师今天让我们反省为什么没得100分。我告诉儿子，没得100分没关系，重要的是学过的东西有没有掌握。孩子点头好像明白了，但做作业时还是伤心，情绪不高，注意力也不能集中在作业上，显得心不在焉。我想请教尹老师，如何才能引导孩子面对考试时有个好的心态？

虽然信件只是孤立地陈述了一个生活小片断，但可以肯定的是，这绝不是一个孤立事件，冰冻三尺非一日之寒，一个才上二年级的小男孩为了一分之差而流泪，背后要多少相关事件才会孵化出这个结果呢？老师要孩子"反省为什么没得100分"，这真是疯了，家长又在多大程度上推波助澜了呢？虽然这封信中家长开导孩子的话说得不错，但从孩子的反应可以看出，他并不相信家长的话。孩子像雷达一样，能准确感觉父母的态度。如果父母只是为了开导孩子说些言不由衷的话，孩子是会听出来的，他不但不相信，反而会更难过。沿着这样的心理轨迹一直走下去，十年、二十年后，这个小男孩会是个有竞争力的人吗？

我们常用"格局"来评判一个人的发展潜力。有的人你会感觉他身上有宏大气场，体内蕴蓄着蓬勃的能量，在困难面前无所畏惧，我们会说他"格局大"。有的人则心胸狭隘，或有小聪明小心眼小钻营，凡事很用心却很无力，内涵让人一眼望到底，我们会判断他"格局小"。

我认识一位年轻人，他的微博大约只发两类内容，不是励志就是抱怨和骂人，情绪总在两极上惴惴不安。他的父母都是当年经过艰苦奋斗，从农村走出来的，在事业上小有成就。年轻人遗传了父母的智商，小时候很聪明，父母对其寄予厚望，一直不停地给他励志，要他处处胜出，孩子达不到，父母就不停地失望，不停地对他训诫……现在孩子成年了，对自己不满意，总想做出个样子给父母看，又力不从心，集合不起体内的能量，只能在励志和咒骂中纠结着过日子。

如果童年的生活总处于斤斤计较中，大格局从何而来呢？

不能不说，现在的童年生态环境太差了，成人把自己的焦虑过多地转嫁到孩子身上，即使有"拼爹"这一说，压力实际上最终都落在孩子身上，太多的孩子过早地被赋予竞争的责任，背负了攀比的重担。

我曾收到一封这样的家长来信，说他为了给孩子择到一个市级重点幼儿园，倾尽全力，想了很多办法，找了一些关系，同时，因为幼儿园要用考试选拔孩子，为了在选拔中能有好的表现，家长早就做了准备，教孩子学了不少东西。但最后却没能被这家幼儿园录取，只好选了一个普通幼儿园。得知这一消息后，年仅3岁的孩子居然号啕大哭，并在接下来的日子，只要一提上幼儿园，就伤心不已，对于上普通幼儿园非常排斥。眼看着入园的时间快到了，孩子表现得还是很抗拒，家长给我写信要咨询的是，怎么给孩子做思想工作才能让孩子愉快入园呢？

我无法给出答案，因为"给年仅3岁的孩子做思想工作"是在头痛医脚。孩子们在不适宜竞争的年龄，被卷入无节制的竞争中；在尚不具备抗挫折的年龄，被成年人搞得心理失衡，这怎么能用一番说教解决呢？就像不可能通过说动听的话让一个饥饿的人不再需要食物，我们也不可能通过给孩子做思想工作，解决他正常生命秩序被扰乱的困惑。

让幼小的孩子去竞争，不是给孩子助力，只是给他使绊子。在竞争焦虑氛围下成长，并被迫进入竞争轨道的孩子，更容易出现无力感、自卑感和心理失衡——始于童年的竞争很少有赢家。

早早地把孩子推入竞争的洪流，除了上面提及的削弱孩子内在的力量，让他变得羸弱无力，还有以下几方面损害。

第一种损害是会破坏孩子的合作能力。

我们知道，一个人的合作能力正是他的核心竞争力之一，合作能力的内涵是友善、诚实、宽容等，所以培养孩子的竞争力，首先要培养好品行，打下合作的基础。可现在的情况是，当孩子开始上学时，他们对竞争的准备远较对合作的准备充足。几乎是从幼儿园开始，儿童的一切活动都是以竞争为目的，哪怕玩耍，最后也不是以快乐而是以得名次为目的。这种持续不断的竞争训练，使得孩子们很少有机会去学习合作，只是学会了比和争，学会了防范。比如很多成绩较好的学生甚至不愿意给其他同学讲一道题，生怕别人学会了，把自己比下去。更多的孩子在竞争中产生挫败感，首先不满意自己，产生自卑，然后不满意他人，敌视他人。

有位家长忧心忡忡地对我讲了这样一件事。他儿子所在班级的班主任每天给作业、考试、纪律等方面"表现好"的学生发放小红花，定期评比谁得小红花多，多的人受表扬，少的人挨批评。老师还要把这些情况通过手机短信发送给每个家长，这又大大地激起了大家的攀比心。而他的儿子总是得小红花太少，弄得他在别的家长面前抬不起头，就经常批评儿子。结果最近老师找他告状，说他儿子居然偷同学的小红花，还数次向老师打别的同学的小报告，尤其是得小红花数比他多的同学，明显嫉妒这些同学。

英国教育家尼尔说过，"所有的奖品、分数和考试都会妨碍正常性格的发展。"[1]社会心理学研究也证实，竞争是挫折的重要来源之一，痛苦和挫折常常引起敌意。所以，并不是这个孩子的品行出了问题，显然孩子是被一步步逼到

---

[1]（英）A.S.尼尔，《夏山学校》，王克难译，南海出版公司，2010年5月第2版，21页。

这里的。

教育家杜威提出，学校的首要职责应该是为儿童提供一个简化的环境，以排除社会环境中丑陋现象对儿童的影响。[①]我们当下的现实却是，学校经常花样翻新地制造着评比，并不考虑这些评比设计的合理性。例如有一所小学，分早中晚三次对孩子们进行评比，评比等级分为五级，从"最可爱的人"到"最不可爱的人"。想想看，一个孩子，很有可能从早上的"最不可爱的人"变成晚上"最可爱的人"，并且经常在各个级别间来来回回地变。

孩子还是那个孩子，评价却一会儿把他抬到天上，一会儿把他贬到地下。在这样的评价中，孩子的内心能不乱吗？他的道德能不被损坏吗？有的孩子学会了表演，有的自我认知被搞乱，有的变得满不在乎……如果孩子在童年时代没有机会发展诚实、友善和宽容，成年后，如何能要求他具有合作的品行？没有合作能力的人，竞争力又有几何呢？

第二种损坏是会培养出病态的奋斗者。

有些孩子确实能被训练得很有"竞争意识"，从小表现出极度的争强好胜，但它的副作用也是显而易见的。这样的孩子早早停止自然人的发育，小脚穿大鞋地努力让自己适应各种社会标准。这种扭曲是以消灭天性为代价的，他被训练得在生活的各种选项中，会不假思索地弃绝内在的愿望，只以社会评价作为价值判断。例如有位小学生，他为了不丢掉副班长的职务，每节课都坐得笔挺，蚊子落到胳膊上，都不肯去打一下，生怕给老师留下不好的印象，宁可让蚊子叮一个大包。这个孩子可能会得到老师的赏识，但这种反天性的行为肯定会在生命中留下硬伤，病灶不一定在什么地方暴露出来。社会心理学研究发现，"自我活动能力是有限的。努力自我控制的人——强迫自己吃胡萝卜而不是巧克力，或压抑被禁止的思想——随后在遇到无解的难题时，会更快放弃。有意的自我

① （美）杜威，《民主主义与教育》，王承绪译，
人民教育出版社，2001年5月第2版，26–27页。

控制会耗尽我们有限的意志力储备。"[1]

生活中我们会经常看到这样的人，即使他们在某些时段获得了世俗意义的成功，但紧绷绷的精神始终处于险象环生的境地。比如有些过度"吃苦耐劳"的人，他们甚至把"苦"和"劳"当作生命意义本身，把生活中任何一丁点享乐都看作罪过。也有不少"成功人士"，我们发现他并不快乐，总是活在焦虑和紧张中，甚至有些人自杀了；或者有些人最终放弃了曾经最看重的名利，心态归零，生活方式发生巨大变化。生命似乎绕了远道，才进入正途。

社会心理学研究表明，一个极端的功利主义者和一个妄想中的精神病人，其心理机能是一样的，他们都无法和世界建立正常连接，以一种病态的方式存在着。竞争的后果往往不是打败别人，而是击倒自己。这和哲学家弗洛姆的观点相映衬：懒惰与过度的勤奋并不对立，它们是人的全面功能受到干扰的两种症状。在神经病患者中，我们常看到他的主要症状是没有工作能力；而在过度勤奋者身上，我们看到其主要症状是缺乏轻松的享乐和休息的能力。过度勤奋不是懒惰的对立面，而是它的补充。它们都是人内在的和谐遭到破坏的一个后果。[2]

第三种副作用是可能损害身体健康。

长久的、超过承受力的压力首先会在情绪上积淀毒素，影响做事效率和品质。而情绪上的毒素太多了，又会影响到生理健康。儿童正处于生理和心理的双重发育当中，太大的精神压力不仅影响到他们的心理，也会影响到生理发育。已有研究发现，压力或睡眠不足会影响儿童脑垂体生长激素的分泌，影响孩子身高，也有可能表现在机体其他方面，比如皮肤病。英国教育家尼尔有一个值得我们注意的发现，"我从未在一个快乐少年的脸上发现过暗疮。"[3]哲学家弗洛姆也发现，我们的身体对幸福与不幸福的反应，统统比我们的意识对它的感受

① （美）戴维·迈尔斯，《社会心理学》，侯玉波等译，人民邮电出版社，2006年1月第1版，40页。
② （美）弗洛姆，《为自己的人》，孙依依译，三联书店，1988年11月北京第1版，111页。
③ （英）A.S.尼尔，《夏山学校》，王克难译，南海出版公司，2010年5月第2版，283页。

更明显。身体比心理更不易受蒙骗。①这和中国传统医学讲的"七情"对五脏六腑的理论也是吻合的。

事实上现在很多人已察觉到社会竞争心理对孩子的伤害，希望还孩子一个童年，希望孩子愉快轻松地成长。但不少人只能在孩子尚小，尤其还没上学时会这样想。一旦孩子上了学，面对学校各种各样的奖励及排名，尤其是老师经常通过手机短信群发给家长们的信息——几乎都是各种评价的通报——很多人开始无法淡定了，不知不觉地提高了对孩子的要求，开始一边抱怨孩子压力太大，一边配合学校给孩子施压。理由是，现在教育就这样，不能不竞争，我们也没办法。有的人甚至搬出精子和卵子结合也是竞争的结果这样一个理论，来证明人类的竞争必须是从头开始的。

没错，生命的诞生固然是一场竞争的结果，一个精子为什么可以战胜几亿个精子捷足先登，并不是因为它有竞争意识，而是因为它强悍，它不需要在意别的小蝌蚪游得是否比它快，它只管自己尽情游，就成了赢家。一个人想要在江湖上立足，必须先远离江湖，躲进深山，无打扰地修炼，练好内功，才有笑傲江湖的本钱。培养竞争力的奥秘正在这里。

所以，不要抱怨大环境，先解决小环境的问题，小环境好了，大环境自然就好了。解除竞争压力，制度当然是一方面，另一方面还要靠意识来解决。成人自己要反思竞争的尺度和意义，成人淡定了，孩子才能淡定。

我认识一位电视台编导，她的儿子正上小学四年级。有一天她给我打电话，说她儿子今天放学回家告诉她，学校举办了奥数选拔赛，所有同学都参加，卷子上的题好难。她问儿子会做几道题，孩子轻松调皮地回答："一道都不会。"这句话不但没让她生气，反而隐隐地感到一种欣慰。她说，以前自己太计较孩子

---

① （美）弗洛姆，《为自己的人》，孙依依译，三联书店，
1988年11月北京第1版，171页。

的考试成绩以及在学校的其他排名，这让她和孩子都感觉很累。她也一度简单地把这种困扰归咎于社会竞争、学校和老师。后来她慢慢意识到自己这种受害者心理很是可笑，其实主要是自己的焦虑和虚荣心作怪。放下这些，孩子还是那个孩子，学校还是那个学校，许多问题都迎刃而解了。以前孩子考试不好的话根本不敢跟家长说，现在却能用如此坦然的口气告诉她"一道都不会"，她形容她当时的感觉，不亚于听到孩子说"全都会做"。

亚当·斯密说过，人生中的不幸与失调的主要原因，是人们过度高估各种处境间的差别。贪心过度高估贫穷与富裕之间的差别，野心过度高估私人职位与公共职位间的差别，虚荣心过度高估默默无闻与声名远播间的差别……没错，有一些境状也许比其他境状更值得我们偏爱，但没有什么境状值得人们用太过激烈的方式去追求。如果不是出于审慎的态度，不顾正义法则，一个执意改变境状的人，等于是在玩所有危险游戏中最没有胜算的那种，并且把全部家当都押在几乎不可能赢的赌局上。[①]

生活中最大的敌人不是任何具体的对手，是"虚荣"和"恐惧"。在本已险象环生的人生中，虚荣是一种自残行为。可以说，哪里有虚荣，哪里就有自我伤害。有些人命运不济，与其说是运气差，不如说是虚荣作梗。放下虚荣，就能减少消耗，节约生命成本；克服恐惧，就会降低贪婪，享受生活之从容。"不作风波于世上，自无冰炭到胸中"。

当下乃至未来，人们比拼的不是"竞争意识"，而是来自更高层面上的价值判断、创新能力、心理承受能力以及克服困难的勇气等。这正是俗话所说的打铁还需自身硬。面对一个弱小而又有无限潜力的孩子，与其着力培养其"竞争意识"，不如专心培养他的良好品格。每一种好品格都可以催化出面对世界、面对困难的能力和勇气，好品格本身就是竞争力。

① （英）亚当·斯密，《道德情操论》，谢宗林译，
中央编译出版社，2010年4月第1版，179页。

设想一个孩子如果体质好，心理健康，有求知欲，开朗友善，自信平和，那么即使他从未听说过"竞争"这回事，在未来的人生中，有什么样的竞争会打败他呢？

著名企业家、阿里巴巴创始人马云可谓典型的"成功"人士，在激烈的市场竞争中，他曾经历种种挫败，却一直坚持，取得了令人瞩目的成就。他说："一流高手眼睛里面没有对手，所以我经常说我没有对手，原因是我心中没有对手。心中有敌，天下皆为你敌人；心中无敌，无敌于天下。"这句话道出了他的成功秘诀。

放下竞争意识，才是拿起竞争能力。这正是老子说的"夫唯不争，故莫能与之争"。也就是本文要表达的"儿时不竞争，长大才胜出"。

3

习惯的对立面也是习惯

> 儿童的"马虎"是一种非常正常的现象，是学习、生活中最不值得一提的小问题，是他们走向精细必不可少的提示。成年人如果不曾忘记自己也曾幼小过，就不应该忘记自己也曾马虎过，回头想想自己的成长，到底是严苛的责难让我们立即变得细致，还是宽容和时间帮助我们慢慢完善？

小时候看过一个故事，说某乡镇来了一位江湖医生，称其专治罗锅，百分之百能把驼背弄直了，不直不要钱。有家人的儿子自小驼背严重，带来医治。江湖医生的工具是两扇门板，方法是把病人夹在门板中间，再找两个大汉在上面用力一压——病人的背确实直了，不过气也断了。病人亲属不答应，要告官府，江湖医生辩解说，他只管治罗锅，不管断不断气。

没有人认为这样荒诞的故事在现实生活中真会发生，事实上，夸张的寓言在现实生活里从不缺少照猫画虎的对应，就像"皇帝的新衣"古今中外一直上演着一样，"门板治罗锅"也处处发生着，尤其在教育中。用不管不顾的错误方法来强行培养孩子的"好习惯"，就是典型的一种。

有一对父母，认为培养孩子良好的学习态度非常重要，所以从女儿上小学一年级开始，就对作业的质量提出了严格的要求，要求必须整洁、正确。妈妈天天细心检查孩子的作业，做错的当然毫无疑问要重做，写得不规范的字也必须重写。为了提高女儿写作业的认真度，妈妈规定每天检查出的错误不能超过规定数，如果超过了规定数，或因反复改正致橡皮把纸擦破了，就把这一页撕了重写。为此，孩子没少哭过，父母则绝不退让，甚至为此动手打过孩子。

在父母的严格管理下，孩子写作业的好习惯养成了，所有作业本不但整齐干净，而且几乎没有一点错误，全部是红色对勾，经常得到老师的表扬，甚至被当作范例，让全班同学传阅。到后来，即使妈妈不检查，孩子自己也不允许作业有错，如果觉得哪页没写好，会主动把它撕掉重写。为减少返工，孩子在写的时候总是非常认真，所以很慢，一个小时的作业经常要写两个小时，因此几乎没时间玩耍，也没时间阅读。

女孩上初中后，学习难度增加，作业也多起来，而且，由于她一直以来只注意作业在书面上的整洁与否，不习惯思考，所以面对一些较复杂的作业，不知所措，没有能力应对。这种情况下，女孩经常写作业到晚上十二点以后，睡眠严重不足，心理上也越来越焦虑。最令孩子痛苦的是考试，卷子上经常有不会做的题，而且因为写字慢，经常发生因做不完卷子而丢分的情况，考试排名急速下滑。

一个在作业上都不允许自己有错的孩子，怎么能接受成绩排名每况愈下呢？女孩开始变得厌学，发脾气，妈妈这时才意识到孩子养成的"认真习惯"是个问题，开始劝孩子不必把作业写那么整齐，可以凌乱点，可以有错，不会做的就别做了。但孩子在整个小学期间形成的习惯已根深蒂固，并不是自己想改就能改的，只要发现作业有错，就难以接受，甚至表现出恐慌。心理问题反映在生理方面，年仅12岁的孩子开始严重失眠，每到周一早上，分外焦虑，甚至发生过几次晕厥，经常请病假，后又出现暴饮暴食和厌食症交替的现象，和父母的冲突也越来越严重。

勉强读完初一，从初二开始，孩子断断续续休学。父母一直试图通过找家教补课、给孩子讲道理等方式解决问题，都无济于事。到初三时，功课压力更大，女孩彻底崩溃，无法再到学校。父母带她去医院看心理科，被诊断为抑郁症，跑好多医院进行治疗，毫无起色，状态越来越差。现在女孩把自己完全封闭在家里，不和父母说话，也不和外界交流，只能做最简单的手工，像智障儿童一样简单地生活着。

这对父母，打死也不会承认自己是那个可笑的江湖医生。确实，表面看来，他们和江湖医生没一点相似。终极目的不一样，责任感不一样，对对象投注的感情不一样，无私程度不一样……但有一点是一样的：他们都是以简单粗暴的手段去实现一件需要精细处理的事，在最糟糕的结果出现之前，他们在意的，或者说有能力注意到的都是自己热衷的目标，而毫不在意方法的正确与否，不注意手中所操控对象的痛苦及承受力。所以得到的结果也有共性：取得了一个短暂的、表面看来令人满意的效果，却永久地损害了一个人。

培养孩子的"学习好习惯"和"生活好习惯"，树这样一个目标是件非常容易的事，但如何培养、在培养中什么可为什么不可为，却是件需要去用心用力思考的事。下面对一种典型现状进行分析。

现在有很多家长或教师为了培养孩子在学习上认真的好习惯，都会这样对孩子说：在考试上，我可以原谅你因为不会做题而丢分，不能原谅你因为马虎而丢分——相比单纯向孩子要成绩的家长，这样说话的父母似乎在教育意识上上了个台阶，他们知道，在学习上，好习惯胜过好成绩，而"认真"是个好习惯，所以向孩子提出不许马虎的要求。但这样一种培养"好习惯"的做法和上面一种没有本质差异，貌似合理，都属于门板治罗锅的范畴。

孩子考试丢分，不外乎两种原因：不会做或不小心做错了。按家长这样的要求来评判这两种丢分情况，没学会倒是比学会更好——如果一次考试不足以让人想明白这个问题，我们把这种情况放大了来看——假设两个孩子，张三和李四，一直是同班同学，在整个学期或整个学年甚至在整个中小学期间的每门课上，张三只能会学70%的知识，但可以百分之百把它落实到卷面上，李四学会了

90%的内容，因为马虎，总让成绩打些折扣，每次得分和张三差不多。那么请持有这样逻辑的家长诚实回答一个问题：在成绩相同的情况下，你宁愿你的孩子是那个学到70%知识的张三，还是那个学到90%的李四？

这个问题可能会引起这样的反驳：这样的假设不存在，一个孩子只要养成认真的态度，他眼下可能有些知识学不会，但从长远来看，一定会胜过那个聪明但不够认真的孩子，他不可能总是只能学会70%——此言有理，同时也说明，你的终极目的并非意在培养一个知识量比别人少的孩子，而是要培养一个有认真习惯、能把学业做到最佳程度的孩子。即你真正想要的，不是张三在知识量上的不足，而是他能做到的"效益最大化"，你心底有一种确信，只要坚持不允许孩子马虎，他就能做到既"学得会"又"考得好"，最终，认真的张三一定会超过马虎的李四。

那么我们接下来要探讨的问题就是，不许马虎的要求有利于达成这样的目标吗？

心理学和生活常识早就告诉我们，一个人做某件事的精细程度和熟练程度有关，粗糙和失误是万事开始阶段的必然，只有经历过失误，并在失误中不断总结经验，才能越做越精准。

儿童由于年幼和背景知识不足，各种"过失"行为是非常正常的现象，只要环境正常，孩子都会慢慢成熟起来，越做越好。正如学走路，开始跌跌撞撞，却完全不需要人为解决。不把这看作是问题，它就不是问题，把这看成是问题，才会制造出问题。如果家长不体恤孩子的幼小，孩子每摔倒一次，家长总批评为不小心，表示出不满，这就会给孩子带来扰乱和困惑，增加他的心理负担，延宕他的成长。美国著名教育家杜威说过："生长的首要条件是未成熟状态。"[1]所以他认为，儿童写作业，做错也是一种作业设计要素。这并不是因为错误是件好事，而是因为如果太热心选择不准有发生错误机会的材料和工具，就会限制学生的创造精神，使学生的判断力减至最小，使他们在能力的获得上收效甚微。[2]

---

[1]（美）杜威，《民主主义与教育》，王承绪译，人民教育出版社，2001年5月第2版，49页。

[2]（美）杜威，《民主主义与教育》，王承绪译，人民教育出版社，2001年5月第2版，214页。

所以，西方教育学特别强调要给孩子"试误"的机会，这也正是中国人常说的"失败是成功之母"。

功课学习更是件需要精细处理的事，需要动用智力、兴趣、毅力和情感等共同协作完成，单一的"认真"不存在，也不可能完成这样复杂的事件。如果一个孩子在学习上总因为马虎而挨批评，他就会自动进行调整。

首先，由于人的注意力有限，儿童的注意范围更狭窄，能量十分有限，如果把注意力投注在对错问题上，对思考和探索就无暇顾及。而注意力如何分配，也是一种习惯养成。久而久之，不出错的习惯可能培养出来了，不善思考、缺少探究兴趣的习惯也培养出来了，一个人坐监狱时间再长也不会习惯坐监狱，如果说他已习惯了在监狱中，打开铁门也不迈出去，只能说明他的希望和心智已被摧毁，他已是体力和思想的双重衰竭者，像前面提到的女孩子一样。

其次，人都是趋利避害的，如果一个孩子不断接收到"你可以笨，但不可以错"的信息，且一再地因为马虎挨批评，他会在潜意识里自动降低自己的智力水平，让自己真的不会，以逃避失误带来的指责。这种逃避的后果，不但阻碍了他的智力发展，同时也降低了自我认同感。孩子原本是喜欢自己聪明的，感觉自己聪明能给一个人带来自信。对自己智力上的信任和对学业的兴趣，是保证孩子在学习上投注感情和毅力的重要前提，没有这种信任和兴趣，想要获得杰出的知识成就是不可能的。只为不出错而获得的荣誉非常肤浅，无法给予孩子长久的自信，也无法让孩子对学习本身产生真正的兴趣。

第三，经常批评孩子马虎，是一种贴标签行为，会给孩子一种负面强化，让他觉得自己就是个"粗心大意"的人，这种自我心理暗示十分强大，会影响到他的行为表达，真的变得越来越粗糙，这又会招致家长越来越多的批评。尽管出于家长的压力，孩子会屡屡保证以后不马虎，但在潜意识中会反抗这种要求，产生情绪上的逆反。在不良自我暗示和反抗情绪中，他会变得更马虎，甚至破罐破摔，把马虎固化为自己的一种特点，直至完全丧失自我修正的力量。

一个在学习上没养成思考习惯和探究兴趣、不自信或一直马虎的孩子，你能指望他学业出众吗？

儿童的"马虎"是一种非常正常的现象，是学习、生活中最不值得一提的小问题，是他们走向精细必不可少的提示。山路本身不是顶峰，想要到达顶峰，山路上的跋涉一步都不能省略。一个孩子，只要心理正常，都有自我完善的能力。成年人如果不曾忘记自己也曾幼小过，就不应该忘记自己也曾马虎过，回头想想自己的成长，到底是严苛的责难让我们立即变得细致，还是宽容和时间帮助我们慢慢完善？我们说某人具有某方面天才，只是意味着他有这方面潜能，并非一出手就能达到完美，所谓"出手不凡"也必须有相关经验的积累，儿童则更需要这种积累。

教育家杜威认为，习惯的养成是由于我们天性所原有的可塑性。儿童的可塑性完全不同于泥巴或蜡的可塑性，它并不是因受外来压力就改变形式的一种能力。儿童的可塑性必须以他自身从前经验为发酵剂，经验中的成功或失败作为一种成长训练，催化了儿童改变自己行为的力量。没有这种力量，获得习惯是不可能的。①

当然，有的孩子确实表现出一以贯之的马虎，这应该和天性有关。孩子与孩子间确实有差异，不同的表现背后有不同的原因，天赋和训练等都可能成为影响因素。它是由不得孩子自己决定的，也不需要用人力进行过分的改造。孩子原本该是个天才的画家，你却一直训练他把数学题做到最好，到头来很可能他数学学得很平庸，绘画天才也没了，这到底是教育的成功还是失败？不成熟的生物都有很强的调适能力，不成熟的儿童当然可以适应家长不许马虎的要求，但这种习惯是以消灭正常天性为代价。

把培养习惯做成强制习惯，常常反映着成年人缺少对儿童的体恤之心。这种不体恤，在教育中随处可见。

① (美) 杜威,《民主主义与教育》, 人民教育出版社,
2001年5月第2版, 王承绪译, 52页。

比如有些家长，他们很在意上幼儿园的孩子能不能做到上课时乖乖坐着不动，认真听老师讲课。他们并不在意孩子在幼儿园学到了多少"知识"，在意的是孩子能不能养成上课认真听讲和遵守纪律的好习惯，并认为这种"好习惯"如果在幼儿园没养成，以后上小学、中学就很难纠正过来。也有家长不希望孩子一会儿玩这个，一会儿玩那个，要求在某个时间段只能玩一种玩具或看一本书，以期培养"专注"或"爱钻研"的好习惯。

天知道这些奇怪的逻辑是怎么推导出来的，种种对"习惯"的浅薄认识和培养，不过是胡乱作为，只能给孩子带来扰乱和压力，破坏孩子正常心理秩序。不但让孩子的童年在紧张和压抑中度过，还给他们埋下一生的心理的健康隐患。

我曾听一位找我咨询的家长谈到她小时候的生活，她妈妈是医生，有洁癖，家里收拾得一尘不染，甚至床罩都铺得一丝不苟，有棱有角。母亲严格培养三个孩子的卫生习惯，她记忆中母亲总是不停地说两句话，"别动那个，脏！""洗手去！"她和姐姐弟弟偶然玩得高兴，不小心靠一下床，把床单弄皱一点点，也会遭到妈妈的训斥。找我咨询的这位家长其实是为她已经读高中的儿子的问题来的，她看起来是个非常精明强干的人，听起来事业干得不错，整个人收拾得很有品位，应该属于那种活得很好的人群。但她觉得她的人生很失败，抱怨老公和儿子，认为这失败是他们带给她的。从她的陈述和表现中我可以明确地看到，她的痛苦和焦虑，都和她的童年生活有关，是母亲的严格带给她的后遗症。她的母亲眼里只有整洁，没有孩子；只看到物理秩序，看不见人的情绪。在这种影响中长大的她，把这种习惯照搬到了自己的生活中，不仅对自己要求严苛，还一心要改造老公的坏习惯，培养儿子的好习惯，到头来却发现每个人都活得又累又不幸福。从她的陈述中我听到，她的姐姐和弟弟成年后的家庭生活都不太幸福，姐姐离婚，弟弟和配偶及孩子的关系也很紧张，生活得很不幸福。

"心智习惯总要形成，不论其是好是坏。"[①]习惯的培养如果不是首先基于

① （美）杜威，《我们怎样思维·经验与教育》，姜文闵译，
人民教育出版社，2005年1月第2版，79页。

接纳，而是首先急于改造，损害几乎是必然的。因为人不是物，人是有灵性的，一个人就是一个完整的世界，潜藏着无比丰富的独特性。遵循规则的开发和建设会让其焕发生机，不尊重其天性的胡乱开采只能导致生态失衡。

总之，习惯无处不在，无论好习惯还是坏习惯，没有一种习惯会孤立存在，习惯的对立面也是习惯。门板治罗锅的短视行为在教育中最应该避免。好习惯的养成，首先是理解的问题，然后才是培养的问题。

4

"三不原则"让孩子学会与同伴相处

家长们经常抱怨说现在的孩子不懂得忍让，归因为独生子女问题，或是"溺爱"问题。其实根本原因是家长们对孩子的矛盾介入太多了。没必要的介入，或不得当的介入，一方面会把孩子间的矛盾刺激放大，另一方面也没给孩子留出学习解决人际关系问题的机会，第三个坏处是容易让孩子遇点小冲突就觉得是个大事，反而变得斤斤计较，心胸狭隘。

孩子们在一起玩的时候，互相发生点小矛盾小摩擦很正常，家长不必把这看成是问题，不必马上出面干涉，更不必因此而生气。

不严重的情况下，假装没看见，把矛盾留给孩子们自己解决；较严重时，简单地拉开即可，不必计较自己的孩子吃亏了还是占便宜了。道理可以简单讲一下，不讲也行，关键要保持友好轻松的态度。这看似有些不作为，却正是培养儿童健康人际关系的最基本、最简单、也最有效的方法。

我把这种方法总结为"三不原则"：不生气，不介入，不怕吃亏。

我女儿圆圆4岁前的固定玩伴是婷婷和小哲，都是女孩，出生时间差不多，且在同一层楼住着。三个小家伙总是东家进西家出地在一起玩。婷婷和圆圆性格比较温柔，小哲比较急躁，常常在抢东西时占上风，发生冲突时就会狠咬对方一口。我记得有两次圆圆去小哲家玩，突然哭着跑回来，说小哲咬她了，胳膊上有明显的牙印。

我总是看看她的小胳膊，笑着对她说："哦，又打架了。"然后轻轻地吹吹她被咬的地方，问她："不痛了吧？"她如果说还痛，我就再吹吹，或轻轻地吻吻，妈妈的吻是最好的止痛剂。她如果说不痛了，我会愉快地说，好，不痛了，那就再找小哲玩去吧。

我的态度对圆圆的影响十分明显，她往往是泪痕未干，情绪就完好如初，马上返身又去找小哲了。偶尔会表现出持续的情绪，说不想去找小哲，要自己在家玩。我也笑笑说："好，那就在家玩吧"，随她的便。她多半坚持不了十分钟，就又想找小哲，或是小哲自己就跑过来了，两人很快又玩得热火朝天。

事实上，婷婷也常被小哲打哭，或者圆圆和婷婷有时会倚仗比小哲个子高力气大，情急之下会把小哲推倒，惹得小哲大哭。我们几个家长持有的态度差不多，当然我们都会告诉孩子要和小朋友好好玩，不要打架不要抢东西，也尽量用引导的方式化解她们的矛盾。同时，对孩子之间的打架吵架，我们都坦然平和，一笑了之，没有谁会在这里算计自己的孩子是不是吃亏了，或是抱怨别人的孩子如何等。所以三个孩子一直在一起玩得非常愉快。

家长的这种态度，给孩子传达一个信息，即发生冲突是件很正常的事，不用在意，过去就过去了，无所谓谁对谁错，该怎样相处还怎样相处——这样一种心理的建立非常重要，是儿童能正常地发展人际关系的必不可少的基础，是豁达、友善的生长土壤。

事实上孩子们确实很快就学会了协调，闹意见的次数越来越少。圆圆4岁时，我们迁居烟台，小哲也随后和父母迁到青岛。烟台、青岛离得不远，两个小家伙隔几个月就要见次面，在我印象中，从那时起，她们不管在一起玩几天，再也没闹过意见，总是那么快乐默契，每次分别都哭得泪水涟涟，迫不及待地期待着下一次见面。这份友谊一直持续到现在她们长大成人。

"三不原则"看似消极，意义却非常积极，它的主要功能是避免了成人破坏性的参与，而且它内含一种信念：儿童有能力自己解决相关问题。

这个信念的确立非常必要，它是科学儿童观的重要组成部分，可迁移到其他问题的解决上。没有这个信念，"三不原则"就失去了支撑的力量。很多家长在开始接触到这个原则时，总是将信将疑，一旦在生活中尝试验证，绝大多数人都会收获意想不到的成果。对儿童的能力也会就此有新的认识。

这个原则不仅适用于邻里小朋友的相处，在双胞胎或多子女家庭，以及幼儿园或小学里，都照样管用，因为天下的孩子都一样。

有一对双胞胎兄弟，经常为抢东西或其他事情打架。妈妈开始的处理办法是问清楚打架的缘由，判断谁做得不对，就打谁的手，或者关小黑屋，并告诉孩子为什么要惩罚他。但小哥俩的矛盾并没有因此减少，随着年龄增长，反而越来越多，一天无数次地哭喊着来找妈妈评理，这让妈妈非常抓狂，经常发脾气。而且两个小家伙都越来越会推诿责任了，有时甚至为了把过错推到对方身上而说谎。

这位妈妈开始意识到自己以前的办法肯定是有问题的，但一时又不知该如何办，于是来找我咨询，然后将信将疑地带着"三不原则"回去了。

过了几个月，我收到她的一封邮件，说咨询的当天傍晚，她正在厨房做饭，听到两个小家伙又在客厅为什么事声嘶力竭地争执起来，然后按惯例一起哭着来厨房找妈妈评理。当时她正要按惯例处理时，突然想到我说的"三不原则"，于是改变主意，一边不停手地做饭，一边轻松笑着对两个小家伙说，哈，又打架啊，以后打架别找妈妈了，你们自己的事自己解决吧，妈妈忙，没时间管你们。

两个小家伙没想到妈妈今天会是这种态度，一瞬间愣了，然后就在厨房吵闹扭打起来，并大哭，都做出委屈万分的样子，边打边看妈妈，等着妈妈站出来评理。妈妈停下手中的活，笑着用温和的语气对他们说："厨房太小了，打架伸不开手脚，想打就去客厅打吧。"说完把两个小家伙送到客厅，自己回厨房继续做饭。她刚回厨房还在担心，别真打出问题来。没想到孩子们的冲突好像也跟着自己离开了客厅，两个小家伙居然没有继续接着吵闹，且很快就听到了他们的嬉笑声，妈妈这才把悬着的心放下。

接下来的日子，这位妈妈总是采用这种办法对待两个孩子的冲突，令她感到神奇的是，小哥俩真的相处得越来越好，学会了协调，也开始懂得互相谦让，现在已基本上不再找她告状。令她头痛了好几年的问题，就这样轻松地解决了。

家长们经常抱怨说现在的孩子不懂得忍让，归因为独生子女问题，或是"溺爱"问题。其实根本原因是家长们对孩子的矛盾介入太多了。很多家长见不得孩子们闹矛盾。孩子间一发生点什么事，家长马上出面，似乎不出面就没尽到责任，也担心别人说自己不好好管教孩子。没必要的介入，或不得当的介入，一方面会把孩子间的矛盾刺激放大，另一方面也没给孩子留出学习解决人际关系问题的机会，第三个坏处是容易让孩子遇点小冲突就觉得是个大事，反而变得斤斤计较，心胸狭隘。

有一个5岁的小男孩，周末和妈妈一起去姥姥家，舅舅和舅妈也带着自己3岁的儿子过来，两个小家伙见面后都分外开心。玩了一会儿，5岁的孩子突然把3岁的弟弟抱起来，想要走几步，可由于他力气太小，一下摔倒了，弟弟的头磕在沙发扶手上，大哭起来，5岁的孩子一下子不知所措，羞愧地向大家看去。舅妈过来一看，孩子头上被磕出一个小包，大惊失色地叫起来。5岁孩子的妈妈见自己的孩子闯祸了，非常不好意思，担心弟媳不高兴，立即沉下脸批评孩子，要孩子给弟弟道歉，跟弟弟说对不起。

5岁的孩子可能因为害怕，也可能觉得委屈，只是呆呆地站在那里，任凭妈妈怎么说，都不吱声。姥姥看这情况，沉不住气了，也过来给孩子讲道理，要求他给弟弟道歉。

舅妈一边安慰自己的孩子，一边用暗示的口气说，小哥哥不是故意撞弟弟的，让小哥哥给道个歉，宝宝就不哭了。3岁的孩子听大家都这样说，就一直哭个不停，似乎也在等着小哥哥道歉。

5岁的孩子在一伙人的逼迫下，终于招架不住，低低地说声"对不起"。姥姥嫌孩子声音太低，说没听清楚，鼓励孩子"大声点，再说一遍，好孩子就要勇敢承认错误！"孩子不说，大家就又鼓励他再大声说一次。孩子终于提高声音又说一句"对不起"。话音刚落，大家正要松口气时，孩子"哇"一声哭起来，开始发脾气，乱踢乱打妈妈，拉着妈妈要离开姥姥家。

让我们体会一下5岁孩子的心情。

他和弟弟玩得愉快，情不自禁地抱起弟弟，一定是出于一种好的愿望，或是表示对弟弟的喜爱，也可能是想要展示一下做哥哥的强壮，甚至是想获得大家的某种赞赏，结果却是闯了祸，可以想象孩子当时多么尴尬，多么没面子，且多么担心。假如这时家里人能换一种方法来处理，给孩子一个台阶下，效果一定不一样。

比如态度轻松地对弟弟说："小哥哥是想试试能不能抱得动你，不小心摔倒了。没事，让妈妈给吹一吹，一会儿就不痛了。"或者故意转移一下弟弟的注意力，对哭泣的弟弟说："小哥哥刚才可能是没抱好，摔倒了。要么再让小哥哥抱一下，这次小心点，看能不能抱得动你。"我相信经家长这样一说，小弟弟会很快忘记自己的痛，不再哭泣，很乐意配合。小哥哥这时也一定愿意更小心地去抱弟弟，以免摔倒。这时大家可以顺便告诉小哥哥，以后想抱弟弟的话，远离茶几桌子等硬物，那样即使摔倒了，也不会碰伤。

当然也有这种可能，这时小弟弟不愿意再让小哥哥抱，或小哥哥不想再抱小弟弟，大家同样可以理解地说，"嗯，宝贝真懂事，是担心再摔倒吧。你们现在确实太小了，可能抱不动，过几年再抱吧，再长三年，估计哥哥就能抱得动弟弟了，说不定弟弟也能抱得动哥哥了。"相信家长的话说到这里，全家人的感觉都很轻松，孩子也绝无再计较的可能。

有人担心，如果当时不要求5岁的孩子道歉，是不是他以后会变成一个没有教养的人，做了错事也不懂得内疚？

这种担心完全没必要，这就又涉及我们前面提到的信念问题：儿童有能力自己解决相关问题——只要他们成长中获得过友善和尊重，只要他目睹过得体的礼貌和修养，他就得到了这样的滋养。反之，成年人如果对孩子的一点无心之过不能表现出体恤，大惊小怪，上纲上线，逼迫孩子说"对不起"，这样才会损害孩子的友爱心。

试想孩子在众人胁迫下，勉强说出"对不起"三个字之后，他的内心更善意了还是刻薄了？他对弟弟的好感到底是增强了还是被削弱了？他从此以后变得更理性了还是更情绪化了？这样一种处理方式，伤害的其实是两个孩子。那个3岁的孩子虽然得到了一句道歉，内心深处是否也被埋进了一些得理不饶人的俗念？

在处理这件事的过程中，家长当然可以建议5岁的孩子给弟弟道歉，轻松的气氛下，孩子多半是愿意表示歉意的，如果不愿意，家长先代孩子表示道歉，给孩子做个示范。然后告诉两个孩子"好，没事了，你俩再玩去吧"。这件事情到这里结束，那么不光5岁的孩子挽回了面子，从这件事中得到了教训和做事的分寸感，也学到了宽容、乐观，3岁的孩子也同样能学到这些东西。

儿童的世界非常单纯，很多所谓的问题，其实是成年人强加的，其中比较典型的就是把孩子间的冲突关系看成是"犯错误"，尤其是看成欺负和被欺负的关系。现在很多家长会对孩子说：我们不欺负别人，但也绝不让别人欺负。或直接告诉孩子：你不要主动打别人，如果别人打你，你必须要还手。甚至有的家长为了强化孩子的自我保护，会对孩子说：如果你在外面挨了打，不还手，回家我就打你。

这样一种教导，可能让孩子学会不吃亏，但人生很长，"不吃亏"到底是一道护身符，还是一种隐患？发生在成年人世界中的无数事实已让我们看到，从不吃亏的人或报复心重的人，反而活在十面埋伏的危险中。

比如一个风华正茂的年轻人，女朋友和他分手后，另找一个男朋友，他就去把人家杀死，然后再自杀。这样一种行为，表面上出于爱，实际是出于恨。狭隘的复仇心理让他不惜以自己的生命为代价，去毁灭一个让他有吃亏感的人。

大部分"不吃亏"的人虽然可以活得一生平安无事，但"不吃亏"真的为他赢来更多的幸福了吗？

我曾遇到一件事。我女儿上幼儿园时，有一天我去接她，带她在幼儿园院子里玩滑梯时，突然听到旁边一位妈妈叫起来，原来她发现儿子胳膊上有一块青，上面有牙印，看来是被哪个小朋友咬了。这位妈妈马上声色俱厉地问孩子"谁咬的？"正在高兴地玩着的男孩被妈妈的语气吓着了，一下子哭起来。这位妈妈又大声询问孩子"这是怎么回事，谁咬的？"边说边用眼睛向周围的孩子看去，好像每个孩子都有嫌疑。小男孩不回答，立即拉着妈妈的手就要走，边哭边说："我不玩了，咱们回家吧，回家吧。"这位妈妈却不依不饶地拉着孩子去找园长，要问个究竟。

看着这位母亲一脸怒气地拉着孩子往园长办公室走去，我心里真替她的孩子难过。相比孩子的纯美和自尊，这位妈妈的行为多么粗俗不堪。她不光在丢孩子的脸，也在破坏孩子的人际关系。她这样做，与其说是出于爱孩子，不如说是出于计较和报复。事实上她最爱的不是孩子，而是"不吃亏"的感觉。她这样处理，只是让自己的感觉好一些，却已经让孩子"吃亏"了。

中国传统智慧"吃亏是福"被无数人奉为一种生存哲学。它强调的不是忍气吞声，而是以豁达之心看待世事。所以它不是来自压抑，而是来自气度和容量。可是，如果一个孩子从小被教导不吃亏，怎么指望他能在成年后体悟出"吃亏是福"的深意，怎么能有"退一步海阔天空"的胸襟？

当然没必要走极端。

有些家长深谙吃亏是福的道理，也希望培养孩子无私的品格，遇到孩子和别的小朋友抢东西时，总是要求自己的孩子出让，这种做法也不对，也是走极端了。

因为自私是人的天性，就像卢梭说的那样：我们原始的情感是以自我为中心的；我们所有的一切本能的活动首先是为了保持自身的生存和自身的幸福。所以，第一个正义感不是产生于我们怎样对别人，而是产生于别人怎样对我们。一般的教育方法有一个错误就是：首先对孩子们只讲他们的责任，而从来不谈他们的权利，所以开头就颠倒了。[①]

幼儿尚未建立合作的概念，自己的玩具不让别的小朋友玩，或抢别人的玩具，这都是正常表现。强迫孩子出让自己的利益，这种做法并不能培养孩子的大度精神，反而强化他的紧张感。如果一个孩子感觉别人总是侵犯他的私人领空，干涉他的事情，他会变得特别警惕，表现得更自私。

孩子间的矛盾，无非起源于抢玩具，或打闹间没分寸感，不小心碰痛了对方等。成人对待这些小矛盾的态度，比告诉孩子如何做更重要，影响更大。要用最道德的态度来对待孩子，但不要用很高的道德标准来要求孩子。天生不会和人相处的孩子其实不多，只要成人减少干涉，他们多半能进行自我协调。

"三不原则"的核心内涵是两点：第一给孩子做出好榜样，第二营造豁达和善意的环境。两者要的都是家长自身的修养。

比如有一位家长，他想培养儿子的男子汉气，就对儿子说："如果你跟小朋友发生了冲突，无论谁对谁错，你都不许当着对手哭，因为那样的话，你的对手会很得意，下回还会那样。"这样的家长可能自以为棋高一着，却是既错误地挑拨着孩子们的关系，还非人性地压抑孩子的正常情绪表达。这样不可能培养出真正的男子汉，只能教唆出一个压抑的小心眼。而根本原因，就在于家长把发生冲突的小朋友看成"对手"，自己就是以一个小心眼儿的态度来对待孩子间的冲突的。

古汉语把心胸狭隘的人称为"器小者"，认为"庸猥之徒，器小志近"。如果家长总以自己错误的标准和判断任意践踏孩子单纯的世界，孩子的人际交往就会变得越来越困难，未来也难成大器。

① （法）卢梭，《爱弥儿》，李平沤译，人民教育出版社，2001年5月第2版，101页。

曾有一位单身母亲向我咨询，她说4岁的女儿很喜欢去幼儿园，但在和小朋友玩耍时，总是扮演边缘角色，受别人的支使，还总是受气。比如抢某件东西，抢不过别人时，就不会再抢，转而玩别的东西去了。有时别的小朋友打了她，泪痕还没干，人家过来找她，她就马上高兴地又去和人家玩，全然忘了刚才被打的事情。这位母亲觉得孩子太懦弱，没有自尊，为此她给孩子讲过道理，也狠狠地教训过女儿多次，却总是没效果，孩子似乎越来越胆小了。她将此归因为孩子在单亲家庭中成长，因缺少父亲的关爱和保护而自卑。所以她的问题是，如何给孩子做心理辅导，是不是需要马上给孩子找个父亲？

寻找同伴并迎合同伴，这是孩子正常天性的表达。在和小朋友发生冲突时，孩子能根据具体情况，主动退让，并且能通过转移注意力自我化解情绪；在小朋友得罪她后，不计前嫌，快速进行情绪代谢，重新投入友好的玩耍中。所有这一切，都是孩子在用天性中的纯洁、豁达和自爱，努力发展自己的人际协调能力。这是一种潜能，这种潜能几乎深藏在每个儿童体内，只要没有错误的外力干涉，他们都可以在未来的成长中把握好各种交往的分寸。

家长对孩子的负面评价，其实都是她自己心理的投射。她的自卑感和斤斤计较，让她无法完成人际关系的协调，这种不协调性甚至可能影响了她的婚姻关系。她下意识的自我保护，就是让自己远离他人，拒绝交往。现在又不由自主地拽着女儿往这个方向走。

我询问了这位家长童年的一些情况，她也是成长于一个单亲家庭中，她对自己幼时状况的描述和对女儿现在情况的描述如出一辙，而她自己在陈述中也突然发现，自己对女儿的态度、方法简直就是当年母亲对待她的翻版——到这里，她是开始触摸到问题的根源了，这才是改变的开端。

孩子天性各不相同，不要指望孩子在人际交往上的表现恰好符合你的理想。他可能是强势的，也可能是柔弱的；可能是狡黠的，也可能是厚道的。这些特征并不代表他将来就是怎样一个人。只要他在和同伴玩耍时是快乐的、内心是纯净的，就是好的。良好的同伴关系本身就是成长的营养品，能让孩子的心理得到滋养，成长得健康。

当下还有一种令人担忧的现象，一些人由于自身的不如意或眼界太低，经常给年幼的孩子灌输社会是险恶的、人心是无常的等等这类负面观念，让孩子从人生初始，就对家门以外的世界不抱有信任和好感。这不但降低了孩子在人际交往上的坦荡，也束缚了他接纳世界的心胸，甚至会培养出反社会人格。

对世界怀有美好的信任，和具有基本的安全防范常识并不冲突。家长应该把人际交往中各种潜在的危险告诉孩子，比如周围的人发生了什么事情，或媒体上报道了什么相关内容，就事论事地跟孩子谈谈，让孩子增加些常识。生活本来就是有悲有喜，有常规有意外。知道世界有灰暗，不等于要把世界看得灰暗；知道世界是光明的，也不等于毫无防范心理。这是你对社会应该有的态度，也是教育孩子应拿出的示范。

正面教育永远是最可靠的办法，正如避免得流感，应通过平时强壮肌体来预防，而不能采用一出家门就戴防毒面具的办法。如果你希望自己的孩子在未来表现出一匹骏马的飘逸，就不要从小教唆他以一只刺猬的姿态活着。

最后要强调的是，"三不原则"的成功运用，必须是三条戒律同时执行，才能有效。很多家长在执行这一原则时，容易注意到不介入和不怕吃亏，却往往忽略自己的脾气，动辄打骂孩子，那么这一方法的效果也会大打折扣。原因是家长自己给孩子做了一个不体谅、不宽容、不友好、爱发脾气的坏榜样。这也是需要家长特别注意的。成人心中有馨香，才能对儿童形成宜人的熏陶。

5

自由的人才是自觉的人

> 一个没有机会进行自我掌控的孩子，不可能学会自我控制。一个不被信任、总是被当小偷一样提防的孩子，很难发展出诚信、自尊的品质。

我非常喜欢一位家长讲给我的这件事，也曾在多个场合提到这个故事。

她的孩子大约三四岁，很爱吃糖。妈妈害怕孩子吃糖太多会有龋齿，也担心会发胖，就严格控制数量，规定孩子每天只能吃两块。孩子经常是一醒来就迫不及待地要妈妈拿糖给他，而且经常在吃完当天限额的两块后，觉得不够，缠磨着妈妈想得到更多。家长坚持原则，一块都不多给，并把糖筒放到高处，不让孩子够着。

可是有一天，家长发现了问题。糖筒里的糖在急速减少，再仔细观察一下，发现放糖筒的柜子前多了一个凳子，糖筒也挪了位，心里就明白了。这个小家伙，尽管聪明，但"做贼"的智商还处在大猩猩的水平上——在搬了凳子爬上柜子偷偷拿糖后，不懂得消灭证据。这个发现让家长大吃一惊。本意是要孩子少吃糖，学会自我控制。可这样看来，孩子不但没少吃糖，还多吃了；自控力不仅没有发展出来，还多了一个弄虚作假的坏毛病。

这位家长没有马上去批评孩子，而是开始反思自己对孩子的管理，认识到自己必须得改变一下方式方法了，于是跟孩子谈了一次话。她没有揭穿孩子偷糖这个事，而是很真诚地给孩子道歉说，你这么爱吃糖，可妈妈每天总是忘记主动拿糖给你吃，宝宝就得天天追着妈妈要糖，这样不好。以后这样吧，宝宝自己管糖筒，想什么时间吃糖，就自己去拿，好不好？孩子一听，当然高兴，说好。

妈妈又对孩子说，糖筒你自己管着，不过妈妈还是不希望你多吃，多吃糖的坏处已经给你讲过，所以你还是每天吃两块，好吗？孩子说好。于是妈妈信任地把糖筒交给孩子，孩子既兴奋又吃惊，这可是妈妈以前摸都不敢让他摸的东西啊！

妈妈打开糖筒看看说，糖不太多了，我们一起数一下还有多少块，还能吃几天。和孩子一起数了，还有20块糖。妈妈说，这些糖还够你吃10天，到时候妈妈就买新的回来。然后放心地把糖筒交给孩子。过了几天，妈妈悄悄去数糖筒里的糖，发现孩子真的一块都没有多吃。

这个案例让我们看到，家长只是改变了一下方法，就达到好几种教育效果。第一控制了孩子的吃糖数量，第二发展了孩子的自控力，第三防止了孩子撒谎和弄虚作假的行为。

表面看来，不过是一句话、一个方法的改变。背后却是教育思路的完全更改——家长由监督者和控制者角色中退出，把信任还给孩子，让孩子获得自我管理的权力。而这种权力的下放，必然会唤起孩子内心的自尊感和责任感，就像一勺糖放进一杯纯净的清水中必然会使水变甜一样——家长前后两种做法，有本质差异，是教育和反教育的区别，那么孩子在这件事上就会前后判若两人。

有什么比信任更能表达对一个人的尊重呢？被尊重是人的天性，而不信任是不尊重的典型表现。

一个没有机会进行自我掌控的孩子，不可能学会自我控制。一个不被信任、总是被当小偷一样提防的孩子，很难发展出诚信、自尊的品质。家长把管理糖筒的权力从自己手上移交到孩子手上，这是一个再简单不过的生活小事件，却是一项教育大事件，它告诉孩子，你不必是家长的"臣民"，你是自己的主人。

也许有人会说，糖筒这个例子，家长的办法之所以有效，是因为她的孩子比较乖，懂得配合。如果是我家的孩子，把糖筒给他，让他自己管，一天就能把20块糖吃完——这种情况我相信是有的，同时我也相信，一个小孩子，如果他不信守自己的诺言，如此没有自尊，一定事出有因。可以肯定的是，孩子的天性都是好的，自尊是与生俱来的。自尊感匮乏的孩子，不是天生缺少自尊心，而是他的自尊心已在前面的生活中被严重磨损了，家长不尊重孩子的行为，就是损坏的外因。

现实生活中，没有哪位家长会承认自己不尊重孩子，即使在教育问题上做得非常糟糕的家长，他在理念上也认同尊重孩子，并且认为自己是尊重孩子的。只不过，他们的行为和理念发生了背离。

其理念和行为的背离，源于两方面意识的匮乏：第一缺少"尊重"的心理基础，即信任；第二是没找到实现"尊重"的路径，不知道能带他走上这条途径的，是一块意想不到的路标：自由。

自由——在教育上，这个词的重要性无可取代；但在生活中，最容易丢失的，也是这个词！卢梭曾为此叹息，"人是生而自由的，但却无往不在枷锁之中"。①

尤其在当下中国，由于我们多年来热衷于讲纪律，讲严格，所以"自由"对于很多人来说还是个陌生词。尤其在教育上，人们错把控制当成教育，却不知每一种控制，都是一条或粗或细的绳索，天天往孩子身上缠绕，导致孩子心理功能失调。被捆绑的孩子，他们最终变得心理失序，懦弱胆小，逆反暴躁，谎话连篇，刻板狭隘，等等，都是有可能出现的症状。

有位家长给我写信，说自己以前是个"穿西装的野人"，对孩子管得太严厉，看了我的书后，感到后悔。可她现在有一个着急的问题，不知该怎么办。她的孩子刚上幼儿园，尿急了居然不敢跟老师说，尿了几次裤子。老师和妈妈跟她

① （法）卢梭，《社会契约论》，何兆武译，商务印书馆，
2003年3月第3版，4页。

说了好多次，告诉她尿急了可以自己去卫生间，不必跟老师说，孩子才敢去卫生间。可是，去了卫生间后，居然不懂得自己回来，一定要老师喊才会回来，否则一直在卫生间待着。从录像看，她一天都难得笑几次，没人找她就呆呆地坐着。家长不明白孩子这是怎么了？

这位家长自己在信中其实已经把原因说明白了，她一直对孩子管得太严，严厉教育像一把刀子，肯定会让孩子受伤。家长可以在一夜之间认识到自己的错误，从此扔下刀子，但孩子身上的伤不会在一夜之间痊愈，它需要时间，而且有可能落下疤痕。

儿童成长中的每件小事，几乎都可以在自由或不自由的感受中，成为或好或坏的教育事件。持续性的错误教育总是有代价的，没有哪种一再发生的过失会不留下痕迹。

很多人担心，给孩子自由，会不会养成他不听话、不守规则的坏毛病？这个担心没有必要。事实是，如果家长平时很少限制孩子的自由，那么遇到个别真正危险的东西或不可为的事情，你告诉孩子不要去动，孩子会很听话的。凡不听话的孩子，是因为他平时听了太多的"不许"，他对这个词已产生"心理抗体"了。

蒙台梭利认为，让孩子服从成人的意志，这是成人犯了最大最可耻的错误。这会产生一种后果，即儿童的胆怯。[1]我国著名教育家陶行知先生也说过，"失去自由，不能成人。"

有位家长把他给儿子订的学习计划和作息时间表发给我，请我看看哪里出了问题。他说儿子正在读初三，不好好学习，每天的时间安排得乱七八糟的。父母曾为他做过无数的计划，最后基本上都泡汤了。而这一次的学习计划和作息时间表，是他和儿子商量着做的，孩子也保证说要按计划做事，实际上却一

[1]（意）蒙台梭利，《蒙台梭利幼儿教育科学方法》，
任代文等译，人民教育出版社，2001年5月第2版，318页。

天都没认真执行。

孤立地看这位家长发来的计划表，确实合理。学习、练琴、运动、上网等等，内容丰富，时间精确，松紧有致。但再完美的计划都需要孩子自己来执行，如果一直以来，孩子"完美计划"都由家长所定，并在家长的督促下执行计划，那么他就不可能生长出真正的计划能力和执行力，他内心生长最多的是服从和逆反，以及无力感。所以，如果家长只在计划的完美与否上打转转，不给孩子自由决断的机会，不注意培养孩子的自觉意识，那么完美计划将永远是一纸空文。

自然科学的发现很容易被人接受和传承，确立的东西一般不会遭受反驳。但社会科学常识却时时需要回到原点，经由每个时代、每个个体去重新认识。这就是为什么那么多中外先哲把"自由"奉为王冠上的珠宝；可在一代又一代人的生活中，它经常是个陌生词。

在我女儿圆圆四五岁时，我给她讲了有关空气的知识，并且用塑料袋、气球和玻璃杯等做实验，让她知道有"空气"这样一种看不见摸不着的重要东西包围着她，这让她感觉空气非常神奇。有一天她双手做环抱状，腆着肚子问奶奶："奶奶，你看我抱着什么？"奶奶猜测西瓜、脸盆、篮球等，都不是。最后她告诉奶奶，抱着空气——空气是无形的、不可或缺的，自由也是——就像圆圆的奶奶想不到这个答案一样，有太多的人在思考教育时，从来想不到"自由"。所以很多人在分析一些问题时，动不动就社会、政策、学校、家庭、个体，等等，表面看头头是道，既宏大又全面，却都隔靴搔痒，解决不了任何问题。

事实上，"自由"就在每一个和孩子相处的细节中，这个宏大的命题，需要我们从点滴去实现。

有位家长写信向我咨询，说他的2岁的孩子想玩电视遥控器，家长不给她玩，因为她总把遥控器扔鱼缸里，问我怎么办，难道这也可以给孩子自由吗？

家长虽然只是孤立地陈述了孩子的"恶行"，但可以推测这背后一定另有情节。应该是孩子最初想玩遥控器，家长不让玩，耐不住孩子哭闹，才不情愿地给她了；也有可能本来家长是允许孩子玩的，但没想到某一天孩子拿着遥控器时忽然心生"创意"，就把它扔进了鱼缸，引得家长严厉责骂孩子，并且再不许她动遥控器，待孩子又想玩时，家长就限制，然后又最终敌不过孩子的哭闹，又无可奈何地给了。总之，家长和孩子之间，肯定因为玩与不玩遥控器有一个拉锯战，孩子的负面情绪被刺激起来了，否则孩子不会对一个遥控器有那样长久而浓厚的兴趣。

我的建议是，先满足孩子，不再在这件事上和孩子纠缠，让她去扔，不但不批评，还和她一起玩这个游戏，一直玩到她腻歪。一个遥控器没多少钱，旧的被水浸坏了，再买个新的，哪怕十个八个的，也没多少钱，全当教育投资。况且孩子根本不可能有兴趣去破坏十个八个，应该是玩坏两三个，她就没兴趣了。

我女儿圆圆小时候几乎玩遍了所有遇到的东西，她刚懂点事时就非常有"创意"：把自己的小尿盆戴到头上，说是帽子；把爸爸的绘图尺当剑，到处乱砍；把盘子里油腻腻的鱼尾巴抓起来贴到脸上，说她长胡子了。我印象最深的一次，是她一岁半时，突然把一碗正用手抓着吃的面条端起来扣头上，汤汤水水流了一身，面条从头顶耷拉下来，她兴奋地指着脑门上的面条说"头发！"……可想而知她给我带来多少麻烦，当然我们有时也很烦，她的"创意"不知给我和她爸爸增加了多少家务活，但我们基本上都能正面看待这些事情，从不跟孩子发脾气。

对于不能给她玩的刀和打火机等，我也不会简单生硬地拒绝，而是拿着刀去切肉给她看，告诉她刀能把手指割破了，只有等她长大了，才能用刀；还用打火机点燃报纸和布条给她看，告诉她，如果玩火，有可能会把家里的东西点燃，我们的整个房子就都变成盆里灰烬那个样子了，她可爱的布娃娃也会变成那样，所以也不能玩火。因为我们平时很少限制她，所以她非常听话，对于不让动的刀、火、电源插座等躲得远远的。

在保障安全的前提下，除了刀具、打火机等个别危险物品，其他东西几乎都可以让孩子去接触。重要的是家长多费些精力，看护好孩子。只是制定规则，简单地限制孩子，表面看很用心，事实上这样虽然最简单，却是教育懒惰行为。谁不知道在一个弱小者面前发号施令最容易？

有位家长说她的2岁的女儿很不听话，不让动什么偏要动。比如她家阳台上放着一根用来挑动晾晒在高处衣服的"Y"形长杆，孩子偶然看到这东西，很感兴趣。家长担心那个分叉的头会扎着孩子，就不让她玩。可孩子总是不听话，为此大哭不已，而且总是想偷偷溜到阳台上玩那个杆子。

其实，家长稍微想一下就可以知道，这根杆子伤害孩子的可能性很小，况且孩子有一种本能的自我保护的意识。家长在旁边看护好了，完全可以把这杆子交给孩子，让她玩个痛快。家长应该特别注意孩子的安全，但这不应该成为限制孩子自由活动的理由。确实，对于幼小的孩子来说，很多东西都有潜在的危险，如筷子、汤勺、铅笔、塑料袋等。保护孩子安全最好的办法，不是限制他接触到这些东西，而是需要家长尽到引导和监护责任，告诉孩子如何安全地玩，并在旁边看管好孩子。

我到现在还记得我很小的时候要玩筷子，我妈妈并不拒绝，但她告诉我不可以把筷子头含在嘴里走路，那样很危险。她把筷子横过来让我咬住中间，说这是"小鸟含柴"，她还逗我高兴，让我每次玩筷子都记得小鸟含柴。我的母亲没学过教育心理学，却有很多这样的办法，她凭一个母亲的爱心，让她的孩子快乐而安全地成长。

如果认识不到自由的价值，思维就会表现得懒惰，方法就会简单到只是严加控制，一种控制行不通，仅仅是换一种控制方式。看到一位网友留言，他说，考察三年发现，自由是需要花钱的。当地幼儿园，凡讲纪律的每月2000元，凡讲自由的每月4000元——这宛如一个笑话，"自由"竟是要花大价钱买的。一种理念，当人们意识到它的价值，常常是愿意为此买单的。而办学者如果意识到给孩子"自由"是件多么重要的事，那么思维就自然会活跃起来，逢山开路，遇河架桥，产生出无穷无尽的方法。孩子和孩子虽然不一样，但教育的法则却是一样的。卢梭说过，只要把自由的原理应用于儿童，就可源源不断地得出各种教育的法则。[1]给孩子自由确实比管束更难，但理解透了，其实就会变得简单。

[1]（法）卢梭，《爱弥儿》，李平沤译，人民教育出版社，
2001年5月第2版，78页。

在教育中，自由就是空气，看不到摸不着。你可以不去关注它，甚至可以不承认它，但绝不能缺少它。没有自由就没有教育，一个人，必须首先是自由的人，才可能成为一个自觉的人——自由不是信马由缰，自由是一种可以舒展的空间，是一种能够托举的力量，它让孩子有能力去选择，并且有能力抵抗生活中的一切虚假和脆弱。

6

反自然的往往是有问题的

关于胎教

关于母乳喂养

关于月嫂

关于纸尿裤

关于婴儿车

关于幼儿说话

自古以来，妇女在怀孕初期的几个月出现恶心呕吐症状都是一件很正常的事，可有的人就想改变它。上世纪中期，德国一家制药公司生产出一种用于治疗孕妇呕吐、失眠等妊娠反应的药品，俗称"反应停"，当时被宣传为对孕妇无任何毒副作用。该药品除了在德国（西德）被广泛使用，在澳大利亚、日本等国也风靡一时。结果其后几年间，这些药品使用国家新出生的婴儿大量出现严重先天畸形，典型症状为四肢残缺短小，整个人的形状像海豹。"海豹肢症"后来被证实和怀孕期间服用"反应停"有直接关系，这一惨痛事件被称为"反应停事件"。

重提这段历史是想说，自然法则是简单的、美的，也是庄严的，一切对自然法则的违逆，都有可能带来不必要的麻烦，甚至是惩罚。而现代科技的发展使人越来越远离自然，对童年越来越生疏，所以家长们在养育孩子中，越来越依赖技术和产品。虽然主观上都是想做得更好，想给孩子更多，客观上却可能给孩子的发育或发展带来不必要的困扰。

"反应停事件"是一个极致，非常容易被发现和中止，而生活中有太多的细节，因其平常而容易被忽略。本文就当前人们在育儿问题上的一些普遍的反自然做法给予分析，提醒年轻一代家长在育儿中尽量回归自然，使育儿这件事更接近自然，趋于简单和美好。

关于胎教

胎儿和母亲是完整的一体，相当于母体的一个器官，一切需要都必须依母体为介质来转化吸纳。犹如胎儿需要的营养必须首先吃进孕妇嘴里，由母体输送给胎儿，不能用针管打进子宫里一样，"胎教"的落脚点也应该在孕妇的情绪和感觉上，而不是采用某种物理手段，跨过母体，直接给肚里的胎儿递去点什么。

例如，为培养孩子的音乐天赋，有人对着肚子放音乐，以期肚中的宝宝能听到，并且所选乐曲都是"高雅音乐"，或儿童音乐。如果孕妇本人喜欢这些，那应该不错；如果孕妇不喜欢这些，甚至有些烦，她真正想听的是流行歌曲，那么流行歌曲才是最佳的胎教教材。并且，这音乐是要放给孕妇听，而不是直接放给肚里的孩子听。曾有媒体报道孕妇整天把录音机放到肚子上，声音开得大大的，结果损坏了胎儿的听力。现在市场上还有胎教儿歌，要孕妈妈每天读给肚里的孩子听。如果孕妈妈时间充裕，也喜欢这些，读一读倒也无妨。否则，不如把它们暂时搁置起来，待孩子出生后再说。在孩子未出生时，妈妈自己读一些优秀的图书，看一些好的演出，参观一些高水平展览，应该是更正确的选择。

胎教的影响是由情绪作为纽带产生的。凡让母亲愉悦的东西就是好的，就适宜用来做胎教，否则就是无效的或负面效果的。比如从理论上说，看一场美术展览比逛一下午商场是更好的胎教选择，但如果你实在不喜欢看美术展览，对此没什么感觉，却非常想去逛商场，那就不要犹豫，逛商场去吧。此种心境下，逛商场就是比逛美术馆更好的胎教行为。

当然，凭感觉选择要有底线，不能不管不顾地放任自己。比如平时你喜欢看恐怖片，或喜欢玩紧张刺激的游戏。怀孕之后，就应该暂时戒断这些。中国传统文化中有"目不视恶色，耳不听淫声"的行事原则，这一点对于孕妇尤其重要。母体的紧张、恐惧、愤怒、忧伤等等，对胎儿都没有什么好处。胎教的最高原则是让自己身心舒泰，基本判断标准是：凡内心向往，有轻松感和愉悦感的事就是对的；凡有些勉为其难，感觉有压力或有些烦躁的事都应该是不对的。

现在市场上贩卖的胎教产品胎教概念不少，除了各种"胎教仪"，还有人建议定时用手电筒照射孕妇腹壁，增加对胎儿的刺激。这些都是显而易见的反自然的做法。"胎教仪"无非是些音像产品，且不说内容是不是被孕妈妈喜欢，仅仅是绑到腰上，就有可能损害胎儿听力，还无形中增加了辐射的危险。而用手电筒照腹壁，即使能引起胎儿的活动又怎样？胎儿有自己的生活节奏，凭什么要你从外面来控制呢？

关于母乳喂养

如果母亲对亲自哺乳这件事有信心，并且坚持，绝大多数都可以成功。这一点我自己深有体会。

我女儿圆圆出生后，开始我的奶水不够，小家伙总因为吃得不够满足而生气地大哭。我很着急，担心饿着她，就想到要给她加喂牛奶。我母亲淡定从容地对我说，每个孩子都是自带口粮来的，哪个当妈的能没有奶？一口牛奶都不要加，你就让孩子多吃，奶水越吃越多。在母亲的鼓励下，我坚持不加牛奶，女儿一哭就哺乳，不看时间，随时随地喂，能吃几口吃几口。

由于喂奶次数多，且小家伙吸吮用力，我的乳头很快就破了，每次喂奶都痛得钻心，深深地体会到什么叫"揭疮疤"，尽管这样，我还是咬牙坚持住了。同时，我自己每天多喝水喝汤，保证供给充足。事实果然如母亲说的那样，奶水越来越多，大约半个月后就很多了，简直像喷泉，多到圆圆都来不及从容吞咽，每次吃奶都上气不接下气的，喉间发出很响的换气声。

现在想来，我的母亲不但是个经验丰富的育儿专家，深谙"奶水越吃越多"这个生物进化论中用进废退的原理；同时还是个哲学家，她的"每个孩子都是自带口粮来的"让我坚信，上帝给我一个孩子，就一定赠予了我一份奶水，我既不需要怀疑这一点，也不能用任何理由剥夺女儿自己带来的最好的口粮。最不济的母乳也强过最好的牛奶，母乳是奢侈品，优质牛奶是合格品，劣质牛奶就是危险品。这份恩惠岂止是孩子独享的，家长也跟着省多少力多少钱。

吃母乳还是吃牛奶，这不单是营养方面的差异，也是儿童内心安全感的差异。孩子在妈妈怀里，小嘴吸吮着母乳，这是母子间最自然最原始的亲情交流。一股自母亲胸膛流出的奶水，像一条美丽的丝带，日复一日编织着亲密的母子关系，这个价值又如何估量呢？

现在很多妈妈都奶水不足，用奶粉喂养孩子成了常态，奶粉市场极为繁荣，电视广告特别多，"给孩子赚奶粉钱"也成为很多年轻爸爸表示要努力工作的口头禅。近年来大家信赖的名牌奶粉和进口奶粉不断被曝出问题，人们更努力地去发现和购买更好的奶粉，却忽略了最好的奶水就长在母亲身上。不是妈妈们没奶水了，而是人力过多地介入自然的安排，扰乱了母亲的哺乳状态。

在哺乳这件事上，另有一个误区是"定时喂奶"。一些专家抛出定时喂奶的概念，理由是尽早培养孩子良好的生活习惯。于是一些妈妈宁可焦急地盯着钟表熬时间，也不肯马上去哺喂饿得哇哇大哭的孩子。婴儿的世界本来就是混沌的，需要在较长的时间里慢慢清明。成人那么急于去改造孩子，急着培养好习惯，这是多么不自然的一件事啊。

国际母乳协会有一句著名格言"看孩子，别看钟"，再小的婴儿都不是机器人，母爱的直觉可以胜过任何教科书。"母亲不需要计算自己给孩子喂奶的次数，就像她不需要计算亲吻孩子的次数一样。"[1]

短见者最易膨胀。在自然面前，掌握了一点点技术的人类，经常企图用自己的脑袋取代上帝的思考，伪概念就这样产生了。围绕孩子的伪概念现在特别多，其原因可能是孩子太幼小，无力进行自我陈述，这给一些人留出制造伪概念的余地。现代母亲要有意识地保护自己的天性，防止其退化，越是高学历的人，越要注意这一点。

有一位曾到国外留过学的妈妈，她的第一个孩子是儿子。她怀孕期间从书上读到"恋母情结"这个词儿，忧心忡忡，就决定不让孩子直接吸吮她的奶头，从月子里开始，天天定时把奶水挤出来，存放到冰箱中，然后用微波炉加热，奶瓶喂孩子。两年后小女儿出生，为了上班和断奶方便，同样采用挤出、冷藏、奶瓶喂的办法。她的两个孩子没有经历断奶的困扰，以至于她觉得这真是个好办法，到处推荐。但两个孩子的身体都有些问题，都是从婴儿期罹患湿疹，越来越严重，浑身上下几乎体无完肤。家族中没有这样的遗传病，医生也搞不清楚病因，只说湿疹病因很复杂。

疾病反映了孩子免疫功能的低下，这是否和她反自然的哺乳方式有关？即使病况和哺喂方式完全无关，经过吸奶器、冰箱、微波炉、奶瓶这样一趟长征

①转引自小巫，《让孩子做主》，民主与建设出版社，
2008年8月第2版，102-103页。

的奶水，质量肯定不如乳房中直接流出来的。奶水的质量被打折，从没含过妈妈的乳头也是孩子的遗憾。而一个母亲如果没有亲自感受过一张小嘴在乳头上的吸吮，又如何能完整地领略生儿育女的幸福呢？

还有一些母亲不愿意给孩子哺乳，可能是潜意识中害怕自己体形变化，或嫌麻烦。事实是，很多证据或研究都支持哺乳更有利于恢复体形。我认识一位著名演员，她不但坚持母乳喂养，而且拒绝为任何奶粉做代言，给多少钱都不做。她的行为让人敬重，她的身材和美貌也没因为亲自哺乳有任何改变。哺乳母亲的体形会不会变化，是否仍旧美貌，不是哺乳本身决定的，而是她的生活习惯和心态决定的。做母亲的如果能把兴趣点放在"妈妈"这个原始角色上，而不是力图追求自己的社会优越感，就更容易贴近自然。

关于母乳喂养，最后还要说一下断奶和添加辅食的时间问题。因为现在关于这一点也是众说纷纭，有的建议早一些，有的建议晚一些。人为的争吵当然各有理由，也许都能自圆其说，但"自然"其实早已给出了答案：

孩子一般6个月开始长第一颗牙，这是自然在告诉父母，小家伙开始具备咀嚼功能了，应该添加辅食了。此后，牙齿不停地长出来，这意味着辅食量及品种应该不停地增加。到两岁半左右乳牙全部长齐，那就是自然在宣布：现在，孩子在咀嚼和消化方面已基本成熟，大人吃什么，就可以给他吃什么了。断奶的时间应该和添加辅食的时间相辅相成，哺乳量和哺乳次数逐渐减少，自然断奶最好，尽量不要生硬断掉。

当然，由于每个人的生活条件不同，喂辅食及断奶时间会有出入，尤其断奶，一岁以后早断晚断没有太大出入。或出于客观条件所限，在某个时间必须生硬断掉，这也不会有太大问题。只是，我们一定要尽量关注自然给出的提示和参考标准，在生活中尽量围绕这个提示和参考标准来做。

关于月嫂

月子保姆近几年变成"月嫂"，名称变了，工作内容也变了，由买菜做饭变为产妇护理和婴儿护理，成为专业工作者。哺乳是新妈妈面临的一个新任务，很多人的初期哺乳工作进行得并不顺利，需要催乳或消肿胀，这方面有经验的月嫂确实是可以帮一些忙，协助新妈妈顺利实现母乳喂养。

但现在也有不少月嫂在母乳喂养上对新妈妈形成障碍，比如有的人会极力推荐婴儿奶粉，从婴儿营养和产妇恢复体形等方面来劝说新妈妈减少母乳喂养，甚至放弃母乳喂养。还有些月嫂特别喜欢用一些"规则"来规范新妈妈们，比如眼看着孩子长时间大哭，却不允许妈妈去抱孩子，也不允许妈妈及时给孩子喂奶，用各种理由解释这样做的科学性。天知道这些道理来自哪里，是出于推销或偷懒？还是为显示自己很专业？

面对一个柔嫩的小婴儿，新妈妈都会感到惶惑，如何不被别人忽悠，关键是要用自己的知识和母爱的直觉去感觉事情自然不自然，不自然的一定是有问题的。例如，现在月嫂们最常做的一件事是给婴儿做"抚触按摩"，这件事有意义吗？下面这位爸爸的感受有一定代表性。

这位爸爸和他妻子都是博士，三十几岁才要孩子。在孩子将要出生时，他们有些惶恐，不知该如何"科学育儿"，就到月子中心精挑细选了一位"金牌月嫂"，这个级别的月嫂工资要得很高，超过他的月工资，博士觉得只要有利于孩子的护理，花点钱没什么，就咬咬牙订下来了。孩子出生第4天月嫂开始来家里上岗。她首先是给正在酣睡的宝宝做婴儿被动操，活动一会儿婴儿四肢，然后滴一些婴儿浴液到小浴盆里，给孩子洗澡，洗完澡后做"抚触按摩"。

月嫂往手上倒一些婴儿按摩精油，开始从头到脚地按摩起来，手过之处，小婴儿的皮肤立即变得通红，本来一直迷迷糊糊犯困的孩子这时挥舞着四肢，大哭起来，父母在旁边看得心惊肉跳，不停地说"轻点，轻点"。待月嫂终于做完全套按摩，孩子已哭得声嘶力竭，甚至连奶都不肯吃，在妈妈怀中被安抚了好久，才平息下来。第二天博士和妻子对这个抚触按摩就深感顾虑了，觉得没必要，有些不想做，月嫂这时拿出专业技术范儿，给他们讲按摩如何能促进孩子肌肉骨骼甚至神经系统的发育，两个博士莫名其妙地又被说服，然后又和孩子共同经历一场磨难。第三天，他们不再犹豫，坚决地阻止了月嫂的抚触按摩，也不要月嫂来给孩子洗澡，只让她帮忙干点简单的家务。

这位爸爸很庆幸自己没有为了心疼退不回的钱而让月嫂把抚触按摩做下去。他说，后来想想自己学历虽高，做了父亲却变傻了。那么小的孩子，皮肤那么娇嫩，洗澡要什么沐浴液？又有什么必要做按摩？自己出生在北方农村，小时候连洗澡都很少，吃得粗糙、穿得简单，后来不也是全县高考状元，且读到博士嘛！而且那个精油，瓶上标的虽然是纯天然植物提炼的，谁知道是什么化工产品，天天给孩子身上用一大把，又隐含着多少风险？

任何劳动群体都值得尊重，前提是其工作是有价值的，且工作内容和自己的专业知识、文化程度相匹配。如果玩弄概念，折腾人，尤其折腾弱小者，就不能不受到批评。

企图用人力来生硬地打破婴幼儿固有的生态平衡的做法一直有，现在越来越多。制造一个概念，就可以开拓一片市场。当代父母，除了学习新知识，还必须捍卫自己的天性，努力返璞归真。

抱孩子的姿势需要有人跟在旁边指点吗？给孩子洗澡需要别人代劳吗？照料孩子必定需要很多人介入吗？"如果我不做到从一开始就亲手料理他的吃喝拉撒睡，我就不会透彻地了解他，他也不会信任我、跟我建立最亲密的关系。成功教养孩子的首要前提是家长对孩子的了解，这个了解是从襁褓期开始的。"[1]没有

---

[1]小巫，《让孩子做主》，民主与建设出版社，2008年
8月第2版，36页。

比父母更内行的婴儿护理专家，当你深爱着怀中这个孩子时，婴儿护理技巧就天然地来到你手上。

关于纸尿裤

纸尿裤确实带来不少方便，但不宜过度使用。纸尿裤的广告诉求经常是"不渗露"，那我们就从这三个字来想一下，受益人是谁？受罪的是谁？比如有的妈妈懒得半夜起来给孩子换尿布，又不忍心让孩子在湿褥子上睡，就每天晚上给孩子包纸尿裤。这些妈妈没有细细地想一想，倘若你不能接受半夜不换尿布的做法，纸尿裤就更不该使用，不渗露的纸尿裤不过是让一包尿全部兜在孩子身上，这对孩子来说，是不是比不换尿布还糟糕？所谓纸尿裤干爽，这只是针对妈妈的感觉而言的。如若不信，请妈妈们想一想，所有宣传干爽舒适的卫生巾，哪一种真的让人干爽舒适了？

其实半夜换尿布并不是件必须的事，只要孩子不在意，不哭，就没必要去换，白天保持宝宝的小屁屁干燥，注意不要起尿布湿疹就可以，这样家长的睡眠和孩子的睡眠都不会被过分打扰。当然，并不是说纸尿裤一定不能在晚上用，本文意在强调，纸尿裤要尽量少用。

婴儿最好的尿布还是传统的纯棉尿布。洗尿布可能有些麻烦，建议买一台小型洗衣机，专洗尿布，问题基本上可以解决，并且从开销上来说，比大量使用纸尿裤可能更经济，同时也更环保。

有时候，我们过分受宣传的影响，或是心底有懒惰思想作祟，就会变得思维简单。我在小区广场经常见到一位奶奶，她的小孙女整天包着纸尿裤，孩子小屁股长了湿疹，大腿根都磨红了，可以想象孩子一定很痛苦。这位奶奶嘴里抱怨纸尿裤把孩子捂得厉害，却经常是一边和人聊天，一边把小女孩的下身露出来，晾晒一会儿，转身又把纸尿裤给孩子包上。我惊讶于家长对孩子的不体贴和不尊重，终于忍不住，建议这位奶奶不要再给孩子使用纸尿裤，也不要那样在大庭广众下晾晒孩子。奶奶惊讶地看看我，然后表现出不以为然，懒得搭理我。

我还收到一封家长来信，说她9岁的女儿手淫严重，问怎么办。家长陈述的原因是孩子小时候一直用"尿不湿"（纸尿裤的一种），使女儿从小就有阴道炎，反复发作，所以需要经常到儿童医院找医生检查开药，回家还要清洗和上药，使女儿的外阴常被碰触，这导致孩子发生手淫。

我倒不认为阴道炎的治疗是手淫的诱因，在这里也不讨论这个。只是觉得，家长居然可以长期使用尿不湿而使孩子产生慢性炎症，为什么不在孩子刚刚出现不适时立即停止使用？看来像前面这位奶奶一样，眼里只有产品没有孩子的家长还不少。

现代生活，商品广告无孔不入。不能说广告一定是不好的，但我们的生活不能过分被广告左右。尤其在儿童用品的使用上，由于孩子的柔弱，更应考虑它对孩子的适宜性，要警惕商家对儿童的过度消费。

历史学家汤因比认为，科技信仰实际上已成为一种宗教，它是17世纪基督教衰退后人们为自己建立起来的新宗教。这种过于迷信技术力量、带有反自然倾向的行为，必将给人类带来麻烦。[1]当下家长的努力方向，应该是如何让孩子的生活尽量简单、朴素、自然，而不是市场宣传什么，就把什么搬回家。

①詹克明，《空钓寒江》，上海教育出版社，2010年1月
第1版，66页。

关于婴儿车

经常在公园看到父母用婴儿车推着孩子散步，有时还跟着爷爷奶奶，在怡人的环境中一家人有说有笑，真是一幅温馨的画面。但如果你仔细观察婴儿车里孩子的表情，会发现他们多半神情索然，落落寡欢。

孩子的状态并不意外，把我们置换到孩子的角度上来感觉一下，刚刚一两岁的小人儿，既不懂得欣赏美景，也听不懂别人的话，离父母又有这样一段距离，没有交流，没有肢体接触，这样的天伦之乐于这小小的人儿来说，有什么可乐的呢?

设想另一种情景，一家人逛公园时，四个大人轮流抱着孩子，边走边跟孩子说话，讲讲这个，讲讲那个。如果孩子已经会走路了，不时地把他放下来，走一走，摸摸地上的土或砖，捡颗小石子或小树棍，拔一根草，晃晃路灯杆……同样是逛公园，走同样的路线，孩子感知的东西会完全不一样。

童车确实能带来方便，适度使用童车很有必要，尤其独自带孩子外出或赶路时。但不要养成依赖习惯，不要一带孩子出门就推婴儿车，并且一推出来就一直让孩子在车里待着。偶尔使用一下，童车是帮手;使用太多，就会变成一道语言交流隔离带，或是束缚孩子腿脚的绳索。而且，习惯在童车中待着的孩子，会对童车慢慢产生依赖心理，越来越懒于使用自己的腿脚去走路。所以现在，我们在公园里或大街上会不时看到，已四五岁的孩子还要家长用童车推着走的情景。

家长一定要珍惜怀抱孩子的机会，尽可能多地让孩子感受你的体温，方便和你交流。买根抱孩子的背带，体力劳累就减轻不少，双手就可以空出来，非常方便，而且这样还可以减肥。不要担心抱孩子太多会把孩子"惯坏了"，这种担心没有来由。拥抱本身不会惯坏孩子，经常得不到父母拥抱的孩子才会有问题。有过"皮肤饥饿"经历的孩子，长大后会有深刻的不安全感。如果说有的孩子不抱就哭，原因不在抱得多本身，应该是孩子在其他方面经常性地心理受阻，内心有委屈感或失落感，下意识地用哭来表达情绪。况且，即使你的孩子天生比别的孩子更喜欢让家长抱着，也不是件坏事，孩子几年间就长大了，用不了几年，父母想抱也没有那么大力气，而且孩子也不让你抱了。记忆中有许多怀抱孩子的印象，是多么好的一件事！

不要让没有意义的习惯或产品统治你的生活，不要让物质太多地介入和孩子的相处中。孩子不仅需要父母心中的爱，也需要你实实在在的体温。童车只是个微型托管所，父母的怀抱则是一个温暖的乐园。

关于幼儿说话

初学说话的孩子一般都口齿不清楚，尤其发不了舌尖音，比如把"河流"说成"河牛"，这非常正常。家长不在意，孩子长大慢慢就好了。这犹如刚学走路总是跌跌撞撞的，无须对孩子进行任何训练，到孩子长大了自然就走稳当了。如果家长把这种正常现象看作是不正常，着急去训练孩子，很有可能会阻碍孩子的语言发育。

有位家长为了让刚刚一岁半的孩子口齿清楚，天天用小饭勺调整孩子的舌头，训练孩子发音，本来已经会说话的孩子突然不再开口说话。孩子的异常表现把她吓坏了，以为孩子突然得了"自闭症"，幸亏孩子奶奶凭感觉断定是小饭勺惹的祸，及时阻止了她的训练，并坚持不让她带孩子去医院看心理医生，也不让她在说话上再和孩子纠缠，过了近一年，孩子才又慢慢恢复说话。

还有一位妈妈，她儿子3岁，说话吐字虽不太清晰，但是很流利，妈妈一直没觉得孩子说话有什么问题。可有一天，家里来个亲戚，说孩子口齿不清楚，原因是说得太快，要孩子说话慢慢地、一个字一个字地说，还做了示范，并不停地纠正孩子。结果第二天，孩子就一个字一个字说话，说得很慢，脸上有紧张的神情，而且还有点结巴。妈妈急了，说怎么结巴了，慢慢说，不要急。孩子就更紧张，更是一个字一个字地慢慢往外蹦着说，结巴得更严重！亲戚走后，妈妈告诉孩子可以像以前那样说话，没问题。但孩子却不能马上改回来，说话一下变得很少，只要开口，总是慢吞吞的，还是有些结巴。妈妈再不敢提如何说话的事，过了好久，孩子才克服了结巴的问题，但流畅程度似乎不如以前。

这位亲戚虽是好心，却纯属没事找事，这样的"热心人"可能每个人都会遇到，我自己也曾遇到过。

我女儿圆圆3岁时，有一天我带她去我工作单位。一位孩子已上中学的同事听到圆圆不会发舌尖音，比如把"六十六"说成"拗希拗"，显得很吃惊，郑重其事地建议我带孩子去医院看看，是不是口腔构造有问题。我不知她的孩子三岁时说话有多清晰，但我知道圆圆肯定没问题，作为母亲我了解自己的孩子，甚至有些喜欢圆圆那种发音的样子，感觉非常可爱，所以对同事的建议一笑了之。不记得圆圆什么时间不再把"六"说成"拗"，就像我不记得她哪天从一个胖嘟嘟的幼儿长成一个四肢修长的少女一样。"自然"远比我更高明。

中国传统文化讲"道法自然"，这其实是一个普世法则。可我们现在在养儿育女的问题上，做了太多反自然的事。几乎孩子所有的生活细节，都恨不能用人力来控制。

当人们对童年越来越生疏时，儿童的正常表现就纷纷被看作"问题"，各种"训练"便应运而生了。感统训练、哭声免疫训练、排便训练、爬行训练、注意力训练、抓握训练……家长的整体文化水平越来越高，养育儿童却越来越不自然，越来越粗野无知。有多少人在对孩子以爱名义进行控制，以反自然的手段，扰乱孩子的正常发育，甚至逼孩子退行。

我听说有一家人，嫌孩子吃饭太慢，一口饭在嘴里嚼半天咽不下去，就天天把所有的食物用搅碎机打成糊糊，把糊糊灌到奶瓶里给孩子吃。结果孩子两岁多了，还不会咀嚼，什么东西放进嘴里，只会整个儿吞咽下去。这种奇葩做法家长是怎么想出来的，难以想象。

很多连猴子都知道的事情，人却糊涂了。违背自然法则的事，有的能很快看到后果，容易被发现，容易中止；有的损害则十分隐蔽，几年甚至几十年才会显现。"约翰也许会因肾病而死，玛丽也许会死于癌症，但他们都不会去想，他们一生的贫乏、不快乐和被压抑的情感生活和他们的病有什么关系。总有一天，人类会把他们所有的痛苦、仇恨和疾病的根源，追溯到他们违反生命文化现象上。"①仰面唾天，那口痰会落回到自己脸上——这就是反自然的结果。

爱因斯坦认为，"自然界里和思维世界里有着庄严的和不可思议的秩序。几乎所有造诣深厚的科学家都对自然的和谐与规律发出感叹，并充满宗教般的崇敬和痴迷。"自然是我们永恒的老师，她让我们变得单纯，缓解着我们的焦虑。"一旦真正理解了自然界的力量，就必然会获得寄托着一切幸福的灵魂深处的安宁。"②

① （英）A.S.尼尔，《夏山学校》，王克难译，南海出版公司，2010年5月第2版，80页。

② （美）房龙，《宽容》，生活·读书·新知三联书店，1985年9月第1版，33页。

第二章

净化育儿观念

1

严厉教育是危险教育

> 儿童是脆弱的，成长只需要鼓励，不需要惩罚，一切
> 严厉的对待都隐藏着某种伤害。父母不仅应该放下手
> 中的棍棒，更要放下心中的棍棒，心中无棍棒是件比
> 手中无棍棒更重要的事。宽容而饱含真诚的教育，总
> 是最美、最动人的，对孩子也最有影响力。

所谓"严厉教育"，指以打骂、惩罚和羞辱为主要手段，对未成年人进行强制性改造的一种行为。虽然目标指向是好的，希望孩子做得更好。但由于它不尊重儿童，不体恤儿童身心发育特点，不符合人性，实际上并无教育要素，只是一种破坏力。

严厉教育究竟会造成怎样严重的后果，下面一个案例是比较典型的注解。

我曾经接触过一位单身女士，当时她年近四十，一直没结婚。她是因为严重的抑郁症来找我的。在我们的交谈中，她谈到了自己的童年成长经历。

她父母都是小学教师，对她有很好的早期启蒙教育，在各方面要求也很严。她在很小的时候就会背很多经典诗文，聪明伶俐，而且认字很早，上小学就读了不少课外书，学习成绩一直很好。但她父母在她童年时期犯了一个不可饶恕

的错误，这个错误发生在她5岁的时候。

起因很简单，就是有一天她尿床了。父母为此大惊失色，说你2岁就不再尿床了，现在都5岁了，怎么反而又尿床，越活越倒退了。父母的话让小小的她非常羞愧，以至于当天晚上睡觉的时候，心里非常担忧，好久都没睡着。但也许是因为太紧张，也许因为前半夜没睡着，后半夜睡得太香，第二天早上醒来，居然又一次尿床了。这下子，父母特别不高兴，说你是怎么搞的，昨天尿了床，今天怎么又尿了，是不是成心的啊？当时他们住的是大院平房，有很多住户，她妈妈一边抱着湿褥子往外走，一边说，这么大孩子了还尿床，褥子晒到外面，让别人看到多丢人。她爸爸板起面孔严肃地警告她说，有再一再二，没有再三，这两次尿床我原谅你了，再尿床我可对你不客气了。

父母的话让小小的她内心充满羞辱感和恐惧，所以接下来的一个晚上，她更害怕得不敢睡觉，直到困得坚持不住，沉沉睡去。结果是，她第三次尿床了。这令父母简直震怒，不但对她责骂，而且罚她当天晚上不许吃饭喝水。虽然当天因为空着肚子睡觉，没尿床，但问题从此陷入恶性循环中。从那时起，她开始隔三差五地尿床。父母越是想要通过打骂来让她克服这个问题，她越是难以克服。父母可能后来意识到打骂解决不了问题，就开始带她找医生看病，吃过很多中药西药，都没有作用，直到成年，仍不能解决。

这件事几乎毁了她一生。天天湿漉漉的褥子、尿布以及屋里的异味，是烙进她生命的耻辱印记，她原本可以完美绽放的生命就此残缺了。考大学时，她取得了很高的成绩，完全可以报考北京的名牌大学，但为了避免住集体宿舍的尴尬，第一志愿填报了当地一个学校，以便天天晚上回家。大学四年，她不敢谈男朋友，自卑心理让她拒绝了所有向她求爱的男同学。工作后，谈过两次恋爱，都是男方发现她有这个毛病后，选择了分手。

她对我说：直到上大学前，她一直认为自己这个毛病是个纯生理问题，是一种泌尿系统的慢性病。后来才慢慢意识到是父母的紧张和打骂造成的后果。结束第二段恋情后，她割腕自杀，被救过来，出院回到家中那天，终于在父母面前情绪爆发，疯狂地向父母喊出她心底积压多年的屈辱，并以绝食逼迫父母向她认错。父母似乎终于也意识到问题的来由，虽然没向她正面道歉，却在她面前无言地流了几天泪，痛悔的样子终于令她不忍，端起了饭碗。经过这件事，父母都一下子苍老了十岁，几天间就显得步履蹒跚了。她知道他们已受到惩罚，心中既有宣泄后的舒畅，又有报复的快感。自此，这个毛病居然奇迹般地开始好转，发生的次数大为减少。

但她的生活却无法改变，周围凡认识她的人都知道她这个毛病。她像一个脸上被刺字的囚犯，丑陋的印记无法擦去，只好在三十多岁时选择"北漂"，来到北京，希望通过环境的改变让自己活得自在些。但骨子里形成的自卑和抑郁无法消退，再加上工作压力比较大，很小的一点事就会让她崩溃，对于爱情和婚姻，完全失去再去碰触的热情和信心，对安眠药和抗抑郁药的依赖越来越严重。后来她信仰了一种宗教，她说宗教是唯一让她感觉安慰并有所寄托的东西。虽然她知道自己不会再去自杀，但想到即便活到60岁自然去世，还要活将近20年，就觉得这实在太长了，太难熬了，她不知道该如何撑过这20年。

像一个医生在晚期癌症患者面前束手无策一样，我在她的痛苦面前也同样感到无可奈何。教育中，有太多这样的蝴蝶效应，本来小事一桩，家长完全可以用轻松愉快的态度来解决，甚至不需要去解决，问题也会自行消失。但由于家长用严厉的方式来对待孩子，不但无助于问题本身的解决，还会给孩子留下经久难愈的心理创伤，严重的甚至可以毁灭孩子一生。

我还见过一个4岁的孩子，父母都是高学历，奶奶曾是单位主管会计，也很能干，且非常爱干净。家长从孩子一岁半开始，就因为吃手的问题和孩子纠缠不清。据家长讲，最初阻止孩子吃手，采用的是讲道理，告诉孩子手很脏，不能吃，他们感觉一岁半的孩子能听懂了，但孩子一如既往。发现讲道理没用，就来硬的，采用打手的办法，轻打不起作用，就狠狠打，但这只能起一小会儿作用，孩子一停止哭泣，就好了伤疤忘了疼，又把手伸进嘴里。后来，负责照看孩子的奶奶拿出缝衣针，只要孩子的小手一放进嘴里，就用针扎一下，并把针挂到墙上，故意让孩子看到，但这也不能吓住孩子。后来家长还采用过给孩子手上抹辣椒水，每天24小时戴手套等各种办法，可是问题始终没能得到解决，并且越来越严重。听家长说，孩子还特别爱发脾气，因为一点小事就大发雷霆，可以连续哭号两小时，甚至会用头猛烈撞墙，全然不知疼痛和危险。

我见到这个孩子时，他两只手的大拇指已被吃得变形，两只小手布满破溃的伤口，伤痕累累，但孩子好像完全没有痛感，还在用嘴啃咬双手，用指甲抠开血痂。更糟糕的是孩子的心理也出现严重障碍，不会和人交流，别人和他说话，他基本不回应，目光总是回避开来，神情冷漠，拒人于千里之外。

这个孩子的遭遇，让我震惊于家长的无知和残忍。孩子吃手是多么正常的一种现象，婴幼儿最初是用嘴来感知和认识世界的，小手又是离他最近、唯一能让他自主支配的东西，所以吃手几乎是所有孩子的本能，根本不需要，也不应该制止。到他可以动用自己的其他感知器官认识世界时，自然就不吃手了，就像人学会站着走路后，自然就不愿意爬着走了。对于这样一个自然的认知过程，家长却要想方设法阻止，而且采用打骂、针扎、抹辣椒水等做法，简直就是在刑讯逼供啊！一个弱小的孩子，在人生初期就莫名其妙地遭遇绵延不断的残酷对待，他的生命怎么能正常展开、怎么能不被扭曲呢？

当然有的孩子对吃手表现出固执的喜好，到四五岁，甚至十来岁，还在吃，这种情况往往和孩子的寂寞或自卑有关，是其他教育问题积淀的一个后果，吃手不过是孩子自我安慰的一种方式。遇到这种情况，家长更不该制止孩子吃手。应该做的是反省自己和孩子交流得多不多，相处方式是否和谐等等，并努力从这些方面去解决。单纯制止吃手，是对孩子自我心理安慰的粗暴剥夺。即使从表面达到了阻止的目的，但孩子内心的压抑和痛苦必须要找到一个出口，将可能出现更严重的心理问题和其他生理问题。

眼前这个年仅4岁的孩子，他的心已像他的一双小手一样伤痕累累。他揭血痂、用头撞墙等自残行为，并不是不懂得痛，而是内在的痛苦难以承受，又无法陈述和宣泄，只好用肉体的疼痛来转移和缓解。

不能说他的家人有主观恶意，他们的主观愿望一定是好的，也许他们比一般的家长更希望孩子成长得完美，所以对于吃手这样一件小事也难以容忍，更何况从他们的陈述中我还了解到，在吃饭、睡觉、玩耍等几乎所有的生活小事上，家长都同样严格要求孩子。

家长希望用各种规矩培养出孩子各种良好的习惯，而这对孩子来说，却是自由意志被剥夺，活在日复一日的冷酷对待中。他的世界一直以来太寒冷了，已被厚厚的冰雪覆盖，所以他下意识地要把自己严实地包裹起来，回避和外界交流，直到失去正常的沟通能力。这是一个弱小生命对抗恶劣环境的本能反应，畸形的生态环境只能让他变态地成长。

专门研究儿童精神病的蒙台梭利博士说过：我们常常在无意中阻碍了儿童的发展，因此，我们应该对他们的终身畸形负责。我们很难认识到自己是多么生硬和粗暴，所以我们必须时时刻刻尽可能温和地对待儿童，避免粗暴。教育的真正准备是研究自己。[1]

教育学和心理学对于严厉教育所带来的损害的研究已经很成熟了，但时至今日，人们对严厉教育的破坏性仍然没有警觉。在我们的教育话语中，人们仍然特别愿意谈规矩，很少谈自由。哪个青少年出了问题，归结为家长管得不严，太溺爱；相反，哪个青少年成长得比较优秀，尤其在某个方面做得出色，会归功为家长和老师的批评和打骂。

这样的归结非常简单非常肤浅，但越是简单肤浅的东西，越容易被一些人接受。于是，一顿"要么好好弹琴，要么跳楼去死"的威胁可以让孩子成为钢

[1]（意）蒙台梭利，《蒙台梭利幼儿教育科学方法》，
任代文等译，人民教育出版社，2001年5月第2版，460页。

琴家，一根鸡毛掸子随时伺候可以让孩子上北大，一通把孩子骂作"垃圾"的侮辱可以逼孩子考进哈佛……诸如此类的"极品"行为最容易得到传播。甚至是一些专业教育工作者，也会一边谈尊重孩子，一边毫无愧色地宣扬棍棒教育。

在某个场合，有一位教育专家侃侃而谈，他说孩子可以打，但要艺术地打。闻此言，我当时就很想请这位专家解释一下，什么是"艺术地打"，并希望他示范，最好让他扮演那个挨打的儿童，那么别人艺术地打他一顿，他是否很受用？做人最基本的"己所不欲，勿施于人"在谈论儿童教育时，怎么就不成立了呢？

人们不肯往深了想一想，严厉教育如果真能让孩子优秀，天下将尽是英才。成年人想收拾一个孩子还不是容易的事嘛，谁都会！既威胁不到自己，又能把孩子教育好，省心省力，痛快淋漓——可教育是件"秋后算账"的事，虽然儿童的缓慢成长给了一些人以暂时的幻觉，但栽下罂粟不会结出樱桃，恶果不知会在哪个枝条上结出。

有位家长，听人说孩子有毛病一定要扼杀在摇篮中，所以她从女儿一岁多，就在各方面对孩子进行了严格的管教。如果孩子不好好吃饭，妈妈会把孩子碗中的饭全倒掉；如果孩子不好好刷牙，家长会把牙刷一折两半，丢进垃圾桶；不好好背古诗，就用戒尺打手心……在家长的严厉教育下，孩子确实被训练得很乖，按时吃饭，认真刷牙，会背很多古诗。但她发现，刚刚三岁多的孩子，一方面表现得胆小怕事，到外面都不敢跟小朋友玩；另一方面在家里脾气又很大，且表现出令人不可思议的残忍。比如虐待家里的小猫，把猫尾巴踩住用脚踩，或用沙发靠垫把小猫捂到半死，看小猫痛苦的样子，她则表现出满足的神情。一般小女孩都喜欢芭比娃娃，她则对这些娃娃好像有仇，动不动就肢解芭比娃娃，把娃娃的头和四肢揪下来，甚至用剪刀剪破。妈妈不能理解，她的孩子怎么这样？

儿童天性都是温柔善良的，如果说一个孩子表现出冷酷和残忍，一定是他在生活中体会了太多的冷酷无情。媒体不时地报道家长虐待孩子或子女虐待老人的事件，手段之恶劣，令人发指。同时，追究一些恶性刑事案件的犯罪分子的成长史，几乎全部可以看到他们童年时代极端严厉的家庭教育。可以说，几乎所有的极端残忍者，都有一个精神或肉体严重受虐的童年。

经常被苛责的孩子，学会了苛刻；经常被打骂的孩子，学会了仇恨；经常被批评的孩子，很容易变得自卑；经常被限制的孩子，会越来越刻板固执……"身教重于言传"是教育中的一条被时间和无数事件验证过的真理性的结论，严厉教育本身也是一种示范，如果成年人对孩子拿出的是经常性的批评和打骂，怎么能培养出孩子的友善与平和呢？

教育中任何粗暴严厉的做法都是没来由的，它在人类千百年来积累的教育智慧中没有任何根基和来源，在现实生活中也没有任何道德基础。是否认同打孩子，是块试金石，可测验出人们在教育上的认识水平。

某次我在一所小学遇到一位获得过不少荣誉、以严厉著称的老师，她当时还没有孩子，谈到现在问题儿童越来越多，她语气恨恨地说："我不能保证我的孩子将来学习好，但我能肯定他的品行一定没问题。我绝对不会溺爱他，如果他敢不听我的，做一点点坏事，打死他！"我在那一瞬间立即为她将来的孩子担忧极了。

不少所谓的教育专家、学者、名师，他们不能把专业知识和智慧打通，尽管在口头上也提倡"尊重"、"平等"等概念，但在他们的逻辑中，儿童是无知、莽撞、没有规则的；成人则是得体、有序、正确的，所以成人有义务帮助儿童建立规则，并把他们天性中带来的毛病和错误消灭在萌芽中，防止原罪扩散——这样的认识已包含了严重的不平等，所以在他们真正面对孩子时，几乎不可能产生尊重心理，只有居高临下的控制心理。我还看到一篇教育学博士写的文章《怎样打孩子》，所支招术为：第一，打孩子不能带有愤怒；第二，不能用手打，要用棍子打；第三，打之前要用语言交流，说明为什么打、打几下；第四，要心怀大爱地去打——想想啊，一个成年人怀着一腔爱，提着棍子，没有愤怒，心平气和地计着数打一个孩子——这要有多变态才能做到呢！一件事，如果大前提是错误的，没有一个小手段值得肯定，这正如有人写《做小偷的十大技巧》，写得再好，也是在露丑露怯，应该受到鄙视和唾弃。

我猜测，这位博士也是童年家暴的受害者，童年创伤深入骨髓，不平等感和自卑感成为植入他体内的不可分割的一部分，以至于成年后，尤其取得一定成就后，潜意识出于对不平等和自卑的反抗，必须要想办法拔高自身，甚至是缺陷的部分也努力美化为优点。童年屈辱被粉饰为方式特别的父爱母爱，家暴伤痕于是演绎成他心目中值得炫耀的文身。即使从事了教育研究，学习了很多专业知识，也褪不去严厉教育的底色，走不出粗暴教育的意识框架。这种情况非常多，在很多"成功人士"身上都表现得很典型，当他们回首成长经历时，会忽略那些真正助他们成功的要素，却特别喜欢拿儿时挨打受骂来说事，并会真正地热爱上严厉教育。这真是个很有趣又令人感叹的现象。

学问和生活不接轨很多行业都存在，在儿童教育方面显得尤为突出。科技已进入到21世纪，不少人的教育意识还停留在荒蛮时代。

现在，棍棒教育的支持者动不动就用"中国传统教育"来说事，这真是对中国传统文化的歪曲和糟蹋。事实上，"不打不成才"之类的说法，不过是流传于民间的一种恶俗说法，是以讹传讹的"谣言"。从古至今，中国历史上没有一位圣贤说过孩子应该打。恰恰相反，中国传统文化讲的是"上善若水"，提倡的做法是"亲有过，谏使更，怡吾色，柔吾声"，即家人之间提意见，应该和颜悦色地说，而不要声色俱厉地指责。

"棍棒教育"不过是一种精神底层的认识，是中国传统文化中的糟粕部分，登不了大雅之堂。可以这样定义：打骂孩子是无能教育和无耻教育。

近年有人把"虎妈"、"狼爸"式的严厉教育当作中国传统教育来炒作，这除了给中国传统教育抹黑，坑一小部分糊涂家长，伤害一部分孩子，对人类进步没有任何正面贡献。低俗的街头杂耍即便搬进最有名的剧院，也不可能真正赢得观众，粗陋的表演只配得到片刻稀疏的掌声，被抛弃是必然的结果。不美的东西不会有长久的生命力。

　　放不下严厉教育的人，真正的原因是潜意识放不下莫名的恨意。这就是为什么从小经历了打骂教育的人，往往正是棍棒教育的支持者，经常严厉对待孩子的老师或家长，他们自以为在"教育"孩子，其实只是在发泄自己从童年积淀的恨意。像一位网友说的：有些人小时候常挨打，痛恨父母打自己，长大了发誓绝对不打孩子，可做父母后还是会打小孩，因为他们根本不知道正常生活是怎样的。推翻父母不难，但修补父母刻在自己童年里的缺陷，非常不易。

　　所以，根本地说，所谓"严厉教育"，其实和教育无关，不过是成年人某种性格缺陷的遮羞布而已。振振有词地宣扬棍棒教育的人，往往是道德伪君子，道德伪善甚至把他们自己都骗了，这使得他们在对孩子施行各种惩罚时心安理得。比如有位家长，他听到自己年仅3岁的孩子说了一句脏话，抬手就给孩子一个嘴巴子，其理由是要把孩子的坏毛病扼杀在萌芽状态。只能说，道德伪君子往往就这样，是道德洁癖的重症患者，在面对孩子时，内心既不诚实又苛刻。

　　站在第三者的角度上看这件事，一句脏话和一个耳光相比，到底哪一个更令人难以忍受？一个懵懂顽皮的孩子和一个恃强凌弱的成人，哪一个更让人生厌？孩子随口说句脏话和成年人随意打人，谁的道德素养更差？一位哲学家说过，"虚伪和粗暴总是结伴而行"，这句话值得所有粗暴教育的倡导者扪心自问。

　　孩子偶尔说句脏话需要惩罚吗？幼小的孩子甚至连什么叫"脏话"的概念都没有，模仿和尝试又是儿童的天性，所以环境中有人说脏话，孩子可能会模仿，但这和他长大会不会说脏话一点关系都没有。

　　我女儿圆圆小时候，有一天在家突然说一句脏话，大约是跟幼儿园哪个小朋友学来的。说完了，她自己一下子不好意思，显然小小的人儿已经意识到这句话不太体面，羞涩地一下扎在我怀里，哼哼唧唧地不肯抬头，当时的样子实在可爱。我和她爸爸并没有追究她从哪里学来的，我们只是哈哈一笑，然后告诉她，爸爸妈妈小时候也说过脏话，没事。听我们这样说，她才释然。

我们这样做，并不是在纵容孩子，而是在用心理解孩子。童年时有几个人没说过脏话，一个情感和智力正常的孩子，自然会对各种行为的好坏慢慢形成自己的判断。只要家长不说脏话，不以负面眼光看待孩子，孩子内心平和，他不会对说脏话一直有兴趣的。或者说即使是成年人，谁能保证自己在某些情绪下永远不说一句脏话？那么我们为什么要不切实际地要求孩子呢？

很多人虽然从小被规矩所限，被严厉教育所苦，长大了却特别害怕没有规矩，害怕宽容会把孩子惯坏。我对严厉教育的否定，使我经常遇到这样的质疑：难道孩子做了错事也不要批评？屡教不改也不要打骂吗？这样的质疑，其话语逻辑是：不批评的前提是孩子没做错事，不打骂的前提是有毛病一说就改——可是，这不叫"强盗逻辑"叫什么？

孩子没有错，只有不成熟，如果你动不动认为孩子"错了"，那是你自己错了；如果你遇到的孩子是屡教不改的，那是你所提要求不对或一直在用错误的方法对待他。我相信教育是件"桃李不言，下自成蹊"的事，需要"随风潜入夜，润物细无声"地解决。前苏联教育家马卡连柯说过："如果家庭生活制度从一开始就得到合理的发展，处罚就不再需要了。在良好的家庭里，永远不会有处罚的情形，这就是最正确的家庭教育道路。"[1]

这里所说的"良好的家庭"并非永远一团和气，而是有矛盾也总能得体地解决。不少人对我从未打过孩子表示惊讶，然后归因为我的女儿分外乖。事实是，我在和女儿的相处中，也有小冲突，但我从不在孩子面前纵容自己的情绪，经常是自己先退一步，想想在哪里没好好理解孩子，自己应该如何改变，从自己身上找问题，而不是总把问题都推到孩子身上，更不用惩罚的方式来解决。所以，并不是我的女儿比一般孩子乖，而是她像所有的孩子一样乖，天下的孩

---

[1]（苏）马卡连柯，《马卡连柯教育文集》，吴式颖等编，
人民教育出版社，2005年1月第2版，507页。

子都很乖，没有一个孩子是需要用打骂来教育的——只有成人对儿童有这样的信心，他才能放下心中棍棒，继而放下手中棍棒。

不过，"放下"二字何其难。尽管严厉教育的恶果一再显现，但人们惩罚孩子的念头却挥之不去，甚至是恋恋不舍。

现在又有人提出"惩戒教育"的概念。从字面上看，这比棍棒教育温和，又比溺爱教育严肃，介于两者中间，正是恰到好处。但在这个事上，我还是请大家往实处想一想，不妨模拟一下，谁能演示出惩戒教育与严厉教育的不同？事实上我没看到任何一个提倡惩戒教育的人对此给出准确的定义或建议，也没有任何一个人给出得体的案例或可操作的示范，大家只是在那里喊一个新名词而已。所以我不赞成"惩戒教育"的提法，显然它也是粗糙思维的一个结果，我担心它在实际生活中不过是化了妆的棍棒教育。只要严厉的实质不变，那么它有惩罚无教育、有创伤无戒除的结果也不会变。

儿童是脆弱的，成长只需要鼓励，不需要惩罚，一切严厉的对待都隐藏着某种伤害。父母不仅应该放下手中的棍棒，更要放下心中的棍棒，心中无棍棒是件比手中无棍棒更重要的事。宽容而饱含真诚的教育，总是最美、最动人的，对孩子也最有影响力。

当然，我不希望给家长们太大的压力，大家都是凡人，偶尔火气上来了，实在忍不住，打孩子两下或骂几句，这也不会有太大问题，正像一个偶尔吃多了的人不会成为大胖子一样。身体自有它的调节功能，孩子也自然有他正常的抗挫折能力。并且儿童甚至比成年人更宽容，更能理解并消化父母偶尔的脾气。孩子最受不了的，是父母经常性的严厉和苛刻。

人生万事，得体的手段才能产生良好的效果。教育更是如此，没有一种错误的手段可以达到正面效果。哲学家哈耶克说过："那些重要的道德规则是神的命令与法律，是人类应尽的义务，而且神最后会奖赏顺从义务者，并且惩罚逆反者。违反这些基本的道德，就是在和神作对。"[1]尊重孩子，是大自然的法则，也是神的命令，是教育最基本的法则。严厉教育的目的虽然也是想给孩子打造出华美的人生宫殿，到头来却只能制造出一间精神牢笼，陷儿童于自卑、暴躁或懦弱中，给孩子造成经久不愈的内伤。说它是危险教育，一点也不为过。

①（英）亚当·斯密，《道德情操论》，谢宗林译，
中央编译出版社，2010年4月第1版，198页。

2

"有本事"家长为何培养出"没出息"孩子

> 一些学历较高或事业很成功的家长,作为社会人,十
> 分优秀,作为家长,太强权了。在家庭生活中如果不
> 有意识地约束自己的能量,就有可能对身边的人形成
> 超强的控制力。世间万事,过犹不及,虽然这种控制
> 力主观愿望是好的,可在客观上却形成对他人自由意
> 志的剥夺。

家庭生活中的"控制"常常在不经意间发生。而且我发现,家长的社会化
程度越高,这种控制越容易发生。所以我们会看到一种奇怪的现象,某些父母
能力非凡,事业成功,社会地位出色,在孩子的教育上也很用心,可他们的孩
子却懦弱、笨拙、自卑、消沉,没成为出色父母的"翻版",却几乎是父母形象
的"反面"。人们对此现象最浅薄的归因是遗传在这里失灵了,孩子自己没出息,
很少有人能看到这背后的深层原因正在于父母的强势。

有位重点大学的教授,她自己当年从农村考大学进入城市,一直读到博士。
老公是她大学同学,也从农村考上大学,能力非凡,是一家大型企业的总经理。
他们有一个儿子,叫晓航,已上大学。本来这该是一个多么令人羡慕的家庭,

但现在一家人却陷入了深深的痛苦中。儿子晓航虽说是上大学了，可高考成绩并不理想，勉强上了一个很不起眼的学校，这已经让父母深感失望。更糟糕的是，从第一学期开始，他就有几门课考试不及格，到第二学期有更多科目不及格，且开始不去上课，整天打网游，几乎不和同学交往。父母没收了他的电脑，他就到网吧，通宵不回宿舍。到学期结束时，不参加考试，以至于学校给他下了最后通牒，如果再这样下去，就要开除。

当这位母亲先给我写邮件陈述孩子的情况时，我就有强烈的直觉，估计是他们对孩子的管理出了问题。待她专程来找我咨询时，经过细致的了解，我几乎看到了孩子的现状和父母教养方式之间全部的因果关系。

父母在学业上勤奋、工作上自律，践行了知识改变命运、奋斗改变人生的箴言，于是，他们要把自己的行为全部推广到孩子身上，错误也就从这里开始了。

据教授说，她从儿子一出生，就注意培养孩子良好的生活习惯和吃苦耐劳的精神，认为这是一个男孩儿成长为男子汉必备的条件。所以从孩子稍懂事起，就为孩子制定了严格的作息时间和行为规范，如果孩子不听话，妈妈爸爸就会提出批评，生气了也会打孩子。学前阶段，晓航都表现得非常听话，也很聪明，显得比同龄人出色。上小学后，为了培养孩子良好的学习习惯，她给孩子制定了详细的作息时间，规定必须几点钟到几点钟写作业，每天看电视不能超过半个小时，阅读不少于一个小时，必须几点睡觉，考试错误率不许达到百分之几以上等等。

开始孩子还表现得不错，每天都还能按照家长的规定去做计划中的每件事，成绩也不错，总在班里前几名。但孩子的自觉性好像一直不能培养起来。日复一日，几乎所有的事情都是在催促和监督之下才能完成，没有一件事不磨蹭，从早上起床、吃饭到晚上写作业、洗澡直至睡觉。而且随着年龄的增长，越来越变得逆反，似乎凡父母的主张，他都要抗拒。比如在选择课外班方面，家长觉得孩子太内向懦弱，为了培养男子汉气质，给孩子报了跆拳道班；考虑孩子经常在学习上不专注，为锻炼他的专注力，报了围棋班；听说游泳最能强健身体、塑造体形，又给孩子报了游泳班；同时，为培养孩子的艺术气质，又单独请一位老师教孩子吹萨克斯。选择这些课外班，家长都是再三考虑过的，晓航却一个都不接受。这些不如意的表现，尤其惹得他爸爸生气。

晓航父亲做事雷厉风行，是位系衬衫纽扣都会想出不同的方法以节省时间的人。他在外是出色的总经理，无意中回家也常常当"总经理"。和孩子有限的相处中，多半是在"检查工作"和"发号施令"，交流方式总是很武断；并常常以自己当年读中小学时的上进和自觉来教训儿子的不自觉不上进。晓航一直惧怕爸爸，从不主动和爸爸说话，父子间的对话仅限于提问和简单回答，宛如上下级。

但不管怎样，晓航在小学阶段的学习成绩还是不错的，能保持在班级前几名，所以初中也进入了一所不错的中学。

家长原以为晓航进入中学能在学习及生活方面主动些，但事实却更不如意。他不但各种好习惯没养成，学习成绩也越来越平庸。在生活习惯和学习习惯的培养上，家长动过很多脑子，设计过很多奖惩办法，这些方案在制订时也征得过孩子的同意，可到最后都由于孩子不配合，执行不下去，在和家长的一次次争吵冲突中，不了了之。

当时晓航唯一感兴趣的是电脑游戏，家长规定每天只能玩一小时，事实却是他完全不按事先的规定行事，每天都找借口拖延下机时间，常常需要父母强制关机，为此又没少发生冲突。为了分散孩子对网游的痴迷，他们建议晓航去参加一些其他活动，父亲还在百忙中抽时间陪他一起去打篮球。这个细节做得比较成功，晓航很快喜欢上了打篮球。因为他家就在大学校园里住着，校园里有几处随时开放的篮球场，晓航在球场上新认识了几个同龄朋友，感觉很能玩到一起，班里有几个爱打篮球的同学也不时地来找他一起去打球，这让晓航很快对电脑游戏失去兴趣。

但随之而来的问题是晓航又对篮球太迷恋了，又陷入玩起来就不管不顾的状态中，除了周末两天要打，寒暑假整个假期，几乎天天要去打。家长又开始焦虑，觉得他花在球场上的时间太多了。自从不玩电游后，晓航在学校的成绩排名虽然进步不少，但离理想的名次还差很远，父母认为他如果能再用功一些，名次还会大幅向前进步，于是又给他规定，不管平时还是假期，每周只许打一次，每次只许打一个半小时，包括路上的时间。孩子每次到球场前都答应按时回家，却总不兑现承诺，妈妈就会生气地跑到球场，强行把儿子叫回来。这弄得孩子非常不高兴，说妈妈弄得他没面子，同学们也都玩得不爽，他以后没法和别人玩了。

说到这里，教授沉默了一会儿，语气有些痛悔地说，可能我当时做得有些过分了，孩子在人际交往方面一直表现得胆怯，那本来应该是一个很好的同伴交往机会，那段时间确实看到他和同学往来得很好，脸上似乎也有了自信，可我没在意这事。后来，大家确实不再找我儿子打球了，我当时心里还暗暗有些高兴，认为马上要上高中了，三年关键期，少玩点也没什么，如果他能在学习方面多用些功，上一所好大学，进了大学再打篮球、再交朋友也不晚。

听到这里，我也几乎要跺脚叹息，这是多么好的一个转机，可惜又被家长破坏了。不过，不需要我再说什么，显然教授已意识到自己的过失。

在教授接下来的陈述中我得知，晓航不打篮球之后，重又陷入了对电游的痴迷，父母强行关电脑，他就玩手机。为了玩手机，会在卫生间蹲两个小时，经常需要强行叫出来。高中几年，几乎全部是在和父母的冲突中走过，学习成绩每况愈下，高考成绩很不理想，只上了二本线。报考大学专业时，晓航想学计算机，但父母觉得他学计算机不过是为了满足玩电游的欲望，将来不好找工作。于是硬说服儿子报考了父母上大学时所学的专业，因为父母现在研究的领域和从事的行业就是这个，将来好为他安排工作，妈妈还建议儿子将来报考她自己的硕士和博士。为这事，他们又和孩子发生冲突。父母认为选专业的事，是一辈子的大事，关系到将来的生存和发展，所以绝不让步。父亲更是一着急说出这样的话，"就你这样子，将来能自己找到工作吗？还不得我帮你的忙！"最终孩子屈服，只提出一个条件，不在本地上大学，一定要到外地上大学，这一点父母原本也不同意，后来勉强同意了。

孩子进入大学后，父母以为接下来只是需要为他的工作铺路了，却没料到孩子一旦离开父母的监督，完全失控。现在看来，学业基本上不可能完成，很难毕业。毕业不了，就找不到工作，将来怎么办呢？说到这里，这位好强而成功的教授流下了作为一个母亲的伤心的眼泪，她哽咽着说，我小时候家长根本不管，全凭自觉，可我的孩子，我为他付出了多少心血，他却这样。你说，一个人的成长，到底是取决于教育还是他的天性？

她这样发问，显得有些幼稚，和她刚才流露的理性及自我反思很不符。也许她潜意识希望我说出是取决于天性，那样她可能会稍有安慰，失败感会有所减轻。但我知道她事实上心中已有答案了，她已意识到是自己对孩子的教育出了问题，所以，现在最需要的不是安慰，而是点破和正面强化。所以我在安慰过她后，坦率地对问题进行了进一步的剖析。

我说，天下没有完美家长，几乎所有的家长都会犯错，你们当然也不例外。家长犯少量的错误是正常的，犯得多了，就是问题。你们对孩子犯了很多错误，所有的错误概括起来，其实都是一个，就是家长太强势，不给孩子自由，也不给他自信。你的孩子降落在一个物质优裕的家庭，却一直戴着精神枷锁成长。

教授脸上现出难以接受的表情，我停止说话，给她茶杯中续上水。沉默了一会儿，感觉她对我刚才的话在情绪上有所消化，然后继续说。

你说你的家长"根本不管"你，也许你认为这是一种不尽职，但从教育的角度看，恰对你是一种成全。当年你们的家长文化程度不高，在精力或教育意识上的不到位，客观上减少了对你们的控制，恰为你们的自由成长提供了空间。你们像撒落在原野上的种子，在没有重大外力破坏作用下，凭借着适当的雨露和阳光，即一些良好的教育契机，比如遇到过几个不错的老师，在学习上获得过成就感，或偶尔发现了阅读的乐趣，有较充足的玩耍时间等等，你们的潜能于是得以充分发挥。

而一些学历较高或事业很成功的家长，像你和你的先生，作为社会人，十分优秀，作为家长，太强权了。在家庭生活中如果你们不有意识地约束自己的能量，就有可能对身边的人形成超强的控制力。世间万事，过犹不及，虽然这种控制力主观愿望是好的，可在客观上却形成对他人自由意志的剥夺。你儿子从小到大，需要事事听命于家长的指令，没有玩耍的自由，没有时间安排上的自由，没有发展爱好的自由，没有选择专业的自由，家长几乎安排了他的一切，也不允许他犯错误，甚至不在乎他的面子……你们以为这就是教育，以为父母给孩子付出了很多，为孩子创造了好条件，其实你儿子一直生活在一种半窒息状态中，他的自我管理能力一直没有机会成长，只能慢慢萎缩。上大学前，只是因为父母的支撑，才能勉强应付学业。高考几乎耗尽了他原本不多的能量，一旦离开家，远离父母的操纵，又面对不喜欢的专业，他肯定无力管理自己，心理和意志出现崩溃，陷入半瘫痪状态，这种情况其实并不意外。

教授的表情有惊讶有迷茫更有痛苦。我知道，我说得越到位，她此时越会心如刀绞。但能看得出，她理解了，只是需要一个适应过程。所以我们沉默着对饮了一杯茶后，我又补充了下面的观点。

现在，"富二代"或"官二代"成了"问题青少年"的代名词，社会习惯于把原因归咎于他们的父母为富不仁或为官不仁，这种归因太简单。我相信绝大多数"富二代"和"官二代"孩子是好的，数一数我们听说的"问题青少年"，就可以知道他们在群体总量中占的比例极小，只是媒体把他们放到聚光灯下，放大了他们的影响。去掉偏见，客观地说，很多富人和官员是我们社会的精英，他们绝不会蠢到故意纵容自己的孩子放肆和堕落，恰恰相反，他们会比常人更期望孩子优秀，更害怕孩子出问题。如果有些人的孩子出问题了，父母的榜样作用是一个原因，更多的恰是被管制过度了。父母能量越大，对儿童自由的剥夺越多，出现的后果就越严重……作为优秀的社会人，这是生产力；作为强权家长，则是破坏力。

她突然对我说，你的分析确实有道理，让我想到了我和我弟弟。我们俩的成长，可能正印证了这一点，我怎么以前就没想到呢？

下面是教授的讲述。

小时候，我每天要帮父母干家务活和农活，弟弟被父母宠爱，什么也不干，我心里不平衡，觉得委屈，内心总是苦闷。我大约10岁时，偶然一天，在村里一家人的炕上发现一本书，一下子就被吸引了，以至于忘了回家，结果被妈妈骂一顿。但那本破旧的书有一种魔力，吸引着我，我抑制不住地在第二天尽快做完家务活，又跑到那家人那里去读那本书。我发现，他家有很多我从没听说过的书，如《三国演义》《红楼梦》等等。那家人很好，允许我看，但不允许带走，我就常常跑去坐在人家屋里或院子里看。尽管我一再注意按时回家，却常因看得太入迷忘了时间，耽误了干活，为此也没少挨父母的责骂，责骂声中，我读了几十本中外名著。小学毕业时，父母本不想让我再上学，我哭着抗争，一定要上。当时上学没有目标，只是为了逃避繁重的家务活。我读初一时，国家恢复高考，这让我看到希望，开始用功学习。学习对我来说并不是件难事，我成绩非常出色，经常是年级第一名，所以到升高中时，父母就没再阻拦，然后我顺利地考上了大学，成为村里第一个大学生，这是父母万万没有想到的。

弟弟比我小5岁，从小显得聪明伶俐，父母原本一心要把他培养成大学生，尤其我考上大学后，他们对弟弟更用心，什么活儿也不让他干，父母的口头禅就是"只要你好好学习，我们累死也心甘情愿"。可弟弟一直不自觉，成绩也不好，最终没考上大学，且脾气暴躁，好逸恶劳，什么也干不了，这让父母大失所望。在我父母以及村里人看来，我弟弟天生就没出息，和我在一个家长大，父母对他也更用心，他却稀狗屎扶不上墙。现在看来，虽然生活在一个家，我和弟弟遭遇的教育却是不一样的。正是因为父母对弟弟管制太多，在学习上给弟弟压力太大，动不动因为学习的事情打骂弟弟，弟弟才变得越来越笨，越来越不上进。

我点点头，感觉她分析得非常好。

教授又叹息说，我一直以为自己是个认真负责的好家长，没想到自己教育孩子的水平根本没超过我的父母，甚至还不如他们。我不过是个拿锄头雕刻美玉的农夫，这二十年，生硬把一块璞玉一点点砸成小石头。你说我以后怎么办呢，怎么才能把我对儿子造成的伤害修复好呢？我儿子还有救吗？

能想象出这位母亲此时内心有多痛悔。我如实说，并不是所有的伤害都可以修复，有些伤害就是伤害，造成的阴影会绵延一生，无法痊愈。但这并不意味着这个人就完了，因为绝大多数人都是带着童年时代的某种心理创伤长大的，区别只是轻重不同。就像人的机体有很强的自我修复能力一样，人的心理也是这样。先找到真正的病根，消灭致病原因，这就等于治愈了一半；然后对症下药，情况肯定会有好转。所以，你首先要树立信心。你孩子的问题是由于从小受到的管制太多，那么从现在开始，把自由还给他，让他慢慢学会为自己做主。眼下你们要解决的主要矛盾是他的学业问题，按你们以前的办法，孩子不想上课不想考试，家长就是通过劝说和批评，逼迫他必须回到课堂。那么，改变一下，把这个重大选择交给孩子吧，他已是成年人了，你要相信他有选择自己生活的权利和能力。你们要做的，就是给孩子理解、欣赏和建议——请注意，一定仅仅是"建议"，不是披着建议外衣的说服。

教授后来和我一直保持着联系，后面情况大致是这样的。

她回去后，跟孩子谈了一次话，剖析了自己和他父亲这么多年来在教育方面的失误，真诚地表达了作为父母的痛悔之意，这让孩子很是惊讶，然后不置可否。可能因为父母以前也曾给他道过歉，孩子并不认为这一次道歉和以前的有什么不同。但她接下来的话让孩子肯定没想到，她告诉孩子，她现在完全理解他不想去上课和考试的心情，让孩子不要着急，想想自己接下来怎么办。她给孩子的建议是休学一年，到全国各地，甚至世界各地旅游，同时读些自己想看的书。

孩子同意休学一年，休学后并没有像家长期望的那样去阅读或旅游，而是把自己关在卧室，整天昼夜颠倒地上网玩游戏，不洗头发不洗澡，也不出去和任何人交往，甚至不和父母说话。

开始时，这种情况才持续了十多天，教授夫妇就难以忍受，打电话向我求助。我告诉她不要急，孩子的心理从无序走向有序，必然要经历一个混乱期。就像我们的衣柜，如果一开始我们只是满足于表面的整洁，根本不注意什么东西该放在什么位置，胡乱往里塞，到柜门关不上、领带找不到的那天，想要重新整理时，就需要把里面的东西都拿出来，这时，床上、地上堆满了东西，整个家都乱了套，似乎还不如以前呢。但只要怀有信心，假以时间和合理安排，最后总会呈现出真正的有序。

教授在这半年中经历了无数的心理煎熬，孩子的表现经常令她崩溃，极度无助时就会给我打个电话。这个过程，与其说在等待孩子变化，不如说她自己翻越了最艰难的心路雪山。她还要去说服丈夫，让丈夫理解当下任孩子"堕落"的意义，阻止丈夫破坏性的行为。她不仅自己翻雪山，还搀着一个人去翻！我很佩服她自我批判的勇气和自我反思的能力，这个瞬间，我看到了一个学者的理性和智慧。

她不但放弃对孩子的控制，同时给孩子赋权。小到让儿子决定晚上吃什么、周末去爬山还是睡懒觉，大到她的课题选题哪个更好等等，在各种事情上都尽可能让孩子感觉到他自己有想法、有能力、有话语权，让他感觉父母多么需要他。慢慢地，儿子不再抗拒她，开始和父母有了交流。半年后开始变得有笑容了。教授说，在孩子刚休学的第一个月，她其实心里还是有些不能真正接受儿子不上学的现实。促使她彻底改变的一件事是，她有一次无意中看到儿子写在电脑中的私密日记，惊出一身冷汗，儿子居然有自杀的打算，开始写死亡倒计时日记。她万万没有想到儿子活得这样痛苦，连生命都打算放弃了，而自己以前却只是简单地在"上进心"问题上和孩子纠缠不休。

联想到现在大学里动不动就有学生跳楼自杀，她开始了真正的反思，什么是教育，什么是给孩子真正的幸福？所以孩子休学一年后，还是不想回学校，提出想退学，她对孩子说，妈妈相信你这个决定不是随便做出来的，你肯定是想好了才提出来的。听从你内心的召唤，选择你愿意选择的，这肯定没错。

她知道儿子当时并没想好退学后去做什么，为了不让儿子焦虑痛苦，她安慰孩子说，你可能眼下没想好下一步去做什么，不着急，人生很长，寻找路径也是生活的一部分，俗话说车到山前必有路，跟着感觉走就可以了。无疑，妈妈的话给了儿子巨大的安慰和信心。办了退学手续后，她儿子又在家里"堕落"了半年，然后有一天突然对她说，感觉在校园里开个果蔬饮品店应该不错，然后对妈妈讲了他的分析和计划。她没想到儿子把事情讲得头头是道，而且想法已比较成熟。当然，妈妈是全力支持，和孩子一起研发了几种产品，又租了一个几平方米的小店。

自己是大学教授，儿子是校园里卖饮品的，这在以前是绝不可能想象的。教授说如果不转变观念，且不说考虑孩子的前途，单是出于自己的虚荣心，她也受不了。但现在，她完全能接受这一切。儿子的变化至少让她放心了，也看到他自立的希望。

教授后来写邮件陆续告诉我，他儿子的饮品店开得很好，因为货真价实，且他儿子对谁都很友善，生意一直很好，还在另一所大学开了分店，雇了小伙计。至于他将来是生意越做越大当老板，还是一辈子就开小店过小日子，或是再回校园上学，重新开始一种选择，这都顺其自然吧，人生中最重要的是有正常的日子，有幸福感。她相信孩子只要有正常心态，总会找到自己的生存之道的。她和先生经过这两年的反思，悟出的一条重要道理就是，"在外是总经理，回家也是总经理"是家长的大忌，也是整个家庭生活的大忌——这个朴素的认识得来不易，使他们家庭生活中很多问题迎刃而解，更使他们和孩子的关系变得越来越亲密和谐。

3

不要把牛顿培养成牛倌

> 儿童是脆弱而无助的，他们的天赋需要激活也需要呵护，家长在孩子的成长中既要成为孩子进步的助推器，又要成为他们的保护伞。

天才不容易出现，不是天才太少，是因为天才太容易被扼杀。

这样的镜头大家估计都不陌生：孩子拿着一块石头对妈妈说这像一条鱼，妈妈很不屑地看一眼，拿过来扔掉，"这哪是什么鱼，一块破石头，看把手弄得多脏！"这样的家长肯定也给孩子讲过科学家、发明家的故事，也希望自己的孩子是牛顿、爱因斯坦、比尔·盖茨，他们不知道，自己这一个动作一句话，如同踏在幼苗之上的一只脚，不费吹灰之力，就可以把孩子的天赋扼杀在萌芽时，让一个有可能成为牛顿的人往一个牛倌的方向发展——这里的"牛顿"和"牛倌"不是具体的人或职业，不存在对应的褒贬之意，只是一个形象的、关于高期望目标和低收获结果的比喻。

尽管现在家长们接受了新的教育理念，像上面提到的显而易见的粗暴的做法越来越少了，但类似的破坏行为并没有减少，而是有了变种，变得更隐蔽和普遍，破坏力也可能更大。

有个小男孩，十分喜欢汽车，到了迷恋的程度，吃饭、睡觉时都要把玩具车放在旁边，刚3岁就能把市场上的各种车牌、原产国都说出来。在幼儿园，孩子也总是沉浸在汽车中，把各种东西都能想象成汽车，动不动就像模像样地"开"起来。上课时，老师教小朋友看图说话，只要和汽车有关，他就眼睛发亮，很认真地听；讲其他的，就东张西望，心不在焉。每次老师带着大家做游戏，他都不太愿意参加，总是抱着汽车不放手，一个人可以躲在角落玩好长时间。老师向家长反映，说孩子不合群，显得孤僻，是不是有什么心理问题，要家长注意。家长非常担忧，回家后就限制孩子玩汽车，并且买了一大堆书，想要天天给孩子讲故事，多陪孩子，让他从"孤僻"中走出来。家长挑书时特意不选有汽车的，孩子翻了翻，一本都不喜欢，兴趣还在玩汽车上。没办法，家长就把玩具车都收起来，谎说都卖给收破烂的人了。孩子伤心得大哭两天，家长狠狠心还是没把玩具车拿出来。之后，家长总是刻意带他到人多的地方。孩子不拒绝和别的小朋友玩，但没有兴趣，只有在看到汽车玩具时，才表现出真正的快乐和投入；家长坚持每天晚上给他讲故事，教他认字，孩子也能接受，但神情经常是游离的，不太专注。有时妈妈正起劲地讲着，孩子忽然自言自语地说道："那个黑色车车到哪里去了？"

这位家长肯定很爱她的孩子，但她不知自己的行为有多残忍。孩子仅仅是有一种特别爱好，因为沉迷，讨厌无端的打扰，于是显得稍有点与众不同，这却成了老师和家长眼中的问题。家长和老师在理论上一定认可"孩子和孩子不一样"，"每个孩子都应该得到尊重"；可是面对一个具体的孩子时，"不一样"就是问题，令人担忧，尤其孩子的爱好和"学习"冲突，或和他们固有的一些观念冲突时，他们更会简单地判定其为一个缺点，是不良爱好，甚至有可能是一种心理疾病，应该被改造。

不经意的损害，往往就是从剥夺孩子手中的一件玩具开始。这就是为什么牛倌遍地都是，牛顿凤毛麟角。

每个人都是带着一些自然给予的特殊密码出生的，自然给你一条鲜活的生命，一定会同时在你的生命中注入某种天赋。这种"上帝的恩赐"犹如种子，蕴藏着表达潜能，能不能生根发芽开花结果，还要看外部是否提供了适宜的条件。很多人习惯宏大地谈教育，哪怕是面对非常个人化的一些教育事件，也要问责到社会、体制、政策上来。其实，教育的成败常常在生活细节中，正是家长和老师的一些"小动作"，划分出了孩子才能和命运的不同档次。

有位家长，听幼儿园老师说她孩子很聪明，只是上课注意力不集中，她回家和老公说了这事，老公又不知从哪里听说用牙签扎黄豆可以锻炼注意力，于是在一个水盆里泡半碗黄豆，让孩子天天下午回家后用牙签扎豆子，扎不完不许玩耍不许吃饭。孩子扎了几下就不愿意做了，但家长不同意，说这事至少得坚持三个月，结果弄得孩子天天为此大哭——想一下这孩子遭遇到的是什么：幼儿园居然要上课，天知道老师讲些什么内容，把课上成什么样子，却要求孩子认真听她讲，不听就是"注意力不集中"——幼儿园的错误教学和负面评价已非常损害孩子的智力、自尊和自信，家长又不动脑子，胡乱作为，雪上加霜，想当然地用扎黄豆这样歪门邪道的招术来训练孩子。可以肯定的是，扎黄豆达不到锻炼孩子注意力的目的，这样做，培养一个智力和心理的双料傻瓜倒很有可能。

培养孩子专注力，这是个伪问题。注意力不需要培养，越培养越涣散，"不打扰"就是最好的培养。有的孩子很容易被什么东西吸引，分散注意；有的孩子会全神贯注于一件事，这是个体差异，主要取决于孩子对手头正在做的事情是否感兴趣。心理学能解释注意力现象，但没有谁说可以培养。

胡乱评价孩子，随意改造孩子，这是教育中的蠢行。这几年，家长和老师联合起来辛辛苦苦残害孩子的事时有遇到和耳闻，虽然他们没有主观恶意，目的是好的，但造成的后果却是破坏性的。在这样的教育"小环境"中，孩子面对伤害，几乎没有躲闪的余地。

我亲眼目睹过一个男孩令人痛心的成长。

孩子的早期教育做得很好，从小就有大量阅读，很聪明，幼儿园大班时，已经可以自己看儿童版的《三国演义》。他小时候给我印象最深的一点是记忆力非常好，大约三四岁时，我给他读一首七绝古诗，只读两次，不做任何解释，他就能一字不差地背出来；他理解能力也很好，不管学什么，一教就会；他父亲天天看新闻联播，他只是偶尔跟着看几眼，就能准确说出十个以上国家及其主要领导人的姓名。小学一年级入学时，学校组织了一场智商测验，全年级二百多名学生中，他第一名。这样的孩子哪个老师都想要，后来被年级组长"抢"到她的班里。

年级组长是个非常严厉的老师，对学生要求很高。这孩子进入年级组长的班后，并未像老师期望的那样令人满意。按老师的说法，他上课不注意听讲，喜欢和周围同学说话，偷偷把小说带到学校看；回答问题不积极，明明知道答案却不举手；写作业经常有错，考试时，别的同学一半还没做完，他就做完了，不认真检查卷子，却在卷子背面画坦克和小人儿……总之，从入学后，老师几乎天天都在发现孩子的毛病，而且经常给他妈妈打电话告状，甚至在家长会上点名批评，并解释说越是好学生，越要对其严格要求。孩子的妈妈非常好强，极爱面子，一接到老师投诉就回家批评孩子，批评不见效，还动手打过几次孩子。我曾对他妈妈说，孩子上课不注意听讲，是因为老师讲课不吸引人，或那些内容于他来说太简单了，他大约只需要用10%的注意力就可以把那些内容学会，可不可以和老师协商一下，只要不影响课堂纪律，就不要去管他，或允许他上课看小说。至于他上课不举手、不检查卷子等小毛病，也许正是因为他天赋太高，不屑于去做这些，这无关紧要，只要不损害兴趣，这些问题随着时间推移，自然会慢慢解决。不要再批评孩子了，少管孩子也许是最好的。他妈妈有些反感我这样说，认为好的学习习惯要从小培养，别人经常考100分，他却一次也没考过，这样下去，将来能考上好大学吗？

老师为了治理孩子爱说话的坏毛病，把孩子的课桌单独拎出来，放到讲台边，有一次居然让全班同学一个月不要和这孩子说一句话。而他妈妈不但认可老师这样做，回家也狠抓孩子"好习惯"，规定必须在写完家庭作业后再阅读，作业必须检查到没错，有一次错罚写三次。孩子很快变得十分厌学，早上害怕到学校，晚上回家写作业非常磨蹭，经常发呆，或玩笔、橡皮等手边的东西，本来只需半个小时就可以完成的作业，他能写整整一个晚上，玩的时间没有了，阅读的时间也没了，因此和家长、老师之间的冲突发生得更多。

小学几年，在家长和老师的批评、失望中，孩子的好习惯并未养成，却是各方面一路走下坡，成绩每况愈下，从前几名变成倒数第几名，而且变得极为自卑，说话不敢正视别人的目光，逃避一切集体活动，同时脾气又很暴躁。到小学毕业时，所有的老师和同学都知道这个孩子是个学习上的"差生"，没有人再记得他入学时的状况。他的班主任，那位年级组长，居然在小升初考试前，找他的家长，希望孩子转班或留级，可能是担心影响她这个班的考试名次。这个要求令孩子妈妈生气，当着老师的面没说什么，回家又把孩子痛骂一顿。她似乎并没有意识到孩子是怎么一天天走到这一地步的。

中学几年，孩子也一直在家长和老师的批评、失望中度过。我有一次听教过他的一位语文老师说，感觉这孩子挺怪的，说他笨吧，有时在课堂上，同学们都回答不上来的问题，他却能回答出来，说他不笨吧，几乎每次考试成绩都是倒数几名。老师们都看重分数，忙着提高学生的成绩，没人会投注精力去研究一个成绩不好的学生的"怪现象"，这个老师也只是这样说说就过去了。

我知道这孩子高考勉强上了本科线，他妈妈受不了她的孩子只上一个比较差的二本院校，要求孩子补习，结果第二年考得更差，他妈妈还要让孩子补习，我们很多人担心孩子再补习一年会心理崩溃，就多方相劝，终于使其改变想法，让孩子上了一个职业学院。孩子毕业后，他妈妈动用关系给他找了份工作，又要求他通过自学考试去拿本科学历，将来考研究生，并给他报了名。但孩子一直没有能力把各门课都考过，最后不了了之。直到这时，他妈妈才终于妥协，表示不管他了，说"随他去吧"，口气中满是失望和谴责。

有一次我在一个朋友家遇到这孩子，那时他已工作了两三年，还是非常不自信的样子。聊了几句，提到他幼年时出色的智商，我希望他知道自己一点也不笨。这孩子居然像被人诬陷一样，吃惊且有些不快，立即否定说："测智商得第一名，那是因为当时的问题都特别简单。"他的反应我并不意外。一个人如此对自己没信心，他就真没信心了。

这种天才变庸才的事，时刻发生着，发生得悄无声息，平常又平静，以至于许多人根本意识不到它如何起始，如何存在，如何产生影响。

万事万物，初始阶段最关键，教育更如此。可当下，幼儿园的孩子也要学会"遵守课堂纪律"，甚至上厕所也要统一时间，小学生除了要在学校写作业，回家还要写，节假日写得更多，全年365天不休息。纪律和作业已不是为教育和学习服务，而是在为某种流传的坏习惯服务——纪律成为君权，作业成为宗教，儿童被要求成为顺民和虔诚的朝拜者——被折磨着长大的一代人成为老师，反过来又用同样的东西折磨下一代人，一代又一代，且愈演愈烈。不知有多少孩子在这样的折磨中沉重成长，才华尽失。

如果孩子仅仅在学校受到压抑，回家能有自由和放松，也还不错，童年尚有栖息之地，可现实是，在学校被纪律和作业奴役的孩子，回家还要因为家长的严格管理而处处受限，他们在这样的压抑下，受伤更重。

现在家长们的文化程度普遍提高了，对孩子的教育意识普遍增强，但教育水平并不见得同步增长。人们已注意到一个现象，不少高学历家长，他们的孩子在学业或心理方面反而很不如意。原因是一个有能力的破坏者，其破坏性要超过一般人。如果高学历家长对一些教育问题认识不清，却又自以为是，认为孩子的一切都需要在自己的规划和控制下完成，小到吃一碗饭，大到规划孩子的未来，持续不断地用错误的理解来对待孩子，那么他的教育水平和低学历家长就没什么两样，甚至更糟。他就是寓言中说的那个用锄头雕刻玉石的农夫，一块本可以价值连城的璞玉在他的锄头下变成一堆碎石。①

①尹建莉，《好妈妈胜过好老师》，作家出版社，
2009年1月第1版，3页。

在我的工作中，不止一次见到"用心"的家长，他们的强势更容易把天赋很好的孩子培养成笨蛋、抑郁症患者和神经病。在这些极端的个案上，几乎可以百分之百地观察到家长的错误。并不是他们不爱自己的孩子，也不是大目标不妥。大部分家长其实都有一个很合理的培养目标，他们要培养的"牛顿"，可以平凡，但至少有一份体面的工作和稳定的收入——这样一个目标本来可以很容易实现，只是，由于他们在处理教育小问题时多有不妥，持续不断的小错叠加起来，最终形成一个损害孩子基本能力和心理健康的大错，使这个小目标也难以实现。

儿童是脆弱而无助的，他们的天赋需要激活也需要呵护，家长在孩子的成长中既要成为孩子进步的助推器，又要成为他们的保护伞。这对家长提出了较高的要求，但做到这一点也并非难事，高下就在一念间。以"无痕"的教育之法，达到"有迹"的教育之效。理解这一点，有时是一张纸的厚度，有时是一座遥不见顶的山的高度。距离有多远，这取决于家长在多大程度上愿意学习、愿意反思和检讨自己。把这一点落实到具体的生活中，体现在对孩子的管理中，其实非常简单，不过是需要家长在以下几个方面注意。

首先不要有培养完美孩子的想法。

虽然没有哪个家长会承认自己有培养完美小孩的想法，事实上太多的人在做着这样一件事。孩子不按时睡觉是问题，不好好吃饭是问题，不穿袜子是问题，说话比别人晚是问题，腼腆是问题，好动是问题，不好动是问题，说脏话是问题，弄脏衣服是问题，做事磨蹭是问题，见人不爱问好是问题，太活泼是问题，不活泼也是问题……所有的问题，都令家长焦虑，都需要被改造。

事实是几乎每个人都有自己的长处和缺点，尤其在某方面有出众天赋的人，他们往往在另外的方面会表现出更明显的不足，比如生活中我们经常会看到，一些具有某方面特殊才能的人，他们往往不善言辞或不拘小节等。"天才"和"全才"在某种意义上说是冲突的，牛顿本身不就有很多"愚蠢"的轶事吗。有一次，我在网上看到有人批评一位学者太清高，学者说："不清高，能和平庸拉开距离吗？"这句话够傲，却有道理。家长面对孩子时，是否也应该有这样的自信和宽容？卢梭说："卓越的天才彼此间另有一种语言，凡夫俗子是永远不能懂的。"[1]确实是这样，一些在某方面极为出色的人，他们的能量集中在兴趣方面，是这方面的巨人，但常人达不到他的高度，只能看到他的肚脐眼，于是他们反而成了另类，被人看作孤独者、怪人，甚至被当作病症去治疗。

孩子正处于成长阶段，能量尚处于萌动状态，而世界有太多的事情需要他去认识和适应，几乎每个人都有"牛顿"的潜能。如果什么事都要求他做得符合成人的意愿，都要去修理和强行矫正，这其实不是教育，是对他成长的不间断干扰，会破坏他的潜能。求完美的家长，最多能培养一个"平庸的大多数"，而这也需要有足够的幸运。换句话说，要想培养一个尽可能如意的孩子，就要学会欣赏孩子一些不如意的行为。凡有冲突，必有伤害，放下改造思想，才可避免把"牛顿"修改成"牛倌"。

其次要接纳孩子的与众不同。

在理论上人们都承认孩子和孩子是不一样的，但在实践中，人们往往害怕孩子与众不同，特别是孩子的行为与主流价值取向不同，或和父母的设计路径不同时，很多家长就会忧心忡忡，力图改造孩子。

一位年薪很高的家长对我说，他9岁的女儿酷爱用各种小珠子穿各种各样的项链和手链，家长给的零花钱基本上都买珠子和丝线了。浪费时间不说，还耽误了写作业和练琴。家长给孩子做了很多次思想工作都没用。他问我：如何既不伤害孩子，又能制止她继续做珠串？这位家长自己上名校、进名企，工作上兢兢业业，升迁很快。这也许让他有一种错误认识，以为自己走的这条路才是正道，先有好的功课成绩，然后上好的学校，这才有可能进入好的工作单位。所以在他看来，只有提高考试成绩是可靠的，别的都不可靠，痴迷于和功课无关的东西，就是不学无术。

①（法）卢梭，《忏悔录》，黎星等译，人民文学出版社，
1992年6月第1版，561页。

我说：孩子有一种爱好，这是多么好的一件事，为什么要制止呢？你希望孩子学习好，目的是什么，不就是希望她长大后有不错的工作，有好的前途吗，为什么潜意识中一定要把她的将来定位为一个像你一样的白领，而没想她有可能成为珠宝设计大师，成为中国的可可香奈儿呢？

大千世界丰富多彩，人的爱好也五花八门。一个人喜欢什么，醉心于什么，会受天赋和环境等各种因素的影响，微妙得令人不可捉摸。但在爱好的问题上，有一点总是相同的：爱好就是天才。可以说，一个人对某件事痴迷有多深，天才就有多高。所以我们可以这样假设，"强烈爱好"是上帝对一些人的偏爱，是给予其特殊的关照。而童年由于较少受到外界功名利禄的影响，偏爱的痕迹会表现得更足，更容易被人识别，所以更需要被珍惜。而且，爱好并非一定会和功课冲突，做好了，反而会成全功课。

我给这位家长的建议是，帮孩子找一些和饰品设计相关的资料，从简单的图册开始，让孩子了解配饰设计的基本情况，读著名设计师的故事，了解世界各国的设计文化，带孩子去参观珠宝展，顺便旅游，进而认识世界地理、世界各地的习俗、宗教、传统等……衍生的知识是无穷无尽的。孩子读过这么多书，了解这么多常识，走过这么多地方，再反过来学功课，岂是一件难事？不管她将来是否从事珠宝首饰设计，都会是一个优秀的人才。这位家长肯定背诵过孔子的"知之者不如好之者，好之者不如乐之者"。在生活中怎么就想不起来呢？

文化程度偏高的父母总体上肯定会给孩子更好的教育，但有时也会陷入偏见或思维定势中，最典型的是经常会有意无意地设计孩子的未来，以自己对生活的理解，来规划孩子的人生，这反而有可能降低孩子的前程高度，束缚他的发展，使其"泯然众人矣"。家长希望孩子有卓越的能力，有美好的前程，就不要让儿童放弃自己的兴趣以服从家长安排，这一点在大事件小事件上基本都适用。教育家A. S. 尼尔说，那些对功课不热心的学生，在训练之下念完大学，将来成为没有想象力的老师、平庸的医生和无能的律师；他们本来也许是上等的技工、顶呱呱的泥水匠或第一流的警察。①爱默生说过："如果一个人不屈不挠地坚持自己的才能，并且一直坚持，那整个世界就是他的。"他们说的，不正是中国千百年来流传的那句"行行出状元"的古话吗？

第三，家庭生活中要戒断严厉和专横。

这一点和前面两条有直接的相关性，要做到不求完美，给孩子自由发展空间，父母首先要自问，我是否对孩子太严厉？严苛的家教总是暗示着家长超强的控制力，这可以让一个孩子获得世俗意义上的成功，或者也可能留一点点空间，让孩子的某种才华像砖缝中的小草一样艰难地挺拔出来，但它对一个生命的压抑则是确定无疑的。例如写出《变形记》等名作的奥地利作家卡夫卡，他的父亲严厉粗暴的教育方式虽然没能阻止他文学才华的流露，却令他的整个人生和生命灰暗不堪。

在家庭生活中，相比"严格要求"，我认为纵容是更理想的家庭成员相处模式，尤其对于孩子，在道德和安全的底线之上，几乎可以同意他们去做一切愿意做的事情。这样不会惯坏孩子，生命受到的阻碍越少，成长越健康，才能越容易显露。被处处监督和规范的孩子才更容易流于平庸，甚至堕落。严格管教的背后就是心理受阻，法官型父母最容易培养囚徒型孩子。我们是要一个健康快乐的清洁工，还是要一个学富五车的神经病？这是值得思考的。

当然，儿童的潜能并非脆弱得不堪一击，它常常有一种顽强的力量。事实证明，在家长或教师两方面，只要有一方能为孩子提供良性引导，孩子的潜能往往就不至于被磨灭，甚至有可能被刺激得更有张力。我们从很多杰出科学家、思想家或艺术家的传记材料中总可以看到，他们的成功，除了自身的天赋，至少需要这样的条件：要么有懂他的家长，要么遇到理解他的老师。人生只要获得一种幸运，"牛顿"就不会成为"牛倌"。

① （英）A.S.尼尔，《夏山学校》，王克难译，南海出版公司，
2010年5月第2版，23页。

4

如何让孩子学业和游戏双兼顾

相比"控制",纵容是更理想的家庭成员相处模式。爱的最高境界是"不打扰",它比不停地给予更让人幸福。

玩耍是儿童最重要的学习途径之一,儿童首先是在玩耍中去认识、模仿和体验各种常识的。剥夺玩耍,不仅是剥夺儿童童年的快乐,更是在剥夺他们有效的学习方式。

我曾在微博中发过一条测试题:

周末,两个初中生各自在家玩电脑,都在午饭摆上桌时不愿下线。一位妈妈叫孩子两次,看孩子不愿下线,愉快地把饭碗端给孩子,让他一边玩一边吃,不让孩子别扭;另一位妈妈叫孩子两次,看孩子不愿下线,不再吱声,吃完饭收拾掉饭桌,把剩下的饭倒进垃圾桶,惩罚孩子,不给他吃饭。大家觉得哪个方法好?

测试题提出的两种选择非常典型，代表家长面对孩子玩电脑的两种心态：让孩子玩得高兴，家长心中无任何负面情绪，无任何惩罚行为；让孩子玩得内疚，家长心中有负面情绪，有或明或暗的惩罚行为。

当时许多网友给出了自己的选择，并简述了自己的理由，也有一些人提出了另外的观点。比如既不选一也不选二，孩子不过来吃饭，既不给他端过去，也不倒掉，把饭留着，他自己想什么时间吃就什么时间吃。这其实不是个新选择，仍然是上面两种方法中的一种，只是程度不同而已，因家长心理上有无惩罚性而归属于第一或第二种。总之，大家提出的第三种办法基本上只是在细节上有所调整，原则没超出这两种。

我翻看过此条微博后面的评论，发现选第二种的更多些，那本文就从第二种说起。

请做出这一选择的家长先回答一个问题：

同样的情境，换一个前提，孩子不是因为玩电脑而顾不上吃饭，是因为思考一道数学题或读一本书而沉迷，不愿意过来吃饭，那么你会用哪一种方法呢？

如果你还坚持第二种，并且你的选择真的很诚实，认为按时到饭桌上吃饭比一切都重要，那么你的"家规"就变成了至高无上的"家法"。由这个细节可以看到，你的家庭生活中很少有随性和变通，一个简单的生活细节都不可以偶尔打破，那么所谓的给孩子自由、给孩子尊重之类的教育理念在你的家庭生活中都很少有存在的空间。"自由"是教育中的法宝，这已形成共识。在缺少自由的家庭生活中，你的孩子应该会变得越来越听话，能遵循你所订立的各种规则，一板一眼、事事听命于家长，令你满意。但你一定要有思想准备，不要指望你的孩子将来比你强，他的能力绝不会超越你，他的幸福感绝不会比你多。当他在所有的生活细节上都不可以打破你所设定的规则时，他的人生也一定不会超越你所能为他提供的条件和框架。

这样固执的家长应该是少数，我相信大多数人会因为换了情境细节而改选第一种，那么请说出理由，为什么孩子因为学习废寝忘食，就可以得到妈妈亲自送上热饭的关爱？因为玩电脑游戏，就受到不给吃饭的冷酷对待？

答案当然是显而易见的：学习功课和玩电脑是两件相反的事，分别代表有价值和无价值，受到的待遇自然不同——这样一种判断非常有代表性，很多人都是这样认为的。但很多人的想法就代表正确吗？这就说到了问题的关键——我们应该如何看待玩耍？

一直以来，人们总是有意无意地蔑视童年的价值，认为童年只是成人的准备阶段，当下的生活要服务于未来。所以很多人对于儿童玩耍很不在意，经常随意阻拦，在他们心目中，"玩耍"只是儿童的一种年龄属性，没有价值属性，玩不玩、玩什么都是一样的。甚至有人认为学习和玩耍根本就是冲突的，犹如减肥和吃美食相冲突一样。我亲耳听到一位家长对6岁的孩子说："要上学了，以后再不能买玩具了。"

事实是，玩耍对于一个人的成长和成才非常重要。现代心理学和教育学研究早已证实，玩耍是儿童最重要的学习途径之一，儿童首先是在玩耍中去认识、模仿和体验各种常识的。剥夺玩耍，不仅是剥夺儿童童年的快乐，更是在剥夺他们有效的学习方式。

天下所有的儿童都需要玩耍，就像所有的孩子都需要母爱一样。美国教育家杜威对娱乐休闲的功能给出评价："艺术创作和欣赏的能力、娱乐的能力、有意义地利用闲暇的能力，都是公民效率的重要成分，比其他能力训练累加在一起更加重要。"他对蔑视玩耍的行为提出批评：把休闲玩耍的需求看成是需要加以抑制的，这是绝对错误的，会造成恶果。如果教育不能提供健康的休闲活动，那么被抑制的本能就要寻找各种不正当的出路。所以在教育中，为学生提供休闲的享受是一项非常严肃的责任。这不仅是为了学生眼前的健康，更是为了对他们的习惯形成永久性的影响。

"没有玩耍就没有成长"这样一种论断，是几千年来人类社会经验的总结，是被无数的实践反复验证过的真理性的结论。这一观念在中国得到确认和推广却是近些年的事。当然这并非意味着中国人一直以来不重视娱乐休闲，恰恰相反，中国人是非常会玩耍的一个民族，不论贫穷还是富有，代代儿童并不缺少玩耍，也不缺少玩伴，哪怕是从小需要干活的苦孩子，在劳动之余也要找小伙伴捉个迷藏。只是我们一直没有在理论上对玩耍的重要性形成定论，没有用文字把它提炼出来。相反，人们熟稔的是"少壮不努力，老大徒伤悲"，以至于很多人把玩耍和成才对立起来。尤其在当下，孩子们的玩耍和功课严重对立，人们只看到孩子在被迫学习中所获得的一点成绩，却看不到放弃必要的玩耍所遗留的长久的隐患。假如这种对立一直存在下去，未来的中国社会才真有可能是令人"徒伤悲"的。

即使不考虑未来社会那么远，一个孩子在书桌前度过时间的长短也并不能决定其成绩高低。因为学习是件需要智力和情绪双轨并行来发展的事，成绩和孩子的情绪、情感完全呈正相关。如果孩子玩耍不足，其情绪和智力都会处于糟糕的状态，他的成绩也将会处于正常水平线下，出现磨洋工、不专注、理解力差等问题——我们从很多孩子身上都可以观察到这种情况，比如我们经常看到有些孩子被评价为"挺聪明的，就是不好好学习"——这些状况如果一直在恶性循环中延续下去，会变成一个人一生都去不掉的缺点，使其永远地失去成就大事的气质。

认识不到一种东西的重要，就不会对它给出足够的关注和礼遇。以前，很多家长不理解阅读的重要，对"看闲书"很鄙视，会有家长粗暴地把孩子从外面借回来的小说烧了。经过很多年很多人的努力，阅读的重要性现在已得到普遍的认可，如果孩子因为读一本好书而沉迷，当下应该不会有家长采取处罚性行为。但和阅读同样重要的玩耍却还处于被排挤的尴尬境地中。事实上，正如阅读于教育而言不是可有可无的，玩耍也不是可有可无的。它们都是保证儿童健康成长的正餐，而不是有没有都行的小酒小菜。用学习来挤占儿童的玩耍，相当于既要孩子长个子，又不给他吃饱饭，是一种自相矛盾的错误做法。

说到这里，可能会有人说，我承认玩耍很重要，也愿意孩子有足够的玩耍时间，只是不希望他玩电游。如果他玩别的，比如打篮球、下棋，我就会持有第一种选择。有这样想法的家长应该也不少，其话语的潜台词其实已给电游定性：电游不是健康游戏。这就说到另一个关键问题——

我们应该如何看待电游？

历史上可能没有哪一种游戏像电脑游戏那样被妖魔化、污名化。"网瘾"概念的确立就是这种贬低性被合理化的一个极端现象。

在我们的话语里，"瘾"总是和不健康的嗜好以及有害、病态的后果联系着，凡可能导致成瘾的东西，都应该是被戒绝的或应该被严格控制的。所以世上有烟瘾、酒瘾、毒瘾，没有"学习瘾"、"发明瘾"、"工作瘾"。既然当下有"网瘾"之说，可见人们已为其定性为麻醉品，即便没有海洛因那么恐怖，至少像烟酒一样是有可能荼毒少年儿童的东西，所以很多家长对它怀有憎恶和提防之心。

我认识一位妈妈，她其实完全不了解电游，对电脑也很陌生，她儿子上中学时，她就因为电脑跟孩子发生很多次冲突，即使她儿子已读到了硕士，每个假期孩子回家，都会因为电游的问题闹得母子间不快。这位妈妈对电游到了深恶痛绝的地步，宁可儿子看一晚上电视，也不愿他玩一晚上游戏。

事实是生活在当下，想禁绝孩子玩电游几乎不可能。虽然现在大部分家长不会做得像上面这位家长这么极端，尤其年青一代家长，因为他们很多人自身就是电游爱好者，能对电游给出适当理解，允许孩子适度玩。不过，人们还是忧心忡忡，心存顾虑，电游可成瘾的思想已深入骨髓，很多成年人即便自己发自内心喜欢游戏，也会一边玩着一边内疚着，所以他们面对孩子玩电游的态度，是忐忑不安的，就像一个酒鬼看着自己的孩子开始学喝酒一样，心情复杂，充满忧虑。

有一次我在地铁上看到一对母子，听他们上车后的对话是从始发站要坐到终点，和我的行程一样。小男孩八九岁的样子，上车后跟妈妈要手机玩，妈妈不给，小男孩在座位上扭来扭去的，坐不住，再次跟妈妈要手机，妈妈有些不快地和孩子讲条件，说只允许玩15分钟，小男孩答应了，妈妈才把手机掏出来。15分钟很快过去，行程还不到一半，妈妈要把手机收回来，孩子乞求再玩5分钟，说话间眼睛和手不曾离开手机片刻。妈妈不愉快地警告孩子五分钟后必须停止玩耍，然后看着表，5分钟后，像个秉公执法的城管一样，毫不留情地从孩子手中拿过手机，装进包里。孩子一脸无奈，又在座位上扭来扭去，无聊至极，然后一腔情绪地抱怨车走得太慢，抱怨车厢太热等等。孩子玩手机时眼神中的专注与单纯，和手机被要走后眼中的怨恨与散乱对比十分鲜明，妈妈则像控制住一个酒鬼的贪杯一样，颇有成就感的样子。

当人们对电游还怀有如此偏见时，看到测试题中的第一种做法，自然会认为这是没有原则的溺爱，如同孩子学吸烟给他递上火、想吸毒送上钱一样，是对坏行为的奖励，后果是让孩子陷入网瘾，变得堕落。

其实，电游就是个游戏，它和烟酒没有可比性，和毒品更相距十万八千里。究其本质，和打篮球、下棋、捉迷藏没什么区别，所不同的只是它作为一种玩具，更复杂，更有趣，更有吸引力。一个3岁的孩子可以很快掌握电脑的一般操作，如果玩到6岁，他多半就是个高手，可以超越家长的水平。而且在玩耍过程中，孩子的智力也会得到比较全面的发展。为了战胜对手，玩家经常需要面对错综复杂的情况，动用各种分析和判断，在一个模拟的世界中真实地参与了不一般的社会生活——这不就接近教育家杜威倡导的"做中学"吗？

我曾听台湾一位研究脑神经科学的教授讲到一件事，上世纪90年代，台湾军方飞行员在新飞机试飞中频频出事故，事故调查中发现，飞行员注意范围狭窄、空间感觉能力差、应急处理能力不强是事故的主要原因。教授所在的研究所被委托进行相关研究，协助军方遴选适合的飞行员。研究所人员运用脑神经及心理测试手段，经过对许多候选人的多方面测试，最后帮助军方挑选出几位合适的飞行员，事实证明他们的挑选是非常成功的。教授说事后他们对这些挑选出来的飞行员的资料进行研究，发现他们几乎都有一个爱好，玩电游，是电游高手。

而且电游符合现代社会生活方式，不需要场地，不需要打电话约人，不需要换衣服，随时随地可以和各种认识或不认识的人一起玩，既是一种社交途径，也可以独自玩。目前来看，确实没有哪一种玩具有这样的优势。

至于说有些电游中有暴力、色情，这些不是电游的本质；就像色情和暴力不是图书的本质一样。不让孩子读坏书和避免孩子玩坏游戏一样，必须要在允许阅读和允许游戏的前提下去解决，而不是取消阅读、取消游戏。除了呼吁有关部门加强游戏审查，同时要想办法引导孩子，帮他选择健康游戏，比如向孩子推荐一些好玩的游戏，或和孩子一起玩，在玩的过程中加强正面价值观引导等。儿童天然地对邪恶的东西有抗拒和抵触，如果他心理是健康的、阳光的，他是不会轻易受到坏东西诱惑的。

玩电游当然有一些缺点，比如长时间坐着不动，孩子会缺少运动，眼睛也会疲劳。这些问题和阅读带来的问题大体相同，需要家长想办法帮孩子去解决，比如发展孩子的运动爱好及其他兴趣等。孩子总要有可玩的东西，如果不让他玩电游，你能为他提供一种更有趣、更容易普及的玩耍吗？

世上应该不存在只有益处而毫无弊端的游戏，好与坏是相对而言的，所有的相关讨论都是在概率的范畴里进行。如何判断一种游戏的优劣，我认为有三点核心判断：第一，孩子的参与程度高不高；第二，孩子投入的主动判断多不多，第三，是否伴有愉快的情绪体验。这三条可以套用在一切游戏中。比如，电脑和电视都是通过屏幕来提供娱乐，但电视没有互动性，看电视不需要参与，不需要判断，人在电视机前待的时间越长，大脑越懒惰，所以它对儿童的智力发育不但无益，反而有害。

现实生活中我们确实观察到一些孩子会玩电游过度，分析这种情况，我认为板子不应该打到电游上，而应该追究到整个社会在对待"玩耍"的变态行为上。一方面是成人对电游有太多的偏见，这对儿童反而形成负面刺激；另一方面，游戏的目的本来只是娱乐，可现在，除了电脑游戏，几乎所有的儿童娱乐项目都成为了培训内容：游泳班、唱歌班、绘画班、羽毛球班……当下，如果一伙孩子有机会在一起开展某项活动，多半是参加比赛去了。没有玩耍，只有课程；没有娱乐，只有名次——当所有的玩耍被功利地利用，变成一项项任务时，电游成为"纯玩耍"的最后一块净土，其魅力自然也就独一无二。成年人高高在上地指责孩子沉迷于电脑，有多少人反思过，到底我们为孩子提供了怎样一种生存和成长的条件？

新一代人被带到这个世界上，他们其实非常被动，世界要给他一些什么，是由不得他自己选择的。当下的孩子们，他们像人类发展史上任何一代新人那样，伸开双手接受世界为他准备的种种时，生命中必然的经历和喜乐却成为错误和问题，甚至是疾病。事实上，真正令人纠结的不是孩子出了什么问题，而是他们的行为不符合成年人的有用原则和功利原则。设想现在电脑还没有被发明，孩子们最喜欢的是打球或唱歌，打球和唱歌也将被妖魔化。

我确实亲眼见过这样一位妈妈，她正在读高中的孩子对电游不感兴趣，酷爱打篮球，每天想到球场打一会儿。她希望孩子把更多的时间用于学习上，给孩子规定每次只能玩半个小时，但孩子经常一玩就忘了时间，每次超时都要被妈妈说一顿，有几次这位妈妈甚至追到球场上，不顾孩子在同伴前的面子，强行把孩子带回家，母子俩为打球的事发生过很多次冲突。这位妈妈到后来一说起篮球，就恨得咬牙切齿，听她的口气，宛如她儿子正在吸食一种叫"篮球"的毒品。

2010年3月，各媒体纷纷报道，卫生部正在进行调研，确定"网瘾"的诊断标准，拟将网瘾改称为"病理性上网"，一旦诊断标准确立，"病理性上网"就是一种病。2011年又在报纸上看到已有医院开设"网瘾基因检测"项目，价格不菲——现在，事关儿童的事，只要打着"医学"的幌子，不怕没市场。可是，还有比这更荒唐的事吗？

所有的"戒网瘾医院"、"戒网瘾学校"或相关的"训练营"都是伪概念之下的骗人机构，是一种邪恶的时代产物。这样评价它们一点也不过分，无论它获得了怎样的许可证书，披上什么科学马甲，罩上什么荣誉光环，本质都是愚蠢和邪恶的，因为他们只能做两件事——赚钱和伤害儿童。

前面关于玩耍及电游正面价值和功能的阐释，可能会缓解很多人对电游的顾虑，改变一些家长对电游的态度，但不少人仍然会有这样的担心：现在功课压力很大，孩子玩得过度了，耽误了功课学习怎么办？到底该如何把控管制和放手的度呢？

这就说到第三个关键问题，也是家长们最关心的问题——

孩子做到"大致齐"就已经很好

这个问题，我想先以我女儿圆圆为例说一下。

很多人以为圆圆是标准三好生，做事从来都是令家长或老师满意的。这其实是误解，圆圆是个普通的孩子，也有各种不足和毛病。就拿玩电游来说，她从大约10岁就开始玩。刚玩的时候，可以一口气在电脑前坐7个小时，顾不上吃饭。把饭碗送到电脑前，正是当时我的做法。她大学读工科专业，功课压力很大，课余还要参加乐队排练、看电影、看小说、买时装、谈恋爱等等，再加上玩电游，时间上经常捉襟见肘，忙得不可开交。现在她已在美国一所常春藤盟校读硕士，还见缝插针地玩。仍然经常有这种情况：我上网通过QQ看她后半夜还没睡，问她在干什么，她给我一个抠鼻的尴尬表情及文字：这两天不小心玩多了，今天得熬通宵写作业，明天上午就要汇报呢。我往往会送她一颗猪头和一个龇牙笑的表情，然后赶快走开，不再打扰她。

我当然希望她时间安排得合理，学习、生活、娱乐几不误，一切井井有条。但我知道完美的状态很难实现，因为我自己即使人到中年，也始终没学会把一切都安排得那么好。比如我从小喜欢晚睡晚起，近几年虽然从各种养生信息中接受了人要早睡早起的观点，却做不到，总是到要睡觉了，才发现已睡得太晚。既然自己都做不到事事安排合理，那我也不要这样去要求女儿，大家都活得随性点吧，轻松愉快难道不是人生的终极目的吗？而且，有太多的研究表明，人的身体健康和情绪息息相关，如果我为了完成"早睡早起"等合理目标，而经常跟自己闹别扭，或跟圆圆闹别扭，那样是否更伤害我们的健康？我坚定地相信愉快的心情是最好的养生，所以基本上能坦然地和自己及家人的各种缺点和谐相处——这份坦然可能让我们在一些小事情上表现不完美，但它并没有降低我们的人生质量和幸福感。圆圆读本科时有一个室友，自控力十分好，每天作息时间严格，生活规律，大二就参加GRE考试，取得了1400多分的优异成绩（满分1600）。但一个宿舍6个女孩，自我管理上做得完美的，也只有这一个孩子。总体而言，6个女孩各有各的精彩，都很出色，到目前为止，她们之间即使在学业上，也并没有明显的差异。

在玩耍和学业兼顾的问题上，如果家长在心中已预设了一个完美目标，即孩子从一开始玩游戏，就能天天把时间安排得井井有条，该玩的时候玩，该学习的时候学习，或者最多花一年半载的时间，就学会合理安排时间——这样的目标之下，你十有八九会失望，绝大多数孩子可能永远没有这一天。

事实上，孩子能做到"大致齐"就已经很好，允许平时安排得不理想，甚至哪几天或哪段时间特别不理想，只要总体上能兼顾好玩耍和学业即可——这个简单的目标能否正常实现，完全取决于父母的态度，只要家长态度拿捏得当，孩子基本上都可以实现良好的自治。而所谓"拿捏得当"，做到了也并非难事，核心即"不管是最好的管"。

"不管是最好的管"这个理念是我在《好妈妈胜过好老师》一书中首次提出的，它可以套用到对孩子学习、游戏等一系列管理中。"不管"，不是不负责任地放任自流，不是对孩子漠不关心，而是无为而治。虽然表面上看起来不作为，却是最有效、最长远、最有力的一种方法，可谓是教育的一种最高境界。

这一境界的心理学基础是：人的天性是向上向善的，在正常的环境中，每个人在善恶表达上，一定是优先表达善的一面。只有在变态的环境中，恶才会被刺激出来。这都是人类基因自我保存和延续的一种本能反应。所以家长不必担心自己不管孩子，孩子就会一路下滑，一直滑到"网瘾"中——有这样担心的家长，主要是对这一心理学基础有相反的理解，认为人的天性是向恶的，当孩子出现一点不好的苗头时，如果不去管住他，他会越来越差劲。由于人性向恶的理解本身就是错误的，所以在这种理解基础上的一切教育行为都会带有负面暗示，结果往往是越管越不如意——这就是严格的父母往往教育出不如意孩子的深层原因。

在正常生态环境中，未成年人都有自我调适的动机和力量，而且年龄越小，调适功能越强大。也许他们会不时地玩得过了头，也许他们短时期内在学业上不尽如人意，只要家长信任孩子，为孩子营造一个友好善意的家庭气氛，让孩子无任何负罪感地去玩，孩子有能力慢慢协调好游戏和学业的关系。我女儿圆圆在初一初二狂玩游戏时，一度也影响了学业，我从未因此训过她。在中考和高考前一年，她都自觉地把游戏盘打包到纸箱中，完全投入到学习中。

并非只有圆圆能做到这一点，父母亲如果完全信任孩子，从不用负面眼光看孩子，几乎所有的孩子都可以做到这一点。如果孩子能从小尽情地玩耍而从不因此被训斥和鄙视，那么他将来对工作和学习的认真和热情也会像对待玩耍一样，投入并富于激情。这一点，从很多身心健康的成功者身上都可以观察到。

来自成人的外部控制，特别容易打扰这种自我调适，导致其心理秩序紊乱，自我管理能力下降。所谓"网瘾"，往往是儿童自我管理功能和选择功能受到破坏的一个后果。深究一下这些孩子的家庭生活，几乎都可以看到家长的错误管制及游戏之外的问题。

教育和其他事情的最大区别是，要实现长远大目标，必须经常以牺牲当下小目标为代价。处处管制孩子，让他必须以成人的意愿来生活，这种强制性的做法当然有可能取得一些眼前效果，但是否隐含着更久远的问题呢？

我听某著名大学一名学生跟我讲，他班里有一位男同学，高考成绩非常高，人也很聪明，但入学第一年就出现挂科现象，整天疯玩电游。到二年级开始不去上课，老师做工作也没用，他父亲到校陪读四个月，当爹的每天晚上就在宿舍把三张椅子拼起来睡觉，极为辛苦，亦不能从根本上改善儿子的状态。男同学留过一级后，仍然不能完成学业，学校只能对其进行劝退。这个男同学曾对宿舍同学讲，他现在其实并不喜欢电游，上中学时是真喜欢玩，但父母一直对他管得太严了，尤其高中几年，请来的家教老师占满了他所有的课余时间，几乎没摸一下电脑，也没有任何其他娱乐，他现在只想把所有失去的玩耍补回来。

分析这个男孩子的情况，"补回来"只是他自己所能归纳的原因。真正让他无法完成学业的，一方面是长期以来不能释放的玩耍需求积压在内心所形成的巨大反弹力；另一方面是父母的控制太强有力，他没机会练习自我调整和自我控制，所以这方面能力也就丧失了。他在电游上的放纵，其实是一种力不从心，是自我无力感的表现。

相比"控制"，纵容是更理想的家庭成员相处模式。爱的最高境界是"不打扰"，它比不停地给予更让人幸福。这一点对儿童教育、婚姻维护都是适用的。想长久维持的东西，必须给出足够的空间。尤其对孩子，在道德和安全的底线之上，几乎可以同意他们去做一切愿意做的事情。这样不会惯坏孩子，生命受到的阻碍越少，成长越健康。孩子的好与差，不在于管或不管，而在于环境变态不变态。不正确的管制，本身就是变态的一种，比不管还要糟糕得多。

我知道有些家长在和孩子纠结一段时间后，感觉无能为力了，就满脸失望地说"不管"了。这是对"不管"的误解。不管和放弃关爱一点关系都没有，所谓"不管"是不动声色、没有斧痕地管，即在不跟孩子形成对抗和冲突的基础上，想办法发展孩子的正面潜能。比如建立良好的亲子信任关系，培养孩子爱阅读的兴趣，经常带孩子出去旅游，帮助孩子建立同伴交往圈子，给孩子做出好的榜样等等。家长最多可以和孩子一起制订计划，但计划如何制订一定要听取孩子的建议，如何执行则要交给孩子……如果你实在不知如何做，哪怕什么都不做，也比错误地做要好。

我的亲戚朋友们看到我女儿圆圆学习成绩一直不错，玩耍一点不比别人少，生活能力也不差，惊奇她怎么可以做到什么都不误。我承认人的天赋禀性有一些差异，但这差异并不是全部的决定因素。圆圆之所以显得能量更充足一些，除去天时地利等诸多因素，还有一个最重要的因素是，她的能量从不需要消耗在和家长的斗争中，不需要浪费在过度的自我纠结中，而是全部用于自我成长上。

我承认我没有能力让圆圆像她读本科时那个室友一样，把一切安排得井井有条，但我至少没给她添乱子。并非这个过程我没有一点焦虑和纠结，但我把心思用于自我约束和自我学习上，当我明白了，孩子的问题自然就不存在了。我在学习和反思中获得的最受益的道理是：在一个宽松的环境中，孩子才有面对自我的时间和空间，才有机会学习适应和调整，才能聚集起自我成长的力量——这是我本文中最想和大家分享的一点。

回到测试题上，显然，我的选择是第一种。这就说到最后一个问题——

第二种选择为什么不好

把饭倒进垃圾桶，这个动作于家长来说真是痛快，但想象一下这个行为有多么野蛮粗俗吧。如果有谁认为"粗俗野蛮"的评价过分，那么把自己置换到孩子的角色上体会一下，看看自己体会到的是什么。

我知道很多人一旦置换角色，就会吃惊地发现这确实不是好方法。那么请勇敢地剖析一下，为什么你最初看到选择题时，会选择第二种做法？答案只有一个：因为他是孩子，而且是"我的孩子"——这就是你思维中的症结，以前一直不曾意识到它的存在，现在它显现出来了——即在你的潜意识中，你一直不曾和孩子真正平等过，你是把自己置于一个操纵者和领导者的位置上了，你和孩子的亲子关系是支配与被支配的关系，甚至是奴役和被奴役的关系。这样一种不平等的关系给家长带来的往往是满足，尤其看到孩子服从的时候；但它给孩子带来的，则是委屈感，是心头积累的恨意。

教育手段如果不包含有善意和悲悯情怀，又怎么能指望孩子学会爱和同情呢？冷酷的手段确实能立竿见影地让孩子变乖，但冷酷本身也一定会给孩子留下深刻印象。儿童是从榜样那里学会如何对待他人的，如果有朝一日他表现出对其他人、对父母或对自己冷酷，请你不要吃惊，也不要委屈。

我看到留言中还有家长认为应该强行直接关机，该吃饭就吃饭，没什么商量的余地。这种方法属于直接控制，行为十分简单，但也十分粗暴。提出这种建议的家长，如果你真的经常这样做，后果可能会很严重，孩子发生"网瘾"、成绩不佳、逆反心理严重或消沉等一系列负面行为的概率将会非常高，你眼下简单、高效的处理行为换来的，很可能是越来越令你感觉棘手的孩子的行为问题，在此特意提醒。还有的说家长要和孩子一起饿，也不吃饭，直到孩子下线。这是一种通过自残来给孩子施加压力的行为，亦不可取。

现在动不动发生青少年自杀的事件，人们总是喜欢将其归咎于"生命教育缺失"——这种大而无当的陈词滥调不但于事无补，而且欲盖弥彰。如果一个孩子和父母亲关系良好，想到父母时内心是温暖的而不是冰冷的，他绝不会自杀。

2012年12月14日，美国康涅狄格小学发生校园枪击惨案，造成28人死亡，凶手是一名20岁的年轻人，他先在家中杀死母亲，然后到母亲曾服务过的小学行凶。人们又开始一窝蜂地把矛头对准枪支问题。可以想象，假设这事发生在中国，人们又会一窝蜂地把板子打到"教育体制"或"学校道德教育缺失"上。

我在这里无意去探讨美国的枪支管制问题或中国的教育体制问题，想说的是，个人拥有枪支可能确实是问题，但事实上厨房的菜刀也可以杀人，工具总是中性的，关键在于握在谁的手中。那些既没有美国枪支，又没有中国教育体制的国家，他们的少年犯和小混混又是什么造成的呢？遇到这些问题，可不可以不要搞得那样形而上？可不可以具体地从教育的角度追问一下，如此残酷的年轻人，他到底遭遇了怎样的家庭生活？他的父母到底是如何跟他相处的？有媒体报道说这个枪手是自闭症，这可能会引起自闭症传播者的不安，因为这会毁坏这个群体的形象。但看过报道后，拼凑一下媒体漫不经心提到的一些有关他的家庭生活的信息和细节，不难看出问题的真正根源。比如，他的妈妈对两个儿子，尤其是小儿子亚当（即凶手），执行严苛教育，不高兴时，会用枪指着这个男孩的头……请想象一下母亲这些态度和行为带给儿子的感觉吧。枪击案发生后，枪手的哥哥第一个反应是，他妈妈肯定被打死了，这个判断绝不是空穴来风。

如果一个孩子和父母的关系融洽，他就不会变坏，也不会去自杀。因为父母一方面是孩子最好的心理依靠，另一方面父母对孩子的态度又深刻地影响着孩子对世界的态度。父母是孩子的整个世界，如果孩子对父母失望了，他就对整个世界失望了。

我们受一句话的误导太深：没有规矩，不成方圆——话语本身没有错，问题是如何理解"规矩"和"方圆"，尤其在儿童教育中。事实是太多的人错把"规矩"理解为琐碎的管制，把"方圆"理解为服从，这种浅薄的理解只能产生一些浅薄的教条，不知让多少人踏入误区。中国传统虽然也讲究严格家教，但这严格多半是基于家长的以身作则，即便有时候打孩子，爱和温情仍然是主导气氛。所以，孝敬父母、赡养老人、大家庭模式是我们的传统。美国人现在通过立法不打孩子，那种美国式的你是你我是我的冷漠的家庭相处方式确实很独特，但有多少美国老人有儿有女，却在孤独中死去。现在，美式做法是很多中国家长有意无意奉行的，种瓜得瓜种豆得豆，多年以后，你希望你的孩子如何对待你呢？

即使抛弃一切教育、社会等各方面的分析，单是作为父母，看到孩子玩得高兴，为了让他玩耍吃饭两不误，把饭碗端给他，这难道不是一种正常的本能吗？妈妈和爸爸应该是孩子想到了就觉得最温暖、最可靠、最可以放松的那个人，而不应该是严厉的执法者和令人压抑的君主。给孩子送一碗饭和溺爱没有一点关系，因为爱和溺爱根本不是一回事。溺爱往往是包办，本质是成年人爱自己；爱则是理解和接纳，本质是爱孩子。只要是正常的爱，给多少都不会让孩子变坏，得到爱越多的孩子，成长得越健康。冷酷从来不是教育，它是教育的反义词，冷酷教育只能制造冷酷。一碗饭是送到孩子手上还是倒进垃圾桶，这看起来如此小的一件事，对孩子的影响却会深刻而久远——回到开始的测试题上来，选一还是选二，这是个极小的生活细节，却是一块教育试金石。

5

规矩太多，难成方圆

> 童年是一段特殊的时光，每个儿童都是一个纯美的原生
> 态世界，具有谜一样的潜能和无数的发展可能，教育的
> 任务就是要开发这种潜能，并努力保护个人的幸福感。
> 压力和惧怕不可能变成儿童内在的需求，"听话"或
> "懂规矩"不过是一种假象，背后是孩子心理功能的
> 失调，所以经历就不能转化为经验，却会根本性地损
> 坏儿童的心理健康。

人们常说"没有规矩，不成方圆"，但在儿童教育中，则是"规矩太多，难
成方圆"。童年是一段特殊的时光，每个儿童都是一个纯美的原生态世界，具有
谜一样的潜能和无数的发展可能，教育的任务就是要开发这种潜能，并努力保护
个人的幸福感。幸福感是生命最大的营养品，"孩子和成年人之所以幸福，完全在
于他们能够运用他们的自由"。[1]所以无论从潜能的挖掘还是幸福感的扩容，童年
的首要任务不是"学规矩"，而是发展自由意志，这要求家庭生活必须减少约束。

[1]（法）卢梭，《爱弥儿》，李平沤译，人民教育出版社，
2001年5月第2版，79页。

一个孩子，如果他最初接触的世界不能让他轻松自在，而是小心谨慎，就是被抛入一场能量消耗战中。天性要他扩展自我，探究世界，环境又处处约束和限制，让他小心谨慎。他既本能地想听从内心的召唤，又要被动地迎合别人的要求，这令幼小的孩子疲于招架，不知所措，成长正能量被无端消耗，心理秩序被扰乱，严重的甚至会无法完成自我成长。

有位学历不低的妈妈，对孩子的培养很用心。从智力到习惯，从饮食到举止，每个方面都要做到尽善尽美，对孩子进行"高标准，严要求"的教育。并说服孩子父亲、爷爷奶奶等家人，一起不溺爱孩子，严格规范孩子所有的生活细节，以期把孩子培养成才。

比如，孩子两岁以后，她就尽量不去抱孩子，告诉孩子说，你是男子汉，不能娇气，以后走路要尽量自己走，只有累了才可以让父母抱。但孩子常常故意耍赖，明明不累，却要妈妈抱，她坚决不答应，任凭孩子怎样哭，都绝不妥协。为培养孩子的卫生习惯和劳动能力，孩子从4岁开始，被要求必须把天天换下的内裤自己洗干净。哪天孩子不想洗，要放到第二天两个一起洗，妈妈不许，告诉孩子，今天的事情必须今天完成。为了培养孩子的良好修养，吃饭必须在餐桌上吃，偶尔孩子饿了，饭也做好了，可动画片还没演完。孩子想一边看一边在电视前的茶几上吃，妈妈不许。要么强行关闭电视，理由是吃饭的时间必须吃饭，不能一心二用；要么宁可大家都不吃，一直等着，到动画片结束，再把凉了的饭菜重热一遍。无论如何，这碗饭必定要规规矩矩坐在餐桌前吃，并且在吃饭中，要遵守餐桌礼仪，不说话不洒饭粒不可以发出咀嚼声音……诸如此类的规定很多很细，几乎每件事都有一套家长制定的标准。

她的孩子刚5岁，智力出色，确实养成了很多"好习惯"，但慢慢地，孩子表现出越来越严重的偏执，几乎不接纳任何稍有变化的或常识里没有的事。比如有一次姥姥洗好葡萄，递给他一小串，接的过程中，有一颗掉了下来，滚到地上，他就不答应，要求姥姥把这一颗再接回到串上，姥姥说接不回去，他就哭得不依不饶，另给一串也不行。好说歹说都没用，只能以一顿暴打结束他的无理取闹。还比如爷爷每天接他从幼儿园回家都走同一条路，有一天妈妈开车去接，想要绕道去超市买点东西，他不允许，说回家只能走那条路，不能走别的路。妈妈不听他的，把车开到超市，他哭着不肯下车，要求妈妈必须回到幼儿园门口，走原来的路回家……总之，类似的不可理喻的行为非常多。幼儿园老师反映，虽然孩子很聪明，但很孤僻，不合群，一天难得见到他笑一下，总是一脸冷漠，也不会和小朋友玩，总是玩不到几分钟就发生冲突，最后只能躲到某个角落，独自玩一个什么东西。老师甚至小心地提醒家长，是不是应该带孩子去看看心理医生。

一个年仅5岁的孩子，作为人的自然天性从开始就被压抑，规矩的框子已开始把他的心理挤压得变形，那么孩子所表现出的不体恤，拒绝合作，膜拜"规则"，逆反冷漠等等，几乎是必然症状。如果家长一直对此没有警醒，一直"规范"下去，后果真是令人担忧。

英国教育家A.S.尼尔认为："严酷的家庭法则就是对健全心智的阉割，甚至是对生命本身的阉割。一个屈从的孩子不会长成一个真正的人；一个因手淫而被惩罚的孩子，将来也得不到高度的性快感。"[1]面对幼小的孩子，如果家长不能首先想到如何给孩子自由，而是如何对孩子进行规范，尤其在一些无关紧要的生活细节上，向孩子提出大大小小的各种规则和要求，并且经常为孩子不能达到这些目标、不遵守这些规则而去批评孩子、惩罚孩子，那么他几乎不可能培养出一个健康的孩子，只可能打造出一个刻板者、自卑者和偏执狂。

社会很少对刻板者和偏执狂给出太多偏爱，社会愿意容纳的，是人的宽容心和变通力。所以越是具有宽容心和变通力的人，越容易成为社会主流人群。奥地利心理学家A.阿德勒认为，一个人愈健康、愈接近正常，当他的努力在某一特殊方向受到阻挠时，他愈能另外找寻新的出路。只有神经病患者才会认为他的目标的具体表现是："我必须如此，否则我就无路可走了。"[2]如果一个孩子

① （英）A.S.尼尔，《夏山学校》，王克难译，南海出版公司，2010年5月第2版，127页。

② （奥）A.阿德勒，《自卑与超越》，黄光国译，作家出版社，1986年9月第1版，54页。

从小接受的是严苛的家庭法则，自由意志早早萎缩，那么你能指望他用宽容和变通的方法来面对世界吗？

现在，家长们文化程度越来越高，也重视孩子的教育。但奇怪的是，很多家长像上面这位妈妈一样，自身的受教育程度和良好的社会地位没有让他们对儿童教育这件事有更好的领悟，反而抑制了体内的原始本能。面对孩子时，感觉迟钝，既缺少母爱的直觉，又缺少文明进化后的体贴和修养，生搬硬套一些似是而非的东西，把"立规矩"当作教育，使事情陷入本末倒置中。

童年是坚强的，也是脆弱的。一个人的童年可以在物质生活上贫穷，不可以在精神生活上苦难。物质贫寒在某种程度上能锤炼人的意志，精神压抑只能扭曲健全心理。如果父母在孩子面前太强势，孩子凡事要按家长画好的道道来，那么父母越认真，对孩子的自由意志剥夺就越彻底，给孩子带来的精神损伤越严重——为什么很多"多动症"、"自闭症"儿童出自高学历、高收入、严要求家庭，答案常常在这里。

哲学家弗洛姆说过，"教育的对立面是控制"，现实中却有太多的人把控制当作教育。如果有人对他说不要给孩子定太多规矩，要让孩子自由成长，他会立即反驳说，不给孩子立规矩行吗？难道他想干什么就干什么？如果他打人、偷东西、随地大小便也不要管吗？持有这样极端思维的人，其话语逻辑令人无法招架，"人之初，性本善"在他们看来是胡说八道，所以他们只能这样理解，孩子是不知天高地厚的，给三分颜色就开染坊，所以要严加管制，不管就是不负责任。

避免用琐碎的规矩束缚孩子，和纵容孩子做坏事，这是完全不同的两件事。犹如一个老板对下属充分赋权，充分给下属在工作上自由决断的空间，这和他允许下属做违法乱纪的或损害公司的事完全没关系一样。人文社科领域的话语重在理解，不能抬杠，不能走极端，一切讨论必须基于基础概念的相同和基础价值观的相近，否则就失去了讨论意义。在这个问题上，我也会常常遇到一些温和的反驳，如，孩子不能完全没规矩，适当的规矩还是需要的。这样的反驳看起来既客观又理性，却同样没有意义。事实是，没有谁说过孩子应该完全没有规矩，也没有谁会认为不给孩子立规矩就是连"适当的规矩"也不需要。极端思维和庸俗思维都是缺乏思考力的一种表现，背后的外部成因往往正是这些人从小经历了太多的"规矩"，致使思维狭隘。

没见识过美好柔和的教育，也失去了用最天然的心去体会另一个天然的人的能力，不相信一个人的自发选择会是善的。对人性的不信任，常常是一些人跨不过"立规矩"这道坎的根本原因。所以面对一个具体的孩子时，尤其面对孩子的过失时，不知道离开了惩戒，还有别的办法。

2013年我偶然从中国主流媒体上看到了一档电视节目——《超级保姆》和《保姆911》，是从欧美引进到我国的家庭教育系列电视剧。看来这档节目在国外很受欢迎，否则中国主流电视台不会花重金引进。但这样的电视真是误导人。

几乎每一集都是这样的套路：孩子不听话，父母没办法，请来一位"超级保姆"帮忙解决。"超级保姆"看起来自信满满，但她们的各种办法归根结底就一种：定规矩，然后用规矩来整孩子，直到把孩子整服了。

比如，孩子不想按时睡觉，就把他强行关进屋子里，收走屋里所有的玩具，门一关，任孩子哭泣到睡着。孩子不想跟别人分享玩具，就用闹钟来定时，每人玩相等的时间，到时间必须停下来。小女孩不想穿红裤子，不行，家长让穿红的就必须穿红的，不穿就罚坐冷板凳，直到服从……所有的逻辑都是：孩子只要不听家长的话，那就是不对，家长被孩子弄得头痛，只是因为没给孩子定规矩。定规矩是保姆的法宝，不服从就冷暴力惩罚，服从了就给予一些低端奖励，如奖个棒棒糖吃——保姆的方法，确实就是"保姆水平"。从表面上来看，她们做得比那些因愤怒而残忍地往孩子嘴里塞辣椒酱的父母稍好些，暴力性隐蔽一些，冷酷性却完全一样，也没比那些晕头的家长高明多少。孩子在超级保姆们那里，不过是些马戏团的猴子，操控住就是做好了，至于如何呵护孩子的情感需求，促进孩子学会友爱和宽容，鼓励孩子的个性发展，那是不需要考虑的。

压力和惧怕不可能变成儿童内在的需求，用这样的保姆之法制造出的"听话"或"懂规矩"不过是一种假象，背后是孩子心理功能的失调，痛苦的经历不能转化为经验，却会根本性地损坏儿童的心理健康。

尽管该电视剧每集都有神一样的结论或"成果"，但我们完全可以判断，它最多能获得几天表面效果。如果说它有一种长远的"教育效果"，就是可以培养偏执狂和铁石心肠。我当然相信电视制作的初衷和引进的初衷都没有教育上的主观恶意，但就其给人们带来的误导，足以被划进邪恶之列。

自由是规矩存在的土壤，自由的孩子才能成为自觉的孩子。自由意志就是要打破对规则的盲目膜拜。美国著名教师雷夫认为："如果要我们的孩子达到相同的境界，就要在教导他们了解规则之余把眼光放远，不受教室墙上的班规所限。人的一生中有时并无规则可循，更重要的是，有时规则根本就是错的。"[1]

成人可以给孩子呈现规则，却不能强迫孩子执行规则。如果有什么规则特别需要孩子服从配合，要想办法，通过合理的方式，让孩子看到规则之美，心悦诚服地接受。在规则教育中，家长的榜样作用和包容心远比强制力更能让孩子学到守规矩。

"孩子的爱的潜在可能性、幸福的潜在可能性、运用理智的潜在可能性，以及类似艺术才能这样的更为特殊的潜在的可能性。它们是种子，如果给予适当的土壤，就会生长，就会显现出来；如果没有这些条件，它们就被窒息而死。在这些条件中，最重要的条件之一是，在孩子生活中起重要作用的人要信任这些潜在的可能性。这种信念的存在，使教育与控制之间产生了区别。"[2]

虽然每个儿童都会出于无知和调皮，在某一阶段某些事上"没规矩"，尤其男孩子，更愿意探索和挑战，更显得"不听话"，甚至具有破坏性。但一个单纯的儿童从来不会没底线，只要孩子心理健康，对人对事没有恶意，就不会有

①（美）雷夫·艾斯奎斯，《第56号教室的奇迹》，卞娜娜译，中国城市出版社，2009年8月第1版，22页。

②（美）弗洛姆，《为自己的人》，孙依依译，三联书店，1988年11月北京第1版，327页。

过度的挑衅，随着年龄增长，自然能变得习惯良好，行为得体。很多精英人物，在回忆童年时，上树掏鸟窝，到地里偷西瓜，甚至三天不洗脸，打架等等，所有这些"坏行为"都是有趣的童年记忆，却完全影响不到他们成年后的道德面貌和行为能力。

当下有一个误导大家的词就是"溺爱"，词面意思使很多人误以为想把孩子教育好，就是要爱得少一些，定规矩多一些、严厉一些、物质上苛刻一些。尤其家境条件较好的孩子出了事，人们几乎总是众口一词地说这孩子被"溺爱"坏了。

事实是古今中外，任何经济层面、社会层面的家庭都有可能出混混，混混的产生和家境没有必然关系，只不过家境好的更引人注目。家境优越的孩子和家庭贫寒的孩子，他们成长得好与坏，不在于父母在物质上是否出手阔绰，在于精神上是否充分给予。儿童对外部物质世界感觉懵懂，对自我情绪感知却分外敏感。物质上多一些少一些不是问题，精神上的贫寒却会对儿童形成心理摧残。家长给孩子花钱多和他爱孩子多少，没有一点关系。事实是很多经济条件良好的家长，无力在精神和情感层面满足孩子，就用过度的物质给予进行弥补和掩盖，把花钱多理解为爱得多，但这不过是庸俗思路，也是爱的假象，谁不知道提供物质享乐总是比提供精神享乐更容易一些，尤其对于经济宽裕的家长。

如果一定要说过度花钱也是爱的一种，这种"溺爱"只是物质溺爱，这不是孩子的需要，只是家长的需要。孩子要的是"精神溺爱"，即家长能给予的最优质的父母之爱。这种爱不是由一大堆的物质堆成，而是由充足的相处、深厚的感情、自由的氛围、良好的榜样等等这些构成。其中，少立规矩，就是保障自由，提高爱的质量的重要方式之一。有一个物质丰富的童年不是件坏事，但拥有心理丰盈的童年才是人生的幸运。"自由意志"是家长送给孩子的最大的奢侈品。

生活有万千种细节，对于该给孩子什么规矩，如何把握这个度，没有人能把所有的情境都罗列或归类，很多东西是需要自己去悟的。

我的观点是，"守规矩"这件事在幼儿期几乎不需要强调，越年幼的孩子越不该给他定规矩，整个家庭生活中的规矩越少越好。如果有什么要求，只要讲给孩子，并做出示范，同时想办法让孩子愉快接受就可以，没必要为了"规矩"的事，整天和孩子弄得不愉快。在道德和安全的底线之上，几乎可以允许孩子去做一切他想做的事。不要担心他闯些小祸，不要害怕他做得不够到位，不要为他的无心之过而责备他。日常生活中不处处限制和压抑孩子，至少就是为孩子提供了正常的精神成长条件，对于精神发育正常的孩子来说，所有的经历，无论成败，无论好坏，都会沉淀为正面经验。

在我们的文化中，"规矩"太深入人心，"自由"太新鲜。这也是为什么"规矩太多，难成方圆"现在还很难被人接受，因为它和很多人的常识相去甚远。孤立评价每一种"规矩"，似乎都有存在的必要。但儿童真的需要那么多规矩吗？那些规矩对儿童是适宜的吗？"在错误纪律下长大的孩子，变成无关紧要的习惯和礼仪的奴隶，毫不迟疑地接受许多愚蠢的习俗。"[1]真正需要他们学会的人生智慧和能力却无法习得。

有一次，我和一位幼儿园园长交谈。我问，孩子入园后，你们首先做的事是什么。她说："首先是纪律教育，把孩子们在家里养成的自由散漫的坏毛病纠正过来。"然后呢？我又问。"然后就是上课。从我们这里毕业的孩子，上小学就不需要再学拼音了。"园长骄傲地说。

我相信这位园长的回答在当下是非常有代表性的，代表着一种思维方式，也代表着一类做法。

有位家长跟我说，她花高价把孩子送进一所蒙台梭利幼儿园，可是没过多久，孩子就哭着不肯去了。后来她了解了一下，发现这个幼儿园有相当多的规

[1]（英）A.S.尼尔，《夏山学校》，王克难译，南海出版公司，
2010年5月第2版，129页。

则，如：不能在教室里大声说话，孩子们不小心稍大声一点，老师马上会说这样打扰到别人，不礼貌。小朋友玩的时候，偶尔互相做一下踢打的动作，非常开心，乐得哈哈大笑，老师马上制止说这样不文明。如果小朋友回答老师问话时语气不够好，老师不满意，就会让孩子重说，说好几遍，真到老师满意为止。如果孩子之间发生一些小的碰撞，老师会教孩子们说：请你不要碰到我的身体。一个孩子帮了另一个孩子一点点忙，如果对方没说谢谢，老师会把两个孩子叫到一起，要求被帮的孩子一定要谢谢，等等诸如此类的事，弄得孩子们整天小心谨慎，且一个个变得斤斤计较。尤其幼儿园使用所谓的蒙氏教具来上课，在规定的时间大家做规定的事情，孩子们如果做得不好或不愿做，老师就会给予批评，然后耐心地一直陪孩子做下去，直到孩子做好为止。老师们都是善良的，很卖力，很累。孩子们却不快乐，每天早上幼儿园门口一片哭声。

"蒙台梭利"近年在中国幼教界是个时髦词，不知道现在全国有多少家幼儿园在用这个旗号。蒙台梭利教育思想的核心是"给孩子自由"，她发明的教具，只是一些外化手段，是辅助性的工具，只有当它们被恰当地运用，才能体现她的思想。而现在很多挂着她的大名的幼儿园，只借用了她的教具，却把这些教具使用到她思想的反面。

弗洛姆说过："在一切爱的关系中，自由最重要。"这句话适用于亲子关系、夫妻关系、婆媳关系、恋人关系等。现实生活中我们也可以看到，几乎所有良好的关系都没有太多的教条和琐碎的管制，都是在亲切的相处中为对方留下自主的空间，允许对方按他自己的愿望去做事，允许他做得不够好而较少苛刻。"只有品格高尚的人，才能够对彼此的品行感觉到一种完全的信赖。这种信赖使他们能够在任何时候放心地相信，相信彼此不会冒犯。恶行总是反复无常的，唯有美德是恒常有规则、守纪律的。"[1]

"规矩太多，不成方圆"要求我们在生活中力求做减法，而不是做加法。但

<hr>

[1]（英）亚当·斯密，《道德情操论》，谢宗林译，
中央编译出版社，2010年4月第1版，283页。

做减法总是比加法难做。吃得少比吃得多难，小富即安比贪财爱利难，低调自谦比张扬炫耀难。教育孩子，说得少比说得多难，放手比管制难……总的来说，做加法需要能力，做减法需要智慧。处处以"规矩"来制约孩子，表面上很辛苦，实际上这比处处对孩子放手容易得多。谁不知道一个规矩的孩子确实比一个不规矩的孩子更容易管理，更令家长轻松且有安全感？

教育家陶行知先生在一百年前写的一首打油诗，字面浅显，内容却非常丰富，"生来不自由，生来要自由，谁是真革命？首推小朋友。"最近看到诗人海桑的一首诗，《一个小小孩》，犹如对陶先生诗的补充和延伸，引用作为本文的结尾。

> 一个小小孩，如果他干干净净
>
> 衣帽整齐，如果他规规矩矩
>
> 这可并非一件多好的事
>
> 如果他一开口
>
> 便是叔叔好阿姨好再见再见你好
>
> 如果他四岁就能让梨
>
> 这又有什么意义
>
>
> 一个小小孩，应该是满地乱滚
>
> 满街疯跑，脸和小手都脏兮兮的
>
> 还应该有点坏，有点不听话
>
> 他应该长时间玩着毫无目的的游戏
>
> 他是一只自私、可爱又残酷的小动物
>
> 他来到世上，是为了教育我们
>
> 让我们得以再一次生长
>
> 而不是朽坏下去

6

说说 "钱" 这个事儿

> 一定要给孩子零花钱
>
> 可以鼓励孩子适当赚钱
>
> 孩子乱花钱怎么办
>
> 拜金和吝啬都是畸形的金钱观

财富观是人生观中非常重要的一部分，如何对待金钱，往往是一个人如何对待人生的外显表现。现在人们提倡要对孩子从小进行理财教育，我觉得最重要的理财教育，不是教孩子如何用1元钱赚到10元钱，而是让他们知道，钱的本质是什么，钱在生活中的地位应该是什么，我们对钱应该持有什么态度。

一定要给孩子零花钱

我女儿圆圆像很多孩子一样，从小也表现出对钱的喜好，尤其3岁左右，对钱的兴趣最浓，占有欲表露得毫不遮掩。

有一次，我假期带她回我母亲家，给了母亲一些钱，圆圆看到了，阻拦着不让给，我没理她，让母亲把钱收起来。过了两天，我带圆圆去一个小店买酱油、醋等几样东西，花了一张100元面值的钱，店家找我一张50元大钞和一些零钱。当我把零钱往零钱包里放时，圆圆指着那好多张零钱对我说："妈妈，这些给姥姥吧。"然后又指着那张50元说："这张不要给姥姥。"我既吃惊又好笑，这么点儿的孩子，居然知道这一张比那几张钱更值钱，真是天赋啊！

她非常爱吃糖，有一天她姥姥逗她说："这么爱吃糖，长大找个卖糖的人结婚吧，天天能吃到糖。"圆圆想想说："不，我要找个卖钱的人结婚。"全家人被她的话惊到，笑叹这小小的人儿对钱还真有感觉。

爱钱是人的天性，所以我绝不做反天性的事，我要满足她的天性。

从圆圆上小学一年级开始，我每月给她固定的零花钱，3元到5元，圆圆管这笔定时发放的钱叫"工资"。我给圆圆的这个数额现在看有些低，不过依当时的消费水平，对一个小学生来说还是合适的，因为她的零花钱仅限于买校门口小摊上那些"没用"的东西，如小贴画、小卡片等。数额及开销内容是我们和孩子共同制定的，双方都很乐于接受。圆圆很在乎这笔收入，每个月都能清楚地记得哪天该"发工资"了，到时就会提醒我们。

这个零花钱我完全允许她自己支配，很少过问。只提了一条要求：不许买垃圾食品。

圆圆偶尔想买什么东西，存的工资又不够，我就让她从下个月的工资中提前预支；如果她实在超支得比较多，我会额外给一些，额外部分戏称为"发奖金"。总之，在花钱方面，我首先表现出对孩子的信任和宽容，从不斤斤计较。她买了什么、没花完的钱是否攒起来，我不过问。我不要求圆圆一定把钱花得正确，她有时会买回很差劲的小玩意儿或被小贩骗了，我也不批评，一笑了之，最多把我的相关购物经验给她讲一讲。我相信她这次买了不该买的东西，发现钱白花了，下次才能学会如何选择。经历过决策失误，才能在以后的决策中变得精明。

圆圆上初中时，工资大约涨到10元钱，随着年龄增长，她越来越不在意这点钱了，开始经常忘记讨要薪水，只是在需要钱的时候，才发现这个月工资还没发。我不记得这个工资游戏是到什么时间结束的，似乎上高中后再没发过。

当然，圆圆并不会因为没有工资而变得手头拮据。虽然当时我们经济条件很普通，但只要她提出需要买什么，我们会尽量满足她的需求，很少拒绝。极偶然的情况下，如果什么东西有些贵，或特别不应该买，我们也会说出来，孩子一般也能理解。

我当时这样做，并不是非常明确地要对她进行所谓的"理财教育"，应该说只是出于母爱和天性。圆圆一般不会提出超过我们消费能力的要求，这一方面因为家庭财务对孩子从来都是公开的，而且父母已为她做出了榜样，所以圆圆自然知道哪些东西在可以消费的范围，哪些不在。另一方面，一直以来，父母在花钱上从不对她苛刻，她从来不需要动用任何心计和父母较劲，心态反而极为单纯，没学会贪婪和算计。

有些家长为了防止孩子养成乱花钱的毛病，从不给孩子零花钱。他们会说，孩子需要什么，跟家长说就行了，需要买的，自然会给他钱，不需要就不给——这样的做法，目标虽好，结果却可能让家长失望。因为这种控制本身已表达了不信任，且已剥夺了孩子消费方面的自由选择，且表现得很苛刻，所以对孩子金钱观的养成并无好处。童年时在金钱方面严重匮乏的人，反而容易成为成年后在金钱方面斤斤计较的人，过分吝啬或过分贪婪，缺少平常心。

还有一些家长是不直接给孩子零花钱，担心孩子养成不劳而获的心理，通过让孩子干家务来赚取零花钱。这一点是近些年从西方国家学来的，并且很流行，这种做法我也不赞成。原因是"家"是一个人生命中最重要的场所，它不是市场，不是单位，不是圈子，"感情"是家人的凝结剂和润滑剂，是家庭生活中的必需品和奢侈品。如果孩子做点家务就付钱，可能隐藏着这样一些问题。

一是把亲情关系降低到商业关系，把亲人间的互助处理成利益交换。这和我们的传统文化格格不入，且会削弱儿女和父母的感情。中国人一直讲究孝敬父母，追求家庭气氛的温暖。而欧美国家，尤其是美国，为什么被人称作老年人的地狱，许多老人有儿有女，却在孤寂中死去，我认为这和他们早早把市场法则引入家庭生活有关，文化总是有它的因果关系的。

二是容易培养唯利是图的心理。我的一个亲戚，他曾一度对孩子实行以劳计酬的政策，规定洗一次碗多少钱，擦一次地多少钱，洗一次衣服多少钱。到最后他发现，孩子干什么都要问有没有钱，哪怕是很简单地扔一次垃圾，也要问这个给多少钱。孩子按劳取酬的习惯确实培养出来了，但唯利是图的心理也开始露出苗头。

三是会导致儿童对劳动产生负面认识。儿童本身是喜欢劳动的，如果因为孩子干了一点活，就要付他报酬，这其实暗示了劳动是件苦差事；而且，孩子的天性愿意讨家长的喜欢，如果他的劳动给父母带来了快乐，孩子内心是比得到钱还快乐的，这种快乐，更会刺激他对劳动的热爱。而付钱既消解劳动的价值和快乐，也消解他为父母做事的兴趣。

事实上，并不是西方人都赞成孩子干家务付报酬的行为，美国名师雷夫老师认为："小孩子做家务事就给零用钱固然很好，毕竟我们的资本主义就是这么运作的——用工作赚取报酬——但用礼物或金钱换取孩子良好行为的做法就很危险了。我们要让孩子知道，行为得宜是应该的，不需给予奖赏。"[1]

我认为，孩子身上一切应该培养的好品格都不可以用钱去购买，凡能用钱买到的，都不叫教育，都是暂时的成果，无法内化为孩子自己的品格和习惯。

比如有的家长用钱来刺激孩子的学习，孩子考好了就用钱奖励，或是规定考到多少分给多少钱。这些做法从短时期来看可能有效，从长远的培养目标来看，则只能造成消解。曾在网上看到一则消息，一位母亲为促使其上小学的孩子好好学习，按成绩划定了奖金标准，考得越高奖得越多，所以孩子写了篇文章《搞好学习是我的生财之道》。我很担心，假如这一做法一直持续下去，恐怕孩子的学习动力会越来越弱，生财之道也越走越窄了，而且整个的价值观也会遭到扭曲。

① （美）雷夫·艾斯奎斯，《第56号教室的奇迹》，
卞娜娜译，中国城市出版社，2009年8月第1版，19页。

家长如果认为花钱可以买到孩子的劳动好品格、学习好习惯，事实上你最直接的诉求就是：钱是万能的。那么孩子就会接受这个观念，他以后就可能花钱买友谊，花钱买事业，花钱买爱情……如果在孩子的成长中，他的一切事务都和金钱方面的奖惩挂钩，那么他在未来很可能会把一切关系都处理成金钱关系。

可以鼓励孩子适当赚钱

避免培养儿童过分看重钱的意识，并不影响孩子将来赚钱意识的形成。犹如不去训练孩子和异性交往，并不影响他长大懂得爱情一样。但如果在生活中有合适的机会，让孩子体验赚钱的乐趣，也是很好的一件事。比如，偶尔孩子想买一件家长原本不打算给他买的东西，这种额外消费，只要家庭经济条件允许，不妨鼓励孩子自己赚钱来买。

圆圆上小学时，有一次我和她逛街，在一个礼品店里看到一个特别漂亮的洋娃娃，她非常喜欢。但那个娃娃太贵了，一百多元，大约要花去我当时月薪的十分之一。尽管我当时收入还算不错，但这个娃娃还是超出了我们的消费预期。所以我们犹豫了一会儿，考虑家中的各种娃娃已经不少，就把娃娃放回去了。临出门时，店家说因为太贵，进货时只进了一个，不买就没有了。我能看出圆圆在那一瞬间的沮丧，很心疼她。

回到家后，我跟圆圆商量，她可以通过自己赚钱来买那个娃娃，帮父母洗碗，洗一次赚2元钱，只要赚够50元就行，其余的由妈妈分担。圆圆很愿意接受这个条件，她以前没洗过碗，这正好是个学习做家务的机会。

一个小学生洗25次碗，这真是件不容易的事。我先给圆圆示范，接下来又经常鼓励她，当然，她哪天不想洗，也不勉强。圆圆用了将近两个月的时间，终于赚够了50元。在这个过程中，她一直担心那个娃娃被别人买走，我告诉她不会的，让她放心。其实，这也是我的担心，一个洋娃娃，这时对于孩子来说，已不仅仅是个玩具，而是一项近期事业，我不能让孩子失望。所以我在和圆圆达好洗碗协议后，很快找个时间，不辞辛苦地专门花半天时间，乘公交车去买回了那个娃娃，悄悄放起来。到圆圆第25次把碗洗好后，我立即拿出了那个娃娃，圆圆非常意外，高兴极了。

虽然当时圆圆体会的只是得到洋娃娃的愉快，但我相信，通过这件事，有些东西已开始进入她的感觉了，那就是，有付出就有收获，坚持就是胜利。

像我这样偶尔给孩子一个机会，让他从父母这里简单学习一下赚钱，这是大家都能接受的。但如果孩子到外面赚了别人的钱，有的家长就会非常不安。有位父亲讲了他9岁的儿子仔仔这样一件事。

仔仔学校组织同学们远足，两位女生走得很累，想找人替她们背书包，就问仔仔愿不愿意替她们背，两个书包共付他5元钱。仔仔想赚这个钱，但觉得5元钱太少，讨价还价，要每个5元钱，商量后成交，仔仔就接过两个书包，一共背三个书包走了约4公里，赚到10元钱。晚上回家后，仔仔兴冲冲地对爸爸说："我今天挣钱了！"这位父亲为此有些不安，觉得孩子不应该赚同学的钱，但又不知如何跟孩子讲。

遇到这类事情，家长一定要把事情放到具体的情境中去考虑，不要简单地判定好或不好。就这件事来说，我认为没什么不好。书包是女同学主动要求他帮忙背的，孩子通过正常谈判，做了一桩公平交易，每个人有付出有得到，各得其乐。这是孩子们间的一桩正常交易，是他们社会化进程中一次小小的尝试。其性质，和我们自己没时间或不愿意收拾屋子，请个小时工来做家务是一样的。

假如这件事的细节有所变动，是小男孩主动要求给女孩背书包，并提出收费要求，或是女孩要求男孩子帮忙而并没有说要付钱，男孩却提出收费，有钱才帮忙，这是不对的，家长应教导孩子学会关爱同学，告诉孩子要以助人为乐，不要以赚钱为乐。当然，如果孩子自愿帮助同学，不要钱，那是值得赞赏的，家长应该给予充分的肯定和表扬。

教育就在细节中，家长面对孩子时，思维不要粗糙，要细腻，一定要具体问题具体分析，既不委屈孩子，又要让孩子学会面对一件事时如何思考和判断。

培养一个友爱而不唯利是图的孩子，这是一种完整的人格教育，主要教材是家长。如果家长知道哪些钱该赚，哪些钱不该赚，且乐于助人、不见钱眼开，孩子也不会成为那样的人。杰出的商业头脑和良好的品行并不冲突，穷困潦倒者并不见得高尚。让孩子学会光明正大地赚钱，健康得体地花钱，就是好的。家长的价值观，会以一种具有感染力的气息弥散出来，充满你和孩子的世界，慢慢对孩子形成深刻的影响。

孩子乱花钱怎么办

不过，有的孩子表现得似乎确实有问题。从我收到的邮件来看，家长们最头痛的问题有两个：一是孩子乱花钱，见什么买什么；二是偷偷从家里拿钱。

乱花钱这个问题，首先请家长反省一下自己，是不是平时太爱花钱，给孩子做了坏榜样？另外，是不是总是被孩子的情绪绑架，本来不该买的东西，孩子一哭闹，没办法，就给买了？如果家长的言和行是混乱的，孩子的思维就会乱套。

我的观点是，首先要评价一下自己的消费态度，给孩子做出好榜样。另外，平时能满足孩子的尽量满足，不能满足的说明情况，如果孩子不听，耍赖，家长也切不可通过先讲道理后打骂来阻止，或一边生气一边掏钱。遇到孩子乱买东西的情况，可以参考一下我在《好妈妈胜过好老师》中写到的圆圆小时候我对付她乱买东西的办法[1]，一两次就可以治愈。这个方法的成败要点有两个：第一，家长要有始终如一的消费观，孩子内心才能不混乱；第二，不被孩子的纠缠弄得发脾气，始终态度平和，一发脾气，方法就失效了。

如果孩子年龄已比较大，上中学或大学了，经常提出和父母收入不匹配的消费要求，并且不依不饶，这种情况应该有较深的根源。"乱花钱"只是表象，深层原因是孩子内心空虚且不自信，以及对父母的不体谅。这种心理问题的来

①尹建莉，《好妈妈胜过好老师》，作家出版社，2009年
1月第1版，236页。

源，和父母一直以来对孩子的严厉管制或不尊重、关爱不足有关。

自卑感需要消弭，物质的堆积能带来心理暂时的满足，但它持续的时间很短，一旦意识到自己身上不再有别人艳羡的资本时，就会去寻找新的吸引点，于是再去花钱。缺乏父母关爱或尊重的孩子，也不会把体谅送给父母。所以我们会看到，有钱人的孩子会乱花钱，一些家庭经济条件一般，甚至较差的孩子也有这种情况，原因是他们的心理基础是一样的。这种情况，要解决的不是如何监督孩子花钱，而是如何让孩子内心自信，感觉有爱。这已是另一个话题，在其他篇章谈及。

至于有些孩子偷钱的事，这原本不是个大事，但一定要处理得当，否则会演变为一个道德问题或心理问题。

很多孩子小时候都有过偷偷拿家长钱的经历，这和他偷偷多吃一块糖或打碎一个东西而不告诉家长一样，是一种偶然的现象，是幼稚年龄阶段的正常现象。如果家长给孩子的教育是正常的，孩子的心理发育是正常的，即使这些"坏行为"没有被家长发现，也会自愈。

当然，如果家长发现孩子偷偷拿钱，不要假装不知道，除了要心平气和地和孩子谈这件事，在钱的使用上和孩子达成共识，还要反思自己哪里做错了，进行积极的修订。

有些家长在金钱上对孩子管得非常严，从不给孩子零花钱，他们会对孩子说："你想买什么跟我说，只要合理，我都给钱。"这个规定看起来碗大汤宽没问题，事实上，很多情况下"合理"或"不合理"，是家长来判断的，它根本不是孩子的想法；而且孩子有时会有些属于自己的小秘密，不想跟你说，比如某个同学，尤其是异性同学过生日，孩子想送一个小礼物，如果他手里有一些零花钱，就不会为难。

对孩子控制太严，显而易见的潜台词是不信任孩子。信任不会让孩子变坏，相反，家长看管得越紧，孩子越容易找机会偷钱。如果你的孩子之所以没偷钱，仅仅是因为你把钱看管得紧，不让他有机会拿到，你在孩子的道德教育上至少失败了一半。孩子如果能在自主消费上和父母取得共识，他就不需要偷偷摸摸，没有一个孩子天性喜欢干偷偷摸摸的事。

细节也很重要，可体现信任或不信任。在给孩子钱时，最好放心地让孩子自己到抽屉或父母的钱包里取出需要的钱数，不要检查，也不要用狐疑的眼光打量孩子是否偷偷多拿了钱。信任本身就是一种道德教育。诚实是本性，说谎是技巧，如果依本性能解决问题，他是不需要再动用技巧去解决的。

另外，家庭收入要对孩子透明。并非一定得让孩子知道存折上的具体数额，而是要坦然让孩子知道家中的财务状况。至于具体数额让孩子知晓到什么程度，这取决于家长自己。注意要提醒孩子，家庭财产数额是隐私，不可以讲给外人。孩子往往乐于和父母共同知道一桩自家的"秘密"，这样他有主人公感觉，觉得被尊重。无论如何，切不可用谎言来欺骗孩子。我认识一位家长，她丈夫月薪1万元，但她为了防止上中学的孩子乱花钱，就对孩子说爸爸每月只赚3000元。本来房贷都还完了，却对孩子说还有20万元的房贷。这样的谎话说得再天衣无缝，孩子也能慢慢察觉出来。所以当她向我倾诉，说她的孩子说谎、偷父母的钱出去乱花，我一点也不觉得奇怪。

一个人之所以会"小时偷针，长大偷金"，多半是因为偶尔的过失被错误处理，一直有负面能量不断输送给他。比如，有的家长平时对孩子监督得很严，控制得很紧，一发现孩子偷钱，立即定性为"偷"，鄙视孩子，把孩子暴打一顿，警告，并开始像监督小偷一样监督孩子，一旦发现又有偷钱行为，不但暴打，而且去学校告诉老师，让老师做工作，或是吓唬孩子，要把他交到警察那里……这样折腾下来，孩子离小偷的身份就越来越近了。没有人天生是堕落的，只有环境一直在营造一个小偷，一个人才能最终成为小偷

对人性的不信任，可能是家长自我心理的一种投射，反映的是家长自身的问题。所以需要家长多反思自己。真正的教育准备是完善自己，在财富教育方面也一样，不但要求家长有好的教育理念，还需要有好的财富观。

拜金和吝啬都是畸形的金钱观

媒体上看到千万富豪搞大型征婚活动，有5万女子应征。想象那场面也许热闹，但征婚者和应征者的财富高度及精神高度都已经大约标出来了。什么是爱情，什么是品位，什么是自尊。这些值得每个人想一下，也值得家长和孩子探讨。

严重的拜金是一种不幸，一个人的内心给了金钱太多的位置，就没有容纳幸福和高贵的余地了。拜金可能让一个人拥有更多的钱，但不会让他幸福感更多，也不会让他走得更远。

事实上没有一位家长会故意教自己的孩子拜金，但在具体的教育中，却并非人人都有这样的警惕。

我听到一位有钱的家长这样教训他的孩子："别人家的孩子能跟你比吗？他们有钱出国旅游，有钱买这么多书吗？你爸你妈有能力让你读万卷书行万里路，你却不珍惜！"他表面上在教育孩子，语气中却充满了对财富的崇拜和沾沾自喜。这样的思想工作，不可能让孩子学会读万卷书行万里路，只能让孩子学会用钱去摆平一切。

许多教育上的失误，常常来源于家长的无心之过。拜金教育并非全发生在"富家长"身上，也同样会发生在"穷家长"身上。在后一种家长身上，最容易发生的情况，就是过分强调节俭。

浪费从古至今都不是个好习惯，任何时候都应该教育孩子懂得节俭。但凡事过犹不及，家长如果用节俭消解一切开销的价值和意义，无意中也是把钱奉为圣物，这也会导致孩子形成另一种拜金心理——吝啬鬼心理。

有一位妈妈，出生在农村，从小知道生活的艰辛，自己平时很节俭，从不买华而不实的东西。她有一个9岁的儿子，在妈妈过生日这天，孩子想到妈妈从来没有收到过别人送的花，想给妈妈一个惊喜，就花几元自己的零花钱，给妈妈买了三朵康乃馨。当孩子把花送到妈妈面前时，没想到妈妈的第一反应不是高兴。她对孩子说：你给妈妈买礼物我很高兴，可是我们以前说过的，你花钱需要提前跟爸爸妈妈说，而今天你却没有告诉我们。再说，妈妈觉得买花不太实惠，它很快就会枯萎，你要是送些其他的给我，我也一样会喜欢的。

孩子一下子哭了，他说："妈妈，我是想给你一个惊喜，所以不能提前跟你商量。虽然花会枯萎，可是心里会记下这个快乐的。"这位家长事后感到很不安，她隐约觉得自己做得不对，不该有那样一种反应。但她还是担心如果自己纵容孩子买这些华而不实的东西，孩子会不会慢慢学会乱花钱，以后是不是会形成一种攀比心理？

我的答案是：不会的，只要家长不乱花钱，没有攀比心，孩子就不会形成这样的心理。这一点前面已有论述，此处不再赘言。我更想对这位家长说的是，这世上有比钱更值钱的东西。孩子说得多好，"虽然花会枯萎，可是心里会记下这个快乐的"。一味地节俭，培养一个毫无情趣的守财奴，这是你希望的结果吗？

获得经济上的安全感后，贫穷与富有就是一种心态了。那些因贪污送命的官员、抢劫者、炒股跳楼的等，所有栽倒在金钱上的人，骨子里都是极端的拜金者，所以在金钱面前特别容易糊涂，不知钱是什么，可以用来干什么。他们把钱当成终极目的，钱也就终结了他们。这些悲剧，和他们从小受到的有关财富的教育一定是有关系的。

家长想要给孩子灌输正确的财富观，就要先整理好自己的财富逻辑。从古到今，爱情和金钱是最令人纠结的两样东西，是天使也是魔鬼，是至爱也是最恨。所以围绕这两件事产生了许多逻辑困境。

比如有的人在外面聊天时大骂有钱人，回家进门第一件事，是给案上供奉的财神烧一炷香，求神仙让自己发财。

有一次我在商场一个卖运动鞋的地方坐下来歇脚，遇到一位妈妈和孩子也来这里买鞋。孩子大约十三四岁，他看好一双名牌运动鞋，很想买的样子。妈妈口气有些不悦地问孩子："这么贵，你想买吗？"肯定是妈妈的口气把孩子吓住了，孩子犹疑一下，说太贵了，不买了，把鞋放回去。妈妈立即表现出满意的神情，对孩子说："你知道贵，我就给你买！"

我还知道有位妈妈，她经常带孩子去买东西，孩子想要什么，妈妈一般都会同意。只是，有时孩子想学妈妈的样子，亲自拿钱去结账，这个事妈妈却绝不同意，不让孩子的手碰到钱。她解释说这是要防止小孩子学会花钱，担心他以后养成爱钱、爱花钱的习惯。

类似种种，都是人们在潜意识中既过分高估钱的地位和影响，又视其为卑劣之物。矛盾心理产生矛盾言行，孩子的意识就被搞乱了。如果家长自己在钱的问题上想明白了，言行自然就会到位，也自然会给孩子以良好的影响。

写这篇文章时，恰巧在网上看到几句话，感觉说得很有意思，"口袋没钱，心里没钱，轻松一辈子；口袋有钱，心里有钱，劳累一辈子；口袋没钱，心里有钱，痛苦一辈子；口袋有钱，心里没钱，快乐一辈子。"

看来，钱这个事，实在是个小事，又实在是个大事。

最后，有一种特别的情况提醒家长注意。如果你的孩子，尤其是男孩子，平时在花钱方面很正常，某个阶段突然不停地找各种理由向家长要钱，甚至偷钱，而他的钱花到哪里又十分可疑，这种情况，很可能是他结交了坏朋友或遭到勒索。这种情况在那些性格懦弱的孩子身上更容易发生。家长要细心观察，不要简单粗暴地处理问题，以免孩子遇到困难不敢跟父母说，独自承受痛苦。

第三章

回归自然养育

1

启蒙教育要做的两件事

> 一个无中生有的生命突兀地来到世上，在平均两万五千天的人生中，必须在最初最弱的一千多天中完成从混沌走向清朗的大飞跃。这是生命中最初的一次飞跃，也是最重要的一次飞跃。一个人将来站立在什么位置和高度，固然和他成年后的努力及机遇有关，但基础却是在童年打下的。这就是启蒙教育的价值和意义！

启蒙教育对人的一生至关重要，影响深远。黄金期在3岁前，之后的十多年时间也是关键期。从出生到进入青春期，都可以称作启蒙教育阶段，这个时期的孩子有极强的可塑性，教育在这一阶段最能表现它的影响力。这种影响力，从前往后，逐渐递减。所以这项工作越是做得早，越是做得好，真正的一寸光阴一寸金。

启蒙教育主要有两个方面：智力启蒙，情感启蒙。

智力启蒙的第一要诀是语言输入。

因为人是用语言来思维的，语言的清晰度和思维清晰度完全呈正相关。落实到具体的操作上，其实非常简单，不外乎就是多和孩子说话，尽早带着孩子进入阅读和背诵。

这项工作要从孩子一出生就开始去做。弱小的婴儿似乎听不懂语言，有的家长就很少跟孩子说话，这是在误失良机。正确的方法应该是从孩子出生第一个月，就要凡事跟他说说。比如喂奶时说："宝宝饿了吗？妈妈现在给你喂奶。"喂奶过程中还可以随便唠叨些话，比如"哦，你昨天吃奶时撒尿了，把妈妈衣服都尿湿了，今天没尿，干干净净的"，以此类推，穿衣、睡觉、晒太阳等，都可以成为说话内容。

婴幼儿和成人的语言交流有两种功能，一是刺激大脑发育，二是刺激心理发育。如果早期缺少语言交流，则孩子的智力发育水平和情感发育水平都会出现问题。比如"狼孩"，因为从小没有获得人类语言刺激，智力出现永久的损害，即使回到正常人类社会，也不可能恢复到正常人的智力水平，并且寿命也比较短。人的寿命和智商呈正相关，这已是被研究和社会经验证实的。

要注意的是，和孩子说话的目的是交流，所以不要过分刻意，以免变成唠叨和噪音。偶尔不想说也可以不说，否则的话，时间长了自己也嫌烦，而孩子是能体会到母亲的情绪的，情绪交流也是启蒙教育的一部分。

另外要注意的是，不要过分使用"吃饭饭"、"睡觉觉"之类的叠声词，总用儿语跟孩子说话并无益处，偶尔以儿语表达情趣即可。同时注意口气的平和，避免语气、表情上的夸张，不要动不动就拖长音且高八度地说"是吗？""真棒啊！"

情感启蒙的第一要诀是多和孩子接触。

这很好理解，无非是父母要尽可能多地和孩子相处，在相处中要多抱抱孩子，多抚摸孩子，避免孩子产生"皮肤饥饿"。父母温暖的怀抱是智力发育的东风，是情感发育的沃土，也是肌体发育的营养品。

一些少数民族地区的妇女因为劳动的需要，经常把孩子背在身后的筐中或用绑带绑在身上，孩子的双腿大部分时间是受束缚的，无法活动，但他们到一岁半左右时，能很自然地像全世界所有的儿童一样学会走路。孤儿院的孩子，他们的双腿从来不受限制，平均学会走路的时间却比正常孩子晚一到两年。原因是妈妈背上的孩子，能和妈妈说话，感觉妈妈的体温。而孤儿院中缺少语言交流和母爱的孩子，不光智力受损，生理发育也变得迟缓。

中国当下农村"留守儿童"、城市"寄养儿童"现象导致的儿童学习困难、心理障碍问题，其原因和"孤儿院现象"是同一种。

当然，并不是父母亲自带孩子，孩子就一定能得到好的启蒙教育。从另一个角度说，教育的本质不是由谁来做，而是怎么做。

我收到过一位妈妈的来信，她说自己很爱看书，她也知道隔代教养的弊端，有了孩子后，就辞职回家，做全职妈妈。但她并没有意识到母子间早期语言交流对孩子的重要性。孩子八九个月时，她发现电视上不停变换的画面能吸引孩子，孩子看电视时不哭不闹，坐在婴儿车中很安静。她觉得把孩子放在电视机前真是照看孩子的好办法，既有漂亮画面和标准语言对孩子进行启蒙教育，又省却了自己体力上的劳累，孩子看电视时，自己还可以安静地看书，真是一举几得。所以孩子只要醒着，大部分时间都是在电视机前度过，她忙于自己看书以及做家务、给孩子做饭等事，很少跟孩子说话，也很少抱孩子。孩子两岁半以后，才发现情况不妙，孩子能背出天气预报中所有的地名，也能准确背出许多广告词，却不会语言交流，几乎不和人进行目光接触，对一切都很冷漠，只在看电视时专注而兴奋，总体智商明显比同龄孩子低，被诊断为"自闭症"。

美国电视机大普及时代到来后，紧接着出现"自闭症"大流行，究其原因，电视保姆"功不可没"。电视虽然也"说话"，也有一定的知识内容，且能让孩子安静地坐着，但它跟孩子之间不存在语言互动，孩子只是被动接受，没有任何交流。电视也没有体温，不会向孩子传达任何感情。所以电视机前长大的孩子智力不会太出色，心理也容易出问题。

前苏联教育家苏霍姆林斯基曾对几千个家庭进行了研究，他发现，儿童的智力发展和母亲对孩子的早期教育有巨大的依存关系。尤其在3岁前，如果母亲和孩子交流得少，交流内容简单，孩子是在情感和智力活动都比较贫乏的状态中长大，那么孩子的智商就会偏低，行为也容易出现偏差。[1]

培养孩子的阅读兴趣是发展其智力，让其智力不单以加法增长，而是以乘法递增的最好、最简单的办法。

从孩子一两岁开始，就可以尝试帮孩子建立语言和文字间的联系。尽早认字并进入阅读，这对儿童早慧作用十分明显。传说仓颉造字，天雨粟，鬼夜哭，其象征意义十分深刻。文字的出现于人类来说是件惊天地泣鬼神的事情，人从此不再蒙昧，开始有了洞悉世界、俯仰乾坤的能力——文字的力量，于个人来说也是一样的。在各类杰出人物中，你可以找出不少学历不高的，但你几乎找不到不爱阅读的。

电子时代信息太多，吸引孩子的东西也太多，如果孩子基础识字任务完成得太晚，阅读兴趣没有在早期建立，很可能孩子会一直停留在不爱阅读、浅阅读的水平上。如果你的孩子从小培养起了阅读兴趣，长大后博览群书，那么父母对孩子的智力启蒙就不仅是合格，而是令人羡慕了。

关于识字，3000汉字要学五六年的教学模式非常落后，它尤其不适应现代社会生活。现在资讯这么发达，家长们几乎都识字，如果方法得当，孩子完全可以在学龄前不知不觉地轻松完成基础识字任务——这方法在我的另一本书中有专门陈述[2]，许多家长采用同样的方法，都取得了意想不到的效果。在这里再次强调的是，千万不要用笨办法教孩子识字，否则会提前败坏孩子的识字和阅读兴趣。

起初，家长拿一本书给孩子讲时，孩子可能不会全神贯注地听，听几句就去玩别的，也可能会把书抢过去乱翻，甚至撕了，这些都很正常。孩子往往不可能乖乖地坐着听你讲故事，有时可能是他更想知道别的内容，或确实不想听了。家长不要强行让孩子安静地听故事，也不要打开一本书就必须从前往后讲，

①（苏）苏霍姆林斯基，《给教师的建议》，杜殿坤编译，教育科学出版社，1984年6月第2版，501-502页。　②尹建莉，《好妈妈胜过好老师》，作家出版社，2009年1月第1版，45页。

孩子翻哪页就讲哪页，或感觉他不想听就不再讲，来日方长，顺其自然，不要让孩子觉得讲故事是件令人厌倦的事，孩子和家长的互动始终愉快就好。至于撕书，就让他撕几本，他在用小手感觉世界，"撕"也是阅读的一种。

在选择图书方面：

第一，内容大致从简到难、由浅入深，难度逐步递进。但也不要过分考虑几岁的读什么，年龄和阅读内容没有严格的对应，孩子的阅读基础不一样，阅读程度差异会非常大，有的孩子小学二年级就可以读大部头世界名著，有的高中毕业还读不了长篇小说。一本书，只要孩子感兴趣，就不必在意在他读懂了或没读懂，这些孩子自己知道。

第二，尽可能内容广泛，尊重孩子的兴趣。不妨多买几种，总会发现孩子喜欢哪些不喜欢哪些。注意，不管一次买多少，不要一下全堆到孩子面前，每次只拿出一两本即可，适当制造短缺感，以免因为书太多让孩子感觉烦躁，或降低孩子对书的兴趣。

第三，最好不选择同时有几种文字的。比如有的童书，有汉语又有英语，还带拼音。用意虽好，意义却寥寥。不要在阅读之上附加学拼音、学英语的功能，那样会破坏阅读的乐趣，成年人也很难在一本书上同时看两种文字，况且孩子。尤其是拼音，其实是非常容易学习的一种东西，因为它是为文字服务的抽象符号，本身毫无意义，所以并不适合太小的孩子学习。关于拼音学习，我在另一本书中有专门陈述①，此处不再赘述。

我一直反对用卡片来教孩子认字，但这并不意味着家里不能有简单的挂图或卡片。其实挂图和卡片内容简单，色彩艳丽，孩子往往也喜欢，这里强调的是，只把这些东西当简单的玩具即可，不要当成学习工具，它承载不起教孩子认字的重任。文字不能孤零零地记忆，也最好不要只使用一种载体。散碎的文

①尹建莉，《好妈妈胜过好老师》，作家出版社，2009年
1月第1版，94页。

字，在不同的地方看到了，顺口读给孩子，比如包装盒上的字、街上的店铺名等，它们和卡片上的"鸡"或"苹果"一样，随时随地读一下，让孩子在不同的地方看到这些字，经过不断重复，他很自然地就记住了。

语言输入，背诵也是非常重要的一部分，它是一种能量储备。应该让孩子尽早进行母语经典背诵，这对他国孩子同样适用。把经典语言文化早早放进如白纸一样纯洁的大脑中，这些东西迟早会转化为孩子内在的文化财富。孩子的大脑先被好东西占领，以后遇到差东西，他自然就不屑于去接受。童年是记忆的黄金期，抓住这个时期让孩子背诵一些母语经典作品，既是一种智力教育也是一种人格培养。

中国人其实早就这样做了，千百年来中国传统学校教育使用的就是背诵，效果当然也是有目共睹的。可惜的是传统私塾教育没有发展出其他教学内容和教学方法，一条腿走路，越走越跟不上现代学校教育的步子。人们在批判传统教育时，找不到别的目标，就把怨气都发泄到了这一条腿上。民国开始建立现代化学校教育，中西方教育开始融合，"一条腿"尽管饱受责难，按惯性还在使用着，它也确实仍然有力地支撑着教育的重任。所以在那几十年间，中国教育呈现出新局面，人文、科学各领域产生了不少国际级大师，哪怕是文化界那些完全否定文言文的白话文倡导者，他们自身其实也是文言文的受益者。新中国建立后，古典文学的学习被挤得仅剩立锥之地，经典背诵被一些无聊的内容挤占，语文教育全面沦陷。现在有一个著名的追问：中国本土为什么出不了诺贝尔奖科学家？人们总喜欢到政体上问责，事实上原因非常多，错误的语文教育是重要原因之一。

在经典背诵方面，中国人显得尤其幸运，《诗经》以来出现的各种诗歌辞赋等经典文言文作品，流芳千百年，都可以成为背诵内容。建议幼儿最好先背诵诗歌。因为人类最早的艺术形式就是诗歌，诗歌是和童年最接近的文学形式，它文字精美，平仄押韵，朗朗上口，很容易被孩子喜欢。并且它比较短，容易记忆。如果一开始就让孩子背《三字经》或《论语》，恐怕会让孩子感觉为难，影响兴趣。

有人反对经典背诵，担心这是"机械记忆"，对儿童不好。这是把当下课程学习中的"死记硬背"和"经典背诵"混淆了。其实两者完全不同，分水岭就是：第一，孩子背诵的内容是经过时间检验的经典，还是用于考试的标准答案。第二，孩子是在愉快的情绪体验中背诵，还是在被逼无奈中完成一件苦差事。记忆力也是用进废退，儿童时期的背诵，不但记得牢，背诵对记忆力本身也是一种训练。很多人记忆力不佳，这和他们早期缺少相关训练有关。

关于幼儿诗歌背诵，我的另一本书中有专门论述。[①]在这里补充三点。

第一，这项工作可以做得更早一些，从孩子几个月就可以开始。具体办法为，把古诗当作普通儿歌，在和孩子玩耍或哄孩子睡觉时，顺口背给他听。比如在哄孩子睡觉时，随着轻轻的拍打或晃动，有节奏地反复背几首古诗，这对孩子来说，和听摇篮曲一样。不要在意孩子理解不理解，这是一种潜移默化，记住没记住并不重要。

第二，不要操之过急，目的性不要太强，对背诵应该有游戏心态，不要计较孩子花多长时间背会一首诗，也不要在意他背会又忘了，这些都正常，当作游戏经常做、反复做，慢慢就记得多记得牢了。只要孩子一直愿意和你玩这个"游戏"，就做成功了。

第三，经常在某个固定时刻或固定场合下背诵，让孩子慢慢养成一种习惯。比如把每天饭后小憩或临睡前的时间当作背诵时间，孩子到那个时间就会很自然地想要去背一首诗。圆圆小时候我经常在带她乘公交车时一起背诗。我总是把她要背的或背过的诗抄到一个小本上，后来圆圆养成习惯，每次我们准备出门去坐公交车时，她都会提醒我带上小本，偶尔忘了带，她会觉得车上的时间很无聊很长。你的孩子最喜欢什么时间、什么情况下背诵，这需要家长慢慢观察，慢慢培养，以双方都感觉适宜为好。培养习惯中也不必过分刻板，有时孩子会很有兴趣

---

①尹建莉，《好妈妈胜过好老师》，作家出版社，2009年
1月第1版，36页。

地依习惯行事，有时会打破习惯，甚至两个月都不想背一首诗，这些也都正常。

孩子成长是个比较长的过程，一切教育行为切忌操之过急，底线是不要让孩子感觉厌烦。一直有意识地做，但要做得随意些。

我以前说过不太赞成给孩子背儿歌，这是相对于古诗背诵而言的，担心有些家长以为孩子不懂古诗而只给孩子背儿歌。遇到好儿歌，当然也可以读给孩子听。由于儿歌的口语化、通俗性和趣味性，它亦很受小朋友喜欢。我记忆中有一些小时候从妈妈那里听来的民间童谣，我相信那些童谣对我有很好的启蒙作用，一辈子都记得它们。在我女儿圆圆小时候，也经常会念给她听。这些民间童谣在今天看起来略显庸俗，但它们往往有趣，如"哑巴唱歌聋子听，瘸子跑了第一名……"圆圆总是被这夸张的、不合逻辑的童谣逗得哈哈笑，很感兴趣地要我一说再说。有的人可能担心这些民间童谣内涵不佳，对孩子形成不好的影响。这样的担心是多余的。人需要娱乐，娱乐之"乐"本身就是很好的心理调适；而且，娱乐也往往止于娱乐，它没必要承载太多的东西。社会需要伟大的政治、杰出的思想、优美的文学，也需要赵本山的小品、郭德纲的相声。企图把一切娱乐都附加上道德教化功能，去人性化，假惺惺，才是最不靠谱的道德教育方式。培养趣味和幽默感其实也是早教的一部分。

智力启蒙的分支还有数理启蒙、艺术启蒙等，道理都是一样的，都最好在愉快的游戏中进行。圆圆小时候，我们和她玩"开小卖部"游戏[1]，锻炼她的数学计算能力，后来有些家长也采用类似的办法，取得了很好的效果。

在早期教育中，还应该特别注意培养孩子爱运动的习惯。就像运动可以促进肌肉骨骼生长一样，运动也可以促进大脑新细胞的生长，促进智力发育。这方面兴趣的培养和其他兴趣的培养一样，要注意这几个方面：家长的表率做得如何，家庭生活中是否有这样的内容，是游戏还是任务，孩子从中感觉到的是快

①尹建莉，《好妈妈胜过好老师》，作家出版社，
2009年1月第1版，51页。

乐还是压力。

可能会有读者注意到，在上面的陈述中，我总是强调不管做什么，都要让孩子感觉愉快。这其实是涉及智力启蒙非常重要、又常常被人忽略的一个方面：情绪。

心理学研究已证实，长期不快乐和压抑，会导致一些原本天赋很好的孩子越来越笨，"在糟糕的情绪下，我们的思维也更抑郁[1]"。情绪宛如筛子，好情绪之筛疏密有致平稳均匀，既能滤去杂质，又能保存有用的东西；坏情绪之筛则疏密不当，横竖不匀，该筛掉的没筛掉，该保存的没保存。由于情绪不同，最后在心理上剩下的东西就不一样。

上面主要谈启蒙教育应该做些什么，下面简单谈谈要防止进入哪些误区。

首先，不要轻易把启蒙教育委托给早教机构。把孩子送早教机构的目的也许不一样。如果是为了让孩子到早教机构找小朋友玩，这没什么说的；如果是为了孩子的智力开发或情感开发，真的寄托了一个"早教"的期望，则需要家长想一下，早教机构的从业人员真的是一群懂教育的人吗？他们的课程设计真的合理吗？花钱真的能买来教育吗？

"孩子的大脑发展最适合的地方是温馨的家庭，最佳的营养是安全感，最好的刺激是父母的陪伴。有了这些条件，不必整天送孩子去上补习班或才艺班，他的大脑都会健全地发展。"[2]换个思路，把上课外班的时间用来让孩子玩耍，把家长在课外班等候的时间用来进行亲子阅读，把省下的钱用来重新购置被孩子损坏的杯、碗、电脑、手机等，收获是否更多？

不少家长送孩子进早教机构，可能是出于攀比心理，这种心理盲目而有害。应该明白什么叫启蒙教育，知道给孩子什么是最好的，内心就会有定力，就不会为了虚荣去折腾孩子。

[1]（美）戴维·迈尔斯，《社会心理学》，侯玉波等译，人民邮电出版社，2006年1月第1版，89页。

[1]洪兰，《好孩子：三分天注定，七分靠教育》，长江文艺出版社，2012年11月第1版，9页。

其次，不要把启蒙教育和"提前学习"混为一谈。否则会导致走两个极端：早早逼孩子学习功课，令孩子厌学和大脑迟钝；或什么也不让孩子学习，误失启蒙教育的良机。前一种情况很好理解，这些年已出现了太多这样的情况，家庭、幼儿园都急于把小学的课程灌输到孩子头脑中，上学前就学会拼音、100以内加减法……这种错误，人们已开始有所警觉，一些明智的父母勇敢地抛弃了这种违反科学的做法，还孩子一个快乐的童年。但有些人却走到另一个极端，孩子在学龄前什么也不学。

我接触过一位"海归"，她接受了"玩耍就是教育"这样一种理念，就什么也不让孩子学习，只让他玩，甚至不把孩子送幼儿园，担心幼儿园会教孩子认字、学拼音。孩子在家里除了摆弄玩具、和老人逛菜市场，就是看电视。结果上小学后，孩子学习非常吃力，很快表现出厌学和自卑。分析这位家长的做法，她把学习和快乐对立起来，把婴儿和洗澡水一起倒掉。她让孩子在学前完全没有智力生活，所以后来孩子在学习上的吃力几乎是必然的。

把学习和快乐对立起来，这是一种根深蒂固的错误认识，其实这两者完全不对立。人的天性是爱学习的，如果学习没有奴役过孩子，孩子是不会反感学习新知识的。一个背了100首唐诗的孩子就肯定不如一个只背了10首唐诗的孩子快乐吗？数量说明不了什么。诗歌是如何背会的，在什么心情下背会的，孩子的感觉如何，这才是判断的标准。

当下人们对"启蒙教育"的否定，来源于词语造成的概念误读，"启蒙教育"和"提前学习"事实上是性质相反的两种东西。前者激活了孩子的脑力，后者只是往大脑中灌输了一点知识；对未来学习的影响，前者是推动力，后者很可能成为阻力——这里面的分水岭，就是整个学习过程是否伴有愉快的情绪体验，是否激活了孩子的兴趣。在启蒙教育的问题上，形式不重要，感觉才重要。

第三，不要相信任何测试，不要试图提前预知你的孩子智商如何、有哪方面天赋、适合从事什么职业，等等。人的每一种才能都是多方面协作的结果，每一种命运都是千百种因素共同造就。量表或仪器不是上帝，不能完成这样复杂的任务。而且，这些测试往往并不能给孩子以正面激励，却会给他们很多不良暗示，对他的发展形成束缚和限制。只要我们给孩子一个好的智力基础和心理基础，剩下的，交给未来吧。

中国人早就悟透了早教的重要，所以才有"三岁看大，七岁看老"之说。一个无中生有的生命突兀地来到世上，在平均两万五千天的人生中，必须在最初最弱的一千多天中完成从混沌走向清朗的大飞跃。这是生命中最初的一次飞跃，也是最重要的一次飞跃。一个人将来站立在什么位置和高度，固然和他成年后的努力及机遇有关，但基础却是在童年打下的。这就是启蒙教育的价值和意义！

2

"隔代抚养"隔开生命间的联结

> 亲密母子关系是亲密父子关系的前提，孩子与父母间亲子
> 关系的质量，又决定了孩子未来和整个世界的相处质量。
> 父母是否愿意和自己的孩子相处，在孩子的生活中扮
> 演主角、配角，还是客串，这在当下只是形式和数量
> 上的差异，最终却是一个孩子生命质量的差异。

中国传统文化中四世同堂、儿孙绕膝是件很美好的事情，是家庭生活中彼此温暖、合理互助的一种形式。现在，绝大多数老人都会帮子女照看孩子，这既是传统文化的延续，也是家庭成员间很现实的关怀。但这件事应该做得有度，如果"隔代帮忙"变成"隔代抚养"，就会过犹不及，变成帮倒忙。

很多家长在孩子刚过了哺乳期，一岁左右，甚至更早，就把带孩子的任务"承包"给爷爷奶奶，即使生活在一个家里，孩子的吃喝拉撒睡一切事务，全部由老人包办，父母在孩子的生活中只是业余角色。更有一些没条件和老人生活在一起的家长，干脆把孩子全托给老人，一周见孩子一次，或一月甚至一年见一次。也许正是甩手掌柜型的父母现在太多，现象成就了商机，于是这样的图书出现了:《孩子交给爷爷奶奶带——现代教育全攻略》、《非常奶奶——隔代教育的成功之道》——市

场操作就是可以这样不择手段地误导，让很多人晕头转向，误入歧途。

儿童和世界的第一个联结通道是由母亲建立的。母乳喂养、肌肤相亲、一言一语、一歌一笑，等等，都是在打通和拓宽这个通道。亲密母子关系是亲密父子关系的前提，孩子与父母间亲子关系的质量，又决定了孩子未来和整个世界的相处质量。

我在工作中经常遇到些一头雾水的家长，他们和孩子的相处有很多困扰，主观上很想解决，但对于了解孩子这件事，既缺少能力也缺少兴趣，所以改善也非常不易。

比如有位妈妈给我写咨询邮件，一封信基本上只有三句话。第一句说她2岁的孩子经常哭，第二句问我这是怎么回事，第三句直接索求答案"如何能让孩子不哭？"从她这三句话中，我们可以感觉她对了解自己的孩子是何等没有兴趣。还有一位妈妈，她说自己4岁的孩子在外面特别胆小，但回家却经常发脾气，不知这是怎么回事。我提醒她应该注意两个方面：第一，家长是否经常在孩子面前吵架或发脾气，做了坏榜样；第二，是否平时对孩子管得太严太细，甚至有打骂，孩子心理受阻，就会胆小且脾气不好。她回复说，你说得对，这两种情况确实我们都有，家长确实有些地方做得不好。可你没回答我的问题，我的问题是怎么能让孩子在外不胆小、回家不发脾气啊！

从这些家长的态度和反应可以看到，她们和孩子间隔着一块玻璃，表面上看靠得很近，却无法拥抱，无法沟通。可能有人会说这是因为这些妈妈文化素质低，或比较笨，从我接触过的家长来看，并不是这个原因。很多人其实学历很高，只是在和孩子相处时，显得很"笨"。追问这些家长和孩子的早期相处情况，大多是走了"隔代抚养"的路线。

心理学家阿德勒说过：所谓母亲的技巧，我们指的是她和孩子合作的能力，以及她使孩子和她合作的能力。这种能力是无法用教条来传授的。每天都会产生新的情境，其中有很多地方都需要应用她对孩子的领悟和了解。她只有真正对孩子有兴趣，而且一心一意要赢取他的情感，并保护他的利益时，才会有这种技巧。①

中国民间有种说法，孩子要屎一把尿一把地亲自拉扯才会亲，这是非常有道理的。血缘固然是一条纽带，但仅靠血缘沟通亲情，恐怕不够。如果和孩子早期相处不足，彼此间的情感联结就会比较稀疏，而这种联结是有时间段的，错过了就很难再建立新的联结。这一点也已被现代心理学研究所发现和证实。

大自然设计人类是有深意的。让我们想一下，为什么民间会总结出"宁死当官的爹，不死讨饭的娘"这样一种真理般的俗语？为什么男人的生育能力可以维持到六七十岁，甚至80岁，而女人的生殖能力只能到50岁左右？这样的设计，就是要保证一个孩子出生后，他的妈妈有足够的时间和精力来抚养他长大成人。

一个孩子失去父亲是失去了世界的完整，而要失去母亲，则是失去了整个世界。

父亲抚养都不能完全取代母亲，何况爷爷奶奶！

女性角色在几千年的人类发展史中有了很大变化，由家庭人变为社会人。但人类的天性在过去三千年中几乎没有什么改变②。几千年前降落在草丛和兽皮上的孩子需要母亲的怀抱，几千年后在电子仪器监护下和高档婴儿产品包围中出生的孩子也需要。母亲是孩子早期生活中不可或缺的角色。生命最初的几年，是人生的黄金期，几乎奠定了孩子一生发展的基础。

不幸的是，很多母亲却在现代生活中失去母性，尤其是一些学历高或事业心强的女性，由于她们过分看重自我奋斗的价值，且严重低估母子相处的价值，不能很好地协调自己的自然角色和社会角色间的矛盾，经常为了一些眼前的现实利益，很轻易地放弃作为母亲的义务。幼年的孩子如果缺失了这两样东西：丰富的语言交流和母爱的温暖，正常的生命潜能就有可能无法被激活。

我认识的一位妈妈，孩子出生后，本来奶水很好，三个月产假结束时，为

① （奥）A.阿德勒，《自卑与超越》，黄光国译，作家出版社，1986年9月第1版，105页。

① （美）戴维·迈尔斯，《社会心理学》，侯玉波等译，人民邮电出版社，2006年1月第1版，94页。

了心无旁骛地工作，硬生生给孩子断了奶，并把孩子交给婆婆带。婆婆虽然和她住一个城市，但离得比较远，她只是周末去看孩子一下，吃顿饭，然后就走了。婆婆本身不爱说话，也很少带孩子到外面玩，经常让孩子看电视或自己玩，并且为了家里的整洁，只让孩子在专门辟出的"儿童房"里玩，不允许到其他房间玩，迈出"儿童房"的活动基本上只限于坐在客厅看电视。到3岁要上幼儿园时，才发现不对劲。孩子语言障碍严重，基本上不会和人交流，且十分胆小，随便一点声音都会把他吓得躲到奶奶怀里，好久不出来。对妈妈似乎没有感情，很少表现出一般孩子对母亲的亲近和留恋，但情绪却十分不稳，经常发脾气或大哭。这位妈妈后来带孩子去医院看心理科，被诊断为"自闭症"。

我曾和一位某三甲医院心理科的医生交流过，他说现在罹患自闭症、多动症等神经官能症的孩子越来越多，就诊的孩子往往有较为典型的成长经历。如90%以上在幼年早期和母亲有较长时间的分离，由老人或保姆带大。而负责照看孩子的老人或保姆如果对孩子管得太严，包办太多，或经常把孩子交给电视机，不注意和孩子的互动交流，几种原因加起来，很容易造成这些孩子的心智无法正常发育。隔代抚养开始的年龄越小、和父母相处时间越短，孩子的症状越严重。

"自闭症"当然是比较极端的一种情况，但即使孩子不得这病，也会因"隔代抚养"留下经久难愈的心理创伤。

我们在生活中一定见过这样的例子，那些早期由爷爷奶奶或他人抚养的孩子，和父母间永远隔着一层东西。要么互相不理解，冲突不断；要么特别客气，宛如外人。没有相守的长度，就缺乏感情的厚度。

我的一个好友，她一岁半时被送回老家由奶奶来抚养。当时交通不便，且父母工作忙，再加上弟弟妹妹相继出生，她直到4岁才再次见到父母。父母在她眼里完全是陌生人，别人让她喊爸爸妈妈，她很想喊，可是喊不出来，为此遭到批评。两年后，父母准备把她接到身边。当她知道这件事时，恐惧大于兴奋。为了见到父母能叫出"爸爸"、"妈妈"，一个6岁的孩子，居然独自藏到一个没人的地方悄悄练习这两个发音，尤其是"妈妈"这个音。她说父母是有文化很善良的人，他们也想努力爱她，彼此都做了最大的努力。她后来克服心理障碍，终于学会了喊爸爸妈妈，但和父母的隔阂却一生也不能消除。用她的话说就是："我和父母之间永远也不可能有弟弟妹妹和父母间那种贴心贴肺的感觉，我永远觉得自己是个孤儿。"

2011年，媒体曝出了一桩家暴丑闻。著名的疯狂英语创始人李阳在事业上获得了巨大的成功，在家庭生活中亦扮演了一个"疯狂"的角色。他不仅对妻子实行长期的家暴，而且对孩子缺少感情，居然宣称孩子只是他用来做教学实验的试验品。媒体之后报道了他的成长及自我剖析，让我们看到隔代抚养如何在一个人生命中留下经久不愈的创伤。

李阳4岁才从外婆身边返回与父母生活，一直到成年都无法喊出"爸爸"、"妈妈"。父母对他也很严厉，经常骂他"笨蛋"、"猪"。李阳童年口吃，自卑懦弱，电话响他都不敢接。少年时期在医院接受治疗时，仪器出了故障烫伤皮肤，他都不敢叫出声来，忍着，脸上留下永久的疤痕。他自己这样说："自卑的一个极端就是自负。""强硬是我以前最痛恨的，所以才会往强硬的方面走，因为我受够了懦弱。"即使他后来取得了人们眼中的"成功"，名利双收，每天早晨起床后的半个小时，感觉非常恐怖，非常害怕，觉得工作没有意义，活着没有意义——李阳的心理后遗症非常典型。童年时代在亲情上的缺乏，让他内心积蓄了太多负能量，这犹如一座被压抑的火山，成年后必定会以某种方式喷发，伤害别人也伤害自己。

孩子出生前几年，往往正是父母们在事业上打拼最忙的时候，但这不能成为自己对孩子大撒手的理由。须知想做一件事总能找到理由，只要想对孩子用心，时间总会找出来，办法总是有的。如果此时的奋斗是为了将来有更好的生活，那么对孩子的陪伴，实际是一种收益极高的投资，受益者不仅是孩子，也是父母。

在我女儿圆圆一岁三个月时，她爸爸到南方工作，我坚持不把孩子送到远在外地的奶奶家，一定要亲自带孩子。上班时，把圆圆送到附近一个老太太家，下班接回来。当时能一边看护孩子一边把饭做熟，已是不容易，总顾不上收拾自己。记得有位同事开玩笑对我说，你以前挺精干一个人，怎么有了孩子就变成这样了？真难想象自己当时的形象是多么的不堪。过分忙累，让我的血压降到要休克的程度，医生甚至建议我卧床休息。因为和孩子相处的每一天都有许多快乐，所以我当时并不觉得有多苦。也哭过两次，总体感觉一直充实而幸福，孩子也用她日后的良好表现回报了我。

避免隔代抚养，并不是说家长都要像我这样单打独斗，也并非意味着父母必须有一方辞职回家专门看孩子，更不是否定老人们帮忙的价值。能有老人帮忙带孩子是一种幸运，坚持"隔代帮忙"而不是"隔代抚养"其实也很简单，孩子只要基本上天天能见到父母，经常有和父母亲密接触的机会，这就可以。父母和孩子每天相处一小时，孩子获得的滋养就够正常成长了。

我遇到过一些家长，他们持有这样一种观点，以前一家有几个孩子，送一个出去寄养，会出现感情偏差；我只有一个孩子，是唯一的爱，我不爱他爱谁啊。况且老人疼爱孙辈往往超过疼爱子女，所以孩子完全交给老人带不会有问题。

事实当然不是这样，有太多的例子说明，"唯一"并不能保证爱的深刻。如果相守的程度不够，哪怕只有一个孩子，亲情照样会打折。在孩子小时候和他分开几年，也许一辈子就无法亲近了。

当下，隔代抚养的糟糕后果已显现出来，但人们一直错误地归因，最庸俗浅薄的说法就是"溺爱"——不靠谱的解释除了误导人，更让人无法找到有效的预防手段。很多人为了不"溺爱"孩子，故意对孩子严格，这对"隔代抚养"的孩子来说，真是雪上加霜。这些孩子出现心理问题，不是得到的爱太多，而是太缺乏。

有一次，我听一个正在少管所接受教育改造的16岁的孩子说起他失足的经历。他父母只有他这一个孩子，在他1岁时就外出打工，把他留下和奶奶一起在村里生活，他每年只是春节期间能见父母一次。算下来，他长这么大，和父母在一起生活的时间总共不超过两年。他说小时候特别想父母，天天都盼着他们回家，但几乎每次父母回来都闹不愉快。父母在短短的相处时间里，总是想抓紧时间教育他，可是又不得法，所谓教育只是不停地指出他哪里不好，告诉他应该这样应该那样。每次十几天的相处，还没来得及彼此熟悉，父母就该走了，他记忆中所谓和父母的相处，就是父母不断地挑毛病。即使这样，他也对父母充满眷恋，在10岁时，有一次和奶奶闹不愉快，一个人偷偷坐火车去深圳找父母，没找到，流浪了几天，被警察送回村里，为此又挨奶奶一顿打骂。父母在电话中也对他好一顿训斥，没有一点心疼的意思。他说最令他伤心的一次是13岁那年，父母春节回来，看见他个子一下长高了，第一句话是：怎么驼背了？挺起胸来！并且在接下来的几天中也总是不停地告诉他应该这样、不应该那样，很少向他表达爱和感情，这让他感觉父母横竖看他不顺眼，自己在父母眼中真是不可爱，自此以后，彻底对父母失去希望，于是离家出走，开始堕落。

一般来说，无论爷爷奶奶多疼爱孩子，孩子在感情上仍然是和父母更近，孩子最依恋的，永远是父母。这是自然选择，天性所定。有时听到爷爷奶奶们半开玩笑半认真地说孙子是"白眼狼"，再疼他，他也是和他爸他妈亲——这其实是值得庆幸的事情，说明孩子和父母情感正常。相反，如果一位奶奶骄傲地宣称："我家这孙子，只是从他妈肚子里过了一下。现在跟我比跟他妈还亲！"这反倒暗示着某种隐患。

中国许多王朝的败落，后代一代不如一代，我认为其中一个重要原因，就是皇子皇女虽然含着金汤勺出生，而且自幼都配备着高水平老师。但他们往往从婴儿期就不和母亲亲近，吃奶睡觉交给奶妈，生活起居交给宫女，游戏玩耍交给太监——奶妈、宫女和太监成了皇室后代的直接影响人和学习榜样，不少皇室后代和奶妈的关系要超过和亲妈的关系。所以皇宫造就的，并不一定是善良漂亮的公主和潇洒勇敢的皇子，皇宫也常常出产懦夫、混混和暴君。心理和感情如果没有获得正常的营养，锦衣玉食、血统高贵，也无法让一个人身心健康。如果有人从这个角度来研究历史，我想一定是很有意思的一件事。

人在感情上很少能愈挫愈勇，越是感情不满足的人，越是变得敏感、斤斤计较。孩子的思念没人理解，而且孩子不懂得如何去化解痛苦。情感上的欠缺必定会在生命中留下一些无法痊愈的内伤，即使不出现品行方面的问题，也会影响到未来的生活质量。

比如有些年轻人在恋爱或结婚后，不会和伴侣相处，要么过分依赖，要么过分苛刻，总扮演情感的伤害者和被伤害者角色，也有人心底自卑，外表傲慢，身上有种说不出的别扭，难以和他人合作相处。这些成年后的问题，往往可以追溯到他童年时期在情感和安全感方面的欠缺。

爱，就是为了在一起。前苏联教育家苏霍姆林斯基说过一句话："母爱不应建立在抽象的理性认识上，应建立在情感基础之上。"对父母来说，在一切养儿育女的目的中，没有比和孩子在一起本身更重要的目的！一切因出于功利的或"教育"的目标牺牲和孩子相处的行为都是得不偿失的。

有一对定居美国的中国夫妻，他们的孩子出生在美国。为了孩子学好汉语及中小学基础课程，他们就把6岁的孩子送回国内读书，由爷爷奶奶照看，父母半年见孩子一次，准备到上高中再接回去。父母送孩子回来时，为孩子置办齐了一切，甚至牙膏都从国外带回来，担心孩子不习惯国内的牙膏。他们周密打点孩子的每个生活细节，却唯独没想当他们乘飞机远去时，孩子内心有多失落，生活将出现怎样巨大的缺陷。

小孩都十分重感情，对父母的依恋之情深如海洋。我女儿圆圆上幼儿园和小学时，我出差比较多。每次准备走的时候，我都能感觉出她是如何地不舍。有一次我又收拾出差带的东西，圆圆在旁边围着我转，献小殷勤的样子，她突然说了一句："妈妈，你还没走呢，我就开始想你了。"

想象一个小孩子，如果父母突然大段时间地从他生活中撤出，这会让他多么悲伤！很多人并不能真正理解孩子的心，认为反正小孩子是爱哭的，离开爸爸妈妈，哭几天就没事了，习惯了就好了。大多数孩子确实是哭几天就不哭了，但这并不表明他们的感情已从挫伤中康复，心里也许要哭几个月、几年，甚至一辈子。

父母是否愿意和自己的孩子相处，在孩子的生活中扮演主角、配角，还是客串，这在当下只是形式和数量上的差异，最终却是一个孩子生命质量的差异。

3

"寄宿制"是个坏制

> 我认为孩子在读大学前都不应该寄宿。当然，这种否
> 定程度是随年龄增长而递减的。幼儿园和小学最不该
> 寄宿，初中也不该，孩子到了高中阶段，寄宿制对他
> 的负面影响会小很多，要不要寄宿，需综合各种条件
> 来考虑，但仍然建议最好住在家里。

有一次，我到某电视台录制节目，话题是孩子上寄宿制幼儿园好不好。

现场请了另外两位年轻母亲，她们分别代表赞成派和反对派。赞成"寄宿制"的，认为这样可以培养孩子的自理能力和集体意识；反对的认为幼儿园缺少家庭的温暖，家长和孩子交流的时间太少，不利于孩子的情感培养及智力发展。两位母亲的观点很有代表性，我的观点很明确，反对寄宿制。

"培养自理能力和集体意识"——且不说这样的目标本身很自私很伪善，推论也很浅薄——把孩子和父母隔绝开来，就可以锻炼出很强的自理能力；把孩子早早送入集体生活中，他就可以有很好的集体意识、善于和人合作——按照这样的逻辑，孤儿院的孩子受到的早期教育应该是最好的。

事实当然不是这样。

孤儿院的孩子从小过着集体生活，儿童期的自理能力可能确实比一般孩子强，但大多数人成年后的面貌并不出色。事实是在孤儿院长大的孩子大部分有较重的心理问题，自我意识和合作意识往往停留在较低水平层面——这样说不是贬低这些孩子，只是陈述一种客观事实——不是他们天赋不好，也不是保育员的工作不尽责，是命运不公，剥夺了他们早年正常的家庭生活和父母之爱。他们从小缺少家庭气氛滋养，缺少和亲人的情感及语言交流，生命起始阶段性出现畸形，以至于成年后在心理及能力方面表现出永久的缺陷。

罗马尼亚曾在这方面犯过一个致命错误。

二次世界大战后，罗马尼亚陷入经济困顿、人口锐减的状态。政府鼓励生育，规定每个育龄妇女至少要生4个孩子，如果家庭无力承担这么多孩子的抚养责任，可以送孩子到政府出资的国家教养院，由工作人员进行集体抚养。该政策出台后，先后有6万多名婴儿一出生就被送进教养院，进行批量抚养。这些孩子后来几乎都出现行为异常，大多数人智力低下，情感发育不良。他们不会和人交流，无法形成对视和对话，独自坐在角落，不停地前后摇晃或不断重复某种刻板行为，对陌生人没有恐惧感，也没有沟通能力——这种情况，我们可以称之为"孤儿院现象"。后来有一部分孩子被送到美国底特律儿童医院做大脑断层扫描，结果发现他们大脑的海马回和杏仁核等多部位都不正常。脑神经科学已证实，早期情感发育不良，会直接损害大脑的正常发育，使其结构异常，造成无法逆转的病理性改变。

早年情感滋润对一个有思维的生命到底有多重要，美国一位心理学家曾用猕猴做过一个著名的心理实验。

他把一些幼小的猕猴和母亲隔离开来，在小猴子的笼子里安装了两个"假妈妈"。其中一个妈妈用硬邦邦的钢丝做成，但胸口上有奶瓶，另一个妈妈用绵软的绒布包裹，但没有奶水。按照人们"有奶就是娘"的常理推断，小猴子应该和有奶的"钢丝妈妈"更亲近。事实则不然，小猴子只是在饿了的时候才靠近钢丝做的妈妈，一吃完奶，就回到了绒布妈妈这里。这个细节，可以让我们看到婴幼儿内心本能的向往和恐惧，他们对温暖的依恋和需求甚至超越了食物。这个实验到这里还没有完结，到这些猕猴成年后，基本上都表现出各种各样的心理障碍。实验人员把它们和另外一些吃母乳、在母亲怀抱正常长大的猕猴放在一起后，这些从小没得到正常母爱的猕猴不能正常融入集体生活中，大多数性情冷漠，不会交配或拒绝交配。扫描它们的大脑发现，其皮质神经元连接稀疏，不但心理方面问题严重，走路也蹒跚不稳，甚至连叫声都不正常，永远处在猴子社会阶层的最下端。实验人员通过人工办法让这些有心理创伤的母猴怀孕，待小猕猴出生后，这些母猴对小猴冷漠而无情，残忍地虐待小猕猴，有的甚至咬死了自己的孩子。

猕猴和人的基因有94%是相似的，它们身上反映的正是人类最初始的情感状态，所以"孤儿院现象"在它们身上也会发生。这个实验说明，温暖的怀抱、慈爱的眼神、温柔的话语、肌肤相亲，是一个有智力的生命能正常成长的不可或缺的东西。

孩子刚出生时只是个"小动物"，是个纯粹的自然人。要成长为一个社会人，必须依循成长秩序渐次展开，宛如一粒种子必须依生根、发芽、开花、结果的过程成长一样。孩子首先要获得温饱、安全感、爱和亲情等这些自然需求，然后才能发展出更高一级的自律、合作、利他等意识和能力。家庭的温暖，尤其母爱，是一个儿童成长必不可少的心理营养品。

古今中外在教育问题上总是发生着太多反自然反天性的事。成人总是一再地无视儿童的自然需求，不断把某种基于社会需求的设计强加到孩子头上，面对儿童时，更多的是商业的、政治的或某种利益的计算，而不去顾及儿童作为一个"人"的最自然的需求，在孩子幼年时期就急于去发展他的社会属性，拔苗助长，早早减少他和父母相处的时间，其原始的自然需求得不到满足，那么社会属性也难正常成长、无法正常表达。

寄宿制下长大的孩子，是半个孤儿院儿童。

我在一个周末聚餐中遇到一对父母，他们的儿子当时5岁。两年前，即孩子3周岁时被送进北京市非常有名的一家幼儿园。那家幼儿园软硬件都很好，收的大多是国家机关或演艺界明星的孩子，一般人很难把孩子送进去。这对父母都很能干，中年得子，两人工作都比较忙，就给孩子办了全托，一周接一次或两周接一次。他们看起来对幼儿园非常满意，说孩子住在幼儿园比住在家里强，孩子自己会洗袜子内裤、睡觉起床都很自觉等。

孩子看起来很聪慧、非常乖，坐在妈妈旁边默默地吃着饭。妈妈不时地往他碗里夹菜。正当大家杯觥交错，酒酣耳热之际，小男孩突然哇一声大哭起来。众人忙问怎么了，妈妈也是一脸莫名其妙，赶快抱住孩子问出了什么事。男孩子哭得说不出话来，十分伤心的样子。妈妈哄了几句，看孩子哭得停不下来，就带着孩子走出包间，爸爸也跟着出去。过了一会儿，听到孩子哭声平息，爸爸进来，有些内疚地笑着解释说没什么事，是孩子一直想吃腰果炒虾仁中的腰果，而妈妈每次在盘子转过来时，总是给他夹个虾仁，他认为妈妈故意不让他吃腰果，就大哭起来。

众人听了，松口气笑了，觉得小家伙太矫情。待妈妈领着男孩回到包间后，大家赶快安慰男孩，让他在叔叔阿姨面前不要拘束，想吃什么自己去取。妈妈也一再地说，你想吃什么跟妈妈说啊，你不说妈妈怎么知道呢，或者你自己去夹，没关系，这些叔叔阿姨都是妈妈爸爸的好朋友，你不用害怕。

众人的话似乎对男孩子没什么用，男孩还是沉默不语，轻轻抽咽着，不动筷子，眼睛里充满委屈与忧伤。

那天一起吃饭的还另有两个小朋友，都是五六岁的样子，这两个小朋友一会儿就混熟了，只在饭桌上吃了一小会儿，就跑到旁边的沙发上玩去了。这位家长建议儿子也去和小朋友玩，但小男孩表示出拒绝，就那样一脸不快地坐了一会儿后，爬到妈妈怀里，搂着妈妈的脖子和妈妈缠绵，过一会儿爬到爸爸怀里和爸爸缠绵，看起来十分忧郁又烦躁，没再吃饭，不说话，也始终不肯下地和小朋友去玩。

看得出，孩子内心有强烈的委屈感和不安全感。

儿童和父母感情的建立，仅有血缘还不够，必须要有相处时间的长度和频次，孩子越小，对父母之爱的要求越多，对相处时间和频次也就要求越多，这是儿童获取安全感的必需。长期寄宿的孩子，潜意识中既害怕被父母抛弃，又对父母有怨恨，所以经常会表现出委屈、拒绝、过度缠绵和不可理喻。

事实上，寄宿制造成的情感疏离，不仅仅发生在孩子心里，也发生在父母心里。缺少相处的长度和频次，彼此间的情感联结就会比较稀疏，爱的浓度和质量就不会高。虽然这个孩子是你在世界上最爱的孩子，但并不意味着你们的沟通和了解是最好的。许多父母不能够很好地理解孩子，不能很好地与孩子沟通，这与他们在孩子小时候和孩子相处机会少，建立的感情联结比较稀疏有关。

有些家长说，我知道上寄宿制幼儿园对孩子不好，但工作实在忙，没办法，只能全托。

忙是个事实，孩子幼小的时候，往往正是父母开始打拼的时候，但这不应该成为天天不见孩子的理由。年轻时，谁不忙呢？"想做一件事总有理由，不想做一件事总有借口"[1]，再忙也要回家吧，哪怕每天只有半个小时和孩子相处，或者几分钟，它都是有意义的。只要父子间常听到对方的声音，母子间常闻到彼此的气味，家中就会形成甜蜜的气场，这种气场包围着孩子，让他内心安全而滋润。时间是最有弹性的东西，挤一挤就出来了。可加可不加的班，坚决不加；新上映的大片，不看；朋友邀约吃饭，尽量少去；屋子很乱，让它乱去吧；睡眠不足，真的很累，累就累点吧，反正年轻……天下没有因为带孩子累死的，何况大多数人有老人帮忙，有保姆帮忙。也就几年的时间，孩子越大越好带。这几年的"损失"，会在以后的日子中以某种方式加倍地补偿回来。

我曾在一本书上看到这样一段话，说得非常好：孩子过早离开父母"独立"生活，会对其心灵造成一生难以弥补的创伤。这创伤程度，等同于成年人失去亲人时所经历的哀痛。事实上，全托的唯一好处是解脱父母，不必承担每天照顾孩子的辛劳。全托不是基于孩子的需要，而是满足家长的需要，是把家长的

[1] 尹建莉，《好妈妈胜过好老师》，作家出版社，2009年
1月第1版，200页。

利益置于孩子的利益之上，是一种极端自私的选择。这些家长，他们没有一个是真正蹲下身，从孩子的视角看这个问题。[①]这段话对一些父母有严厉的批评，但我认为它说得非常中肯，是一剂苦口良药，令人警醒。

杂七杂八的信息越来越多，如何让自己活得智慧，如何在儿童教育问题上不迷糊，其实有时不需要学富五车，只要让心态回归自然，回归常识就可以了。想想我们的爷爷、爸爸甚至我们自己是如何长大的，如何学会和人相处的，就知道上寄宿制幼儿园并不是培养孩子合作和自理能力的必须之地，充其量只是个借口而已。寄宿制幼儿园非但不能让孩子更好地学会和他人相处，学会自立，反而更削弱了孩子在这些方面的潜能。当一个孩子在亲情体验方面非常欠缺时，他只能出于紧张更多地索取爱，而不是学会施爱与他人；当他在幼儿园或学校统一管理下只知道服从时，他只能学会自我压抑，失去个性，而不能学会合作与体谅。

我知道现在还有一种情况是，一些年轻家长，他们自身有良好的教育理念，但由于工作忙，没有太多的时间和孩子相处，孩子交给老人带，老人们又过度包办或娇纵，使孩子出现很多问题。这种情况下，有的家长会把孩子送幼儿园全托，以减少在教育观念上和老人的冲突。这种情况下当然是可以选择全托的。两害相权取其轻，华山一条道，只能这样走了。但说到底，这只是不得已而为之的选择，只要有办法不这样选，就还是不选吧。当家庭生活中有一个问题需要解决时，不能以牺牲儿童利益为代价；而且，指望借助一个客观外力来成全教育结果，是下下策。改变一个成年人，尤其是老人错误的做法，确实比多交点钱送孩子上全托难得多。这只能是家长自己慢慢想办法解决，努力协调和老人的关系，慢慢用科学教育思想去影响老人，或想别的办法。不论想什么办法，有一个基本原则，不把难题交给孩子去扛，他们实在太弱小了。

①小巫，《让孩子做主》，民主与建设出版社，2008年8月第2版，185-187页。

不上寄宿制幼儿园，到了上小学是否就可以寄宿呢？

我认为孩子在读大学前都不应该寄宿。当然，这种否定程度是随年龄增长而递减的。幼儿园和小学最不该寄宿，初中也不该，孩子到了高中阶段，寄宿制对他的负面影响会小很多，要不要寄宿，需综合各种条件来考虑，但仍然建议最好住在家里。

我女儿圆圆上初中时就读的是一所寄宿制学校，当时选择这所学校，一方面是客观条件下的无奈，更主要的是我们自己作为家长对住宿存在的问题认识不清。把一个年仅10岁的孩子抛到学校，一周才回一次家，现在想来真是后悔。它的不良影响是显而易见的，尽管我女儿是个可以主动化解问题的孩子，可那三年是我在教育上感觉力不从心、自己做得最糟糕且我女儿状态最不佳的三年。

孩子成长中会发生许多大大小小的事情，如果他天天能见到父母，那么他有什么问题，有什么想法，就可以及时被父母察觉，能和父母沟通，至少能在情感上得到及时的修复。不要指望孩子能把一个问题放一个星期，然后周末给你带回来，对一些具体的事他们往往过后就忘了。事情虽然忘了，但由事情引起的思想问题却会积攒起来，积攒得太多了，就会影响孩子的心理健康。

圆圆初中三年的寄宿生活，至今仍给她留下一些负面的东西，这些负面的东西很隐蔽，很多家长可能意识不到，但我能看到，它影响很久，"排毒"需要很多年。每次聊起来那三年的生活，我都内疚万分。所幸她高中没再寄宿，状态一天比一天好，寄宿的负面影响才逐渐淡化。

所以，遇到有家长问我是否应该为了择"重点校"而让孩子去寄宿，我总是回答，哪怕上一个条件差些的学校，一定要让孩子天天回家。为择"重点校"而去寄宿，是非常不合算的一件事，表面上暂时能获得一些东西，但从长远看，是捡了芝麻丢了西瓜。前苏联教育家苏霍姆林斯基说过："最好的寄宿学校也不能代替母亲。"[1]

---

[1]（苏）苏霍姆林斯基，《爱情的教育》，世敏、寒薇译，
教育科学出版社，2001年4月第2版，133页。

不过，这个观点在当下还是不能为大多数家长接受，甚至有时也不能被孩子接受。现在，成人世界的价值取向已深刻地影响了孩子，甚至改变了儿童的天性。我见过一个孩子，在小学阶段因故和妈妈分开几年，不在一个城市生活，到上初中时，本来有条件和妈妈一起生活，但为了上一所省级重点校，孩子再次选择寄宿。当我看着小小的他和妈妈在一起时的缠绵，以及眼神中时时流露的忧郁和紧张时，对这孩子说，还是选择一所在妈妈身边的普通学校吧，能天天见到妈妈比上重点校重要。孩子很不满意我这样说，坚定地摇摇头，不，上重点校重要！这真是令人无言。

不仅是观念，当下政策造成的"寄宿制"问题也非常严重。

我国从2001年开始，为消除"教育不公平"，投入巨资在农村搞"撤点并校"工程，即把一些散落在各自然村或乡镇的中小学校，甚至幼儿园合并到一些规模较大的乡镇学校中。不知此项决策是如何出台的，经过了怎样的论证。其做法上的简单粗暴，和当年罗马尼亚盖教养院的做法有一拼。结果是，十多年间，几百万农村儿童早早开始过上寄宿制生活，乡村学校数目锐减一半。虽然最初目的是让农村的孩子接受更好的教育，但它并未像设想的那样成功，除了家庭经济成本增加，乡村自然文化被进一步破坏，最严重的是许多儿童出现心理健康问题，厌学、辍学情况不但没有减少，反而增多。

一个孩子，他住在只有十几户人家的一个村子，学校没有操场和电脑室，为了让他能获得"公平的教育"，就把他简陋的学校取缔，把他和同学们转移到很远处的另一所小学上学，一周或一个月才见父母一次。新学校为孩子提供了操场、篮球架、电脑等种种可见的硬件，却夺走了他享受母爱和家庭生活的基本需求。这样对"公平"的追求，是不是制造了更大的不公平？

从近年来一些乡镇读者给我的来信看，这样的合并到十年以后的今天并未完全结束，由于没有学界正式的总结，也没有政府层面的表态，很多地方仍然在进行"合并"之事。这种情况，我认为除了教育主管部门的行政懒惰，更重要原因是社会上下都没有认识到孩子和母亲相处的重要性，没认识到寄宿制是个坏制。

孩子不是无知无觉、没有感情的土豆，可以随意集中，装筐装袋地归类存放。保障儿童和父母在一起，应成为一项基本国策。一切涉及儿童利益的社会问题都应在不影响儿童身心健康成长的前提下去解决。

曾有人拿出著名的英国伊顿公学来证明寄宿制是好制。

实际情况是这样的：第一，伊顿公学是一所男校，不招太小的孩子，一般学生年龄在13-18岁，已相对成熟；第二，学校的办学思想比较先进，教师素质比较高；第三，学校在录取方面有较高的条件，进入这样的学校学生本身素质就比较好，并且学校也能给学生带来极大的荣誉感和成就感。正是这种种条件，才成全了它的美名。但它在英国也是不可复制的，正如一顶王冠，搜罗了全国的顶级珍珠宝石做成，不具有复制性。所以它只能当一个特例来看，没有代表性。

英国经济学家亚当·斯密反对让孩子上寄宿制学校，他认为孩子长时间和父母分离会使家庭伦常和家庭幸福遭到最根本的破坏。任何东西，都不可能弥补寄宿制生活给孩子带来的伤害。他说，家庭教育是自然之神设置的，完整的家庭教育才是培养智慧的途径。[①]

要培养一个出色的孩子，父母必须有这样的意识和自信：父母是最好的老师，亲情是最好的营养品，餐桌是最好的课桌，家是最出色的学校。

前面的论述似乎都是围绕"教育功能"来说的。但是，生命中有许多事情本身不就是目的吗？一个孩子真正属于父母的时间只有十几年，到孩子18岁，成人了，他不仅从心理上要自立，从空间上也要和父母分开了。如果不珍惜早期和孩子相处的时间长度，其实就是错过了生命中许多最美妙的时刻。

现在还有一种"小留学生现象"，它是"寄宿制"的变种。家长把刚上初中、甚至刚上小学的孩子送出国去学习，孩子的监护人由父母变成亲戚或朋友。固

① （英）亚当·斯密，《道德情操论》，谢宗林译，
中央编译出版社，2010年4月第1版，279页。

然监护人基本上都是值得信赖的人，会用心照顾孩子。但在未来，在孩子和父母共同的回忆中，到底缺失了多少东西呢？就孩子整个生命的成长来说，这样是利大于弊还是弊大于利呢？

一只母鸡不会把小鸡托付给别的母鸡照料，一头母猪也不会把任何一头小猪托付给别的母猪。动物都知道这一点，人却经常在这个问题上犯糊涂。作为现代人，在儿童养育问题上应该时时回归自然，在任何一个茫然不知所措的时刻，想想自然告诉了我们什么，答案也许就出来了。

4

幼儿园最重要的条件是教师

在幼儿园的一切设施和条件中，没有比教师更重要的条件。硬件设施有多好，门口的金字招牌有多炫，这些其实影响不了孩子，孩子甚至都感觉不到。幼儿园真正对孩子产生优质影响力的，是融洽的师生关系。幼儿园教师最核心的能力，不是她的学识、才艺等可见、可量化的东西，而是她爱的能力，即她发自内心的善良和对孩子们的尊重。

我女儿圆圆上幼儿园时，天天在幼儿园吃早饭，每天早饭都有一碗豆浆。有一天圆圆不知为什么不想喝豆浆，喝到一半时，趁老师不注意，偷偷把豆浆碗弄翻，然后告诉老师豆浆洒了。这个小滑头以为豆浆洒了就不用再喝了，没想到老师擦擦桌子，又给她盛了一碗，并叮嘱她小心点，别再洒了。小家伙面对着眼前满满一碗豆浆，有些发愁，又开始打鬼主意，趁老师不注意，如法炮制，再次用一根手指头抠着碗沿，把碗又弄翻了，没想到这次被老师看到。

老师没有揭穿她的鬼把戏，不动声色地再次给她擦干净桌子和地面，对全班小朋友说："豆浆又好喝又有营养，可有的小朋友总是不注意，总是把碗弄翻，浪费了豆浆，好可惜。从今天开始，谁浪费一碗豆浆，一天不能喝；浪费两碗，两天不能喝。"然后老师和颜悦色地告诉圆圆说，你今天洒了两碗豆浆，接下来两天都不能喝豆浆了。

也许当时圆圆并不在意，甚至还有点小得意；但当第二天小朋友都有豆浆喝，她却没有时，她可能有些不舒服了；到第三天，眼巴巴地看着小朋友喝豆浆，她不平衡了；到第四天终于有豆浆喝时，她好珍惜，再也不洒了。

事后，在一次和老师的闲聊中，老师只是把这当笑话讲给我听，我却由衷地佩服她。这位老师没受过师范专业培训，她只是凭着天性中对孩子们的尊重和爱，很自然地用这种方式处理了这件事。

她不强迫孩子去喝豆浆，豆浆就不会站到孩子的对立面，令孩子更为厌恶，而用适当剥夺的方式，让孩子真正对豆浆产生好感，学会了珍惜；她没有点破孩子的诡计，而是用成人更高的智慧，不动声色地让孩子自己承担"做坏事"的后果，既不损害孩子的自尊，又达到了教育目的，处理方式可以说达到了教育艺术的境界。

幼儿园教师是孩子社会化过程中遇到的第一个关系重大者，对孩子的影响非常深刻。所以当我们考量一所幼儿园或学校好不好时，不要看它是"市重点"还是"省级示范"，而是重点考察它的教师如何。要看一个教师如何，也不是看她的学历或获奖次数，而是她是否真心尊重孩子，是否真的爱孩子——这一点很好考证，看孩子们是不是喜欢她。

有位家长给我写信，说她想尽办法且花不少钱，把孩子送到一所市重点幼儿园。本来开始一段时间送得还比较顺利，结果有一天孩子突然哭着不肯上幼儿园。再接下来出现一种情况是，每隔两三天，孩子出现一次强烈拒绝上幼儿园的现象。后来家长了解到，该幼儿园对孩子们要求本来比较严，要求孩子坐有坐相、站有站样、上课时手必须背到后面；喝水、上厕所必须是统一的时间；每天要上课，老师布置的作业必须完成。

如果仅仅是这种情况，孩子尚且能接受。关键问题是，孩子所在班级有三个老师，轮流值班，其中一位教师很严厉，每当孩子"犯规"了，就会大声责骂，并对"犯规者"进行惩罚，让孩子站到墙角，让他在全班同学面前丢脸。这个孩子就是有一天因为上课时没乖乖坐着，被老师罚站。孩子站了一会儿，可能是忘记了被罚站这回事，居然擅自跑到小朋友中间玩去了，老师发现后很生气，把孩子的书包扔到门外，然后让孩子自己捡回来，并罚孩子站了更长时间。陈述完这些事件后，这位家长问我：这种情况下，如何能让孩子喜欢幼儿园？

家长明明看到了问题的出处，却来向我讨要改变孩子的办法。似乎我手里有灵丹妙药，给出三丸两粒，就可以把教师的影响消除掉，让孩子高高兴兴上幼儿园。我如实对这位家长说，我没有办法。老师如果这样，神仙也没办法让孩子喜欢去上幼儿园。

还有一种情况是，孩子平时喜欢上幼儿园，突然有一天或有几天表现出心事重重，强烈拒绝去幼儿园，又说不出什么理由，这种情况肯定事出有因，往往是孩子和老师或同学间发生了某种不愉快，有一个困难需要孩子去面对。家长一定要了解孩子遇到了什么困难，想办法帮他解决，而不要生硬粗暴地对待孩子的"无理要求"。

我女儿圆圆在幼儿园没出现过这种情况，她刚上小学一年级时，突然有一天晚上回来显得心事重重，跟我说她不喜欢学校，明天不想去上学了。我问为什么，她开始不肯直说，找各种借口。我知道小孩子最好面子，她肯定是在学校遇到什么事，不好意思说出来，于是告诉她说，妈妈知道你在学校肯定遇到了一个困难，不知道该怎么解决，你告诉妈妈，妈妈肯定能帮你想办法，让这个困难变没了。我语气中的真诚和自信打动了圆圆，她终于说出了真实原因。

原来，学校出于安全的考虑，不允许孩子们在校园里奔跑。圆圆课间和一个同学在教室外追打着玩了一下，被值日生抓到，姓名被记下来，说要报告给老师。她担心第二天老师会当着全班同学的面批评她，就不想去上学了。讲完这事，圆圆居然担心得哭起来。我们安慰了她，说好第二天爸爸带她早点去学校，在上课前去找老师，说明一下情况，请老师就不要在全班同学面前批评她。结果，第二天，她的班主任老师不但没批评她，还肯定了她能主动找老师认错的行为，并随后在班里表扬了圆圆，说她是个知错就改的好同学。

学校那样的规定似乎有些过分了，此处不评说这一点。但我非常感恩这位老师，她配合家长这样处理这件事，对孩子意义非凡。圆圆那天去上学时的状态和放学回来后的情绪有天壤之别，由于老师处理得得体，孩子的一个"错误"居然变成了值得老师赞扬的优点。所有阴影都烟消云散，天空一片晴朗，学校又变得那样可爱了。

教师是决定学生喜欢不喜欢学校的最重要因素，幼儿园更如此。老师千万不要以为幼儿园的孩子还小，不懂事，随便想批评就批评，其实孩子越小越脸皮薄，所以幼儿园的孩子更需要老师呵护好面子。

并不是说老师不能指出孩子的错误，而是要讲究一下教育艺术，处理方式既不能损害孩子的面子，又能达到让孩子改正缺点的目的，这才叫教育。

当然，我相信绝大多数幼儿园教师都是善良的，她们偶然的言行不当，只是出于专业知识的欠缺或专业经验的不足，家长发现问题后，如果能友好地跟老师沟通，善意地提醒老师的问题，老师一般情况下都愿意改正。

有位家长说她孩子的班里有一个年轻女老师，人很好，只是有时生气了会吓唬孩子们。有一天年轻老师嫌她女儿太闹，对孩子说，如果你再说话，就用胶布把你的嘴粘上！老师当然只是吓唬孩子，孩子当真了，怕以后真被老师用胶布粘嘴，无论家长如何解释和安慰，孩子哭着不肯去幼儿园。后来家长给老师打电话委婉地说了这件事，希望老师给孩子解释一下那只是开玩笑，让孩子不要再担心。老师说她没想到孩子会把她的话当真，立即表示道歉，并在电话中安慰了孩子。非常难得的是这位年轻老师属于那种既有悟性又善良的人，不但没有给孩子冷暴力，还和孩子们一起玩互相用胶布粘嘴的游戏，师生乐得哈哈大笑，孩子心中的阴影消失得无影无踪。

人无完人，教师当然都会有做错的时候，重要的是知错就改。

有时，老师会发现孩子一些缺点，如实地告诉家长。家长所要做的，并不是回家如实地全部告诉孩子，而要把注意力放到如何帮孩子解决上来。比如，老师说你的孩子和小朋友玩的时候，总是显得太胆小。家长如果把老师的原话转给孩子，可能会强化孩子的胆小，更不愿和小朋友一起玩。而且孩子会觉得老师不喜欢自己，在说自己的不好，会在情绪上和老师产生隔阂，这也会导致孩子不喜欢幼儿园。家长应客观地分析一下自己的孩子，是确实胆小，还是出于孩子的谦让或独处的需要；如果真有点问题，应该从其他方面想办法进行改善，而不是直接告诉孩子他有个什么缺点。

　　当然，如果孩子某个缺点老师反映数次，确实需要直接告知孩子，也要讲究一下方式。比如老师反映孩子喜欢抢小朋友手中的东西，多次告诫也没用。家长可以这样和孩子谈话："老师说你是个好孩子，有三个优点，只有一个缺点，你想不想知道是哪三个优点？"讲完三个优点后，再问一下孩子想不想知道一个缺点是什么。讲完缺点后，孩子可能会略有沮丧或不好意思，家长可继续跟孩子说："每个人都会有一个缺点，缺点其实都可以变成一个优点，你想不想知道怎么变呢？"然后告诉孩子不要再跟小朋友抢东西，给孩子出一些具体的主意，如何避免跟小朋友发生冲突。孩子听完家长的建议，接下来肯定会略有进步，家长要及时和老师沟通，和老师一起及时强化孩子的改变。这样既能改变孩子一些坏习惯，又不会损害他和老师的关系。

　　教师和家长、教师和孩子的关系是否融洽，对孩子影响深刻。教师和家长都应该为增进彼此的关系而努力。从家长方面来说，既不要对老师盲目信任，又不要对老师苛刻和挑剔。老师都是普通人，在管理孩子时可能会出现一些小问题。遇到了这些问题，家长要本着解决问题的态度去跟老师交流，而不要怀着闹别扭的心态去找老师算账。

　　有位家长跟我说，她儿子有一次在幼儿园尿了裤子，没跟老师说，老师也疏忽了，没发现。下午孩子姥姥去接孩子时发现了。当时是冬天，老人心疼孩子，就哭了，生气地去质问老师，责怪老师不负责任，和老师发生言语冲突。这件事发生之后，老师每天都会在上课前用略有威胁的口气对全班小朋友说："上课前先上厕所，上课期间不允许上厕所。"而且每次都会点到她儿子的名说："你要去厕所吗，上课中间不许去，尿了裤子别怪老师啊！"老师的态度弄得孩子很紧张，开始不想去幼儿园。好不容易从小班升到中班，换了老师，本来挺高兴的，结果老师有一天上课前也说了同样的话，其实并不是针对这个孩子，可孩子一下子又不想去幼儿园了。之后哪怕孩子和妈妈去亲子园参加游戏活动，只要听到老师要求提前上厕所，就拒绝再参加，哭着要回家。

幼儿园教师作为社会人，并不是强势群体，她们自身也需要成长，需要善意地对待。如果家长总以善意的眼光来看待她们，则可激发她们更多地表达爱与善。

圆圆上幼儿园小班时，有一天我去教室接她，发现她眼角边上有几条划出的血痕，我大吃一惊，问她这是怎么了。圆圆自己似乎还懵懵懂懂地不知脸上有伤，说不出来。我又问老师孩子脸上的伤是怎么弄出来的，老师一看，也很吃惊，但也是一脸迷茫。因为圆圆在教室没摔倒，也没和小朋友打架，而且孩子一直也没哭。我和老师的表情可能有些把孩子吓到了，圆圆本来见了我挺愉快，这时也出现惶恐之色，要哭了。

我赶快拿出轻松愉快的样子，笑笑对圆圆说没什么，走吧，咱们到院子里玩儿。友好地跟老师说了再见，领着孩子出了教室，老师显得有些歉意。

我心里还是很难过，想知道圆圆的伤是怎么弄出来的，就没有马上离开幼儿园，带她在幼儿园院里玩了一会儿滑梯和秋千，找个机会又问她脸上的伤是怎么弄出来的。圆圆想想，突然说"小树"。我有些不太明白，就让她领着我找一下是哪棵小树，圆圆就把我带到一排冬青跟前。深秋的冬青已干枯，枝条看起来很硬，高度和小班的孩子身高差不多。到这里，我一下就明白了。

在幼儿园小楼和小操场之间，有一小排低矮的冬青作为两个部分的分隔。

但人们经常偷懒，就在冬青中间走出一个一尺宽的小豁口。我想圆圆脸上的伤可能是老师领着他们从这里穿过时划的。

如果是这样，幼儿园老师的做法显然不妥当，既没考虑教会孩子们守规则，也没考虑孩子的安全。我想，必须要和老师谈一下这个问题。目的不是去指责她，孩子的脸已被划伤，以后很可能落下浅浅的疤痕，纵使我非常心疼，但指责已无济于事，重要的是提醒她以后不能再带着孩子们从这里走。而且我猜测，这个幼儿园不止这一个老师带孩子们从这里走，别的老师可能也会这样做，所以应该对整个幼儿园的老师有个提醒。

我带圆圆返回教室，老师见我们返回来，有些吃惊和担心的样子。我赶快笑着跟她打招呼，让她知道我不是来找后账的。然后告诉她，我从孩子这里问清楚了，脸上的伤是冬青划出来的。老师明白了，有些尴尬。我对老师说，冬青的高度正好在孩子们的头部，很容易划到脸上；划破点皮是小事，万一正好有孩子在那里摔倒，有可能伤到眼睛。老师赶快点头说是，并说看来以后不能走那里了。我对她说，我知道幼儿园好多老师都习惯领着孩子们从那里走，我想去跟园长说一下，把那个口挡住，或再种几株冬青，提醒老师们以后不要再从那里走。这是考虑孩子们的安全，另一方面也教会他们守规则，你看如何？老师嘴上说好，但我看出她似乎有一些犹疑。我赶快笑笑对她说，我今天不去说，改天再去说，不会对园长说圆圆的脸被划破的事，我只是作为家长看到了幼儿园的一点点小问题，给园长一个建议。老师听我这样说，才放心地说好。

后来我找了园长两次，冬青的豁口被补植好了，老师们不再领孩子从那里穿过。我也有意地更多和圆圆的老师说话，让她感觉到我的友好，我们因此更加熟悉了，关系一直很融洽。圆圆脸上确实留下了淡淡的疤痕，直到她长大了才看不出来。

当然家长不能期望幼儿园老师都有良好的心理素质，有个别老师，尽管家长给出的是善意的建议，仍然可能心生不满，进而有可能给孩子冷暴力。有位家长跟我说，她的孩子回家说班里一个小朋友尿裤子了，老师换裤子时打了小朋友的屁股。家长觉得老师做得不对，想和老师谈一下，又担心得罪老师，反复想了两天，把所有的措辞想好，很谨慎地跟老师谈了一下，老师当时表示自己做得不对，并保证以后再不会发生这样的事。结果此后几天，家长发现孩子回家后，只要问起她幼儿园的事，孩子都眼神一片忧郁和恐惧，躲躲闪闪地不敢说。家长给孩子做了好多工作，通过耐心的询问才知道，老师听完家长意见的第二天，就严厉地指着孩子的鼻子说："以后把你的嘴给我闭得严严实实的，幼儿园的事情，回家什么都不许跟你妈说。再说小心我撕了你的嘴！"老师还对全班小朋友下了命令，不许大家回家跟家长讲幼儿园的事情。

这位家长做得一点错都没有，遇到这种情况，必须要去跟老师说。如果一名教师能对别的孩子那样粗暴，那她对你的孩子流露粗暴只是早晚的事情。覆巢之下，安有完卵？即使你的孩子侥幸没在她手下"犯事儿"，教师这样一种做人的态度对孩子也有负面影响。所以无论如何要说。如果因为家长提了意见，教师就更加粗暴地对待孩子，家长一定要向幼儿园的管理者反映，要求更换教师。如果有难度，应该联合更多的家长，一起促成事情的解决。当然，有可能幼儿园领导并不买家长的账，以各种借口搪塞，不积极认真地解决问题。这样的话，只能带孩子一走了之，换一家幼儿园是最好的。

我猜测，有的家长看到这里可能会说，换幼儿园哪里是想换就可以，现在想择到一个好的幼儿园多么难，这个幼儿园还是费了九牛二虎之力才进来的。

我想说的是，在幼儿园的一切设施和条件中，没有比教师更重要的条件。当"最重要条件"非常糟糕时，其他一切条件都变得不重要了。硬件设施有多好，门口的金字招牌有多炫，这些其实影响不了孩子，孩子甚至都感觉不到。幼儿园真正对孩子产生优质影响力的，是融洽的师生关系。幼儿园教师最核心的能力，不是她的学识、才艺等可见、可量化的东西，而是她爱的能力，即她发自内心的善良和对孩子们的尊重。

近年来，全国相继曝出孩子在幼儿园受到伤害的事件，由于孩子太小，不懂得主动陈述，或是受到老师的威胁或暗示，不敢对家长说，以至于有些伤害家长迟迟不能知晓。2014年3月被揭出来的西安、吉林等地幼儿园为了某种私利，擅自长期给孩子服用抗生素的恶性事件，时间之长、隐瞒之深让人触目惊心。当然我们相信这样的情况不是普遍的，但只要自己的孩子遇到了，那就是百分之百的不幸，所以了解情况十分有必要。

想了解孩子在幼儿园是否受到隐藏的伤害，不要直接问老师骂你没，老师给没给你吃药之类的，那样会给孩子不良暗示，也可能问不出来。可以态度轻松地说一句：豆豆的幼儿园规定不让回家告诉家长每天吃什么午饭。然后问孩子：你们幼儿园规定什么不能回家跟家长说？

注意一定要态度轻松，做出不经意的样子。万一听到有什么事情，家长一定不要当着孩子的面表现出情绪激动。要首先冷静下来，再想办法确认一下，如果确定有问题，应先找家人商量，再找幼儿园其他家长调查一下。发现问题后，要尽量通过正规渠道解决，不要冲动。解决方式很重要，要特别注意，不要给孩子内心留下阴影。

5

孩子入园前的心理准备

如何让孩子不惧怕上幼儿园

如何在入园前训练孩子生活自理能力

如何克服分离焦虑

如何教孩子适应规则

每个即将入园或刚刚入园的孩子都要面临两个问题，一是克服焦虑，二是适应规则。帮孩子跨过这两个坎，就是帮孩子做好了入园的心理准备，这需要家长从以下几个方面来做。

首先是唤起孩子对幼儿园的向往

有一位家长，她利用人们"得不到的就是最好的"这个心理，在孩子上幼儿园半年前，就开始有意无意地带孩子去幼儿园外面"窥视"。孩子非常羡慕里面的滑梯等各种娱乐设施，但是妈妈告诉孩子，现在还不能进去，要等到9月份才可以去。平时带孩子到亲戚朋友家时，如果看到幼儿园，也会让孩子从外面看看，引起孩子的向往，有时甚至会带着孩子进去参观。因为现在的幼儿园管理都很严，门卫看得紧，一般不允许外人随便进去。所以每次家长带孩子进幼儿园，都需要和门卫求情很长时间，但成功的次数却很少。这更让孩子觉得，幼儿园好难进，能进去是多么幸运的一件事。到6月份给孩子报名时，妈妈带着孩子一起去排队，让孩子看到，有多少小朋友都想进这个幼儿园，这样进一步激起孩子对上幼儿园这件事的兴趣。所以，终于盼到入园的那一天时，孩子简直可以说是迫不及待了。

能唤起孩子对幼儿园向往之情的办法很多，这需要大家根据自己的条件和喜好来想办法。只要留心，办法总是有的。

当然，这件事要做得有分寸。有的家长为了吸引孩子进幼儿园，提前把幼儿园说得天花乱坠。如，幼儿园有很多玩具，有很多好吃的，老师像妈妈一样……待孩子进幼儿园后，发现不是家长讲的那个样子。一方面会因失望而不愿去幼儿园，另一方面不再信任家长，以后再讲多少去幼儿园的道理，都没用了。这是应该注意的。

其次是在训练孩子的生活自理能力上，宜不动声色，不宜张扬。

不少家长自从给孩子在幼儿园报名后，总是习惯性地把一切事情都跟上幼儿园联系起来，睡觉时说"按时上床睡觉，上了幼儿园就不能这样睡得太晚了"。吃饭时，"不能剩饭，到幼儿园剩饭的话，就要挨老师批评"。目的太张扬，反倒坏事，这些话会给孩子不良暗示，让他觉得幼儿园就是个限制和管束自己的地方。

在孩子入园前应教会他遵守规则，尽量让孩子学会自己大小便、吃饭、穿鞋子等。但训练最好做得不动声色，不要让孩子意识到你在训练他，一旦意识到，会引起孩子对事情本身的抵触，同时也会增加孩子对幼儿园的恐惧感。比如平时家长天天给孩子喂饭，后来突然不喂了，告诉孩子要上幼儿园了，你要自己学习吃饭。习惯于家长喂饭的孩子，一般对自己吃饭这件事没有信心，也没有兴趣。还没上幼儿园就面临困难的任务，这很容易放大孩子对即将到来的幼儿园生活的焦虑感。

最好的训练是什么？是家长平时就不包办。尤其到孩子快要上幼儿园时，家长更要有意识地让孩子自己去做事，把各种练习自理的机会留给孩子。

还以吃饭为例，孩子一岁以后，就应该让他自己吃饭。到孩子即将入园时，家长一定要不动声色地从孩子的吃饭中撤出，既不要强迫孩子吃饭，也不要给孩子喂饭。到吃饭时，大家各自吃各自的，不要在意孩子如何吃、吃多少，不要把吃饭这件事时时置于家长的关照之下。一定要给孩子时间和机会，让他自己练习和适应。只要孩子哪天做得好，就及时表扬，强化一下；做得不好，也不批评，装没看见。依孩子的天性，其实都是愿意自己吃饭的，当他发现家长总是忙得没时间喂他吃饭，也没在意他吃得如何时，他就不会再有依赖思想，自己吃饭的兴趣和能力就开始生长了。

各种生活技能训练的道理都大同小异，基本原则是，在一切训练中，家长自己首先要有定力，不要一着急就去包办，还一边包办一边抱怨孩子。否则，除了降低孩子自己做事的兴趣，降低他的自信，别的没一点好处。

第三是家长自己要克服和孩子的分离焦虑。

有位家长告诉我，她准备送女儿去幼儿园，孩子还没去，她的心已经揪成一团了。总是想象女儿离开妈妈时会如何撕心裂肺地哭，又担心孩子不适应幼儿园，能不能和小朋友处好，老师好不好，吃得如何，还有安全问题……可能是她和孩子讲这些时带出太多的焦虑，以至于后来一提幼儿园三个字，孩子马上就哭着说不上幼儿园。

要孩子不害怕去幼儿园，很多时候不是去给孩子做工作，而是要解决家长自己的焦虑情绪。这位家长的焦虑，让我想到另一位家长，她在第一次带孩子去打针时，孩子还没大哭，她自己居然心疼得先哭起来，结果是直接把孩子吓住了，此后每次打针，孩子总是拼了命地反抗。

孩子一生会遇到许多困难，甚至是痛苦。面对这些问题，家长应首先给孩子树一个好榜样，而不是无克制地释放自己的情绪。一个不理性不克制的家长，只会给孩子制造更严重的心理负担，却不能教会他理性和克制。

第四，不要采用任何以毒攻毒的方式。

有位妈妈，她准备要送两岁半的孩子去幼儿园时，就把孩子独自送到外地的姥姥家住了一个月，认为这样就可以让孩子习惯和妈妈分离。结果是孩子一个月后见到妈妈，先是用陌生的眼神看着妈妈，不敢和妈妈亲近，待妈妈抱起他后，孩子突然大哭起来，充满委屈。此后，孩子和妈妈寸步不离，哪怕妈妈上卫生间，他也要跟到门口等着，唯恐妈妈转眼间又消失好长时间，变得比以前更黏妈妈，而且特别脆弱，特别爱哭。

一个人不是经历过刀割，就会不在意针扎。须知人往往是"一朝被蛇咬，十年怕井绳"。家长在任何时候，想解决孩子的一个心结时，都不要有这种"以毒攻毒"的心理，孩子承受不起。这样做，其实更增加了送孩子进幼儿园的难度。

儿童成长中，总会有一个又一个困难出现在他们面前。家长应客观陈述这些事情的真相，不夸张困难和痛苦，也不过分美化客观事实，更不能采用瞒骗的方式。要尽量实事求是地引导孩子坦然面对，这样才能培养他们接受困难、适应生活的勇气和能力。上幼儿园不是孩子成长中的孤立事件，它是整个教育链条中重要的一环，对孩子后面的成长影响深远。

教孩子学会适应规则

所谓的"适应"问题，就是要孩子学会服从幼儿园的统一安排和各种规则。我当然反对幼儿园给孩子们制定太多规则，但适当的规则肯定是需要的，也是必须要孩子学会遵守的，所以上幼儿园第一步是要让孩子认识"规则"，遵守规则。

在这个问题上，我先说一下自己的经验。

确定好送女儿圆圆到哪家幼儿园后，我就带着她到幼儿园先看了一次，站在幼儿园的栅栏外，看着里面的孩子们排队做操或玩耍。我简单地跟她说了一下过几天我要上班，要把她送到这里，问她可不可以，她说可以。看样子她对里面有很多小朋友这件事很有兴趣，所以愿意来。但我知道她一旦身临其境就会有不一样的感觉，所以在带她直观地看到这种生活，引起她一定的向往后，也要让她知道里面的生活除了和小朋友在一起玩耍外，还要有规则。

我另选了一个日子，和幼儿园老师沟通好后，带着圆圆走进幼儿园，让她认识了一下里面的生活。

那天去的时候是中午，午饭后幼儿园的小朋友都睡午觉了，整个幼儿园静悄悄的，和圆圆上次看到的孩子们在外面玩耍的情形大不一样。我在带她走进去时就告诉她，现在是午休时间，小朋友都在睡觉，所以院子里看不到人了，并告诉她我们进去后，说话声音轻些，不要把小朋友吵醒了。圆圆懂事地点点头。

一个老师带我们进了教室。这家幼儿园没有专门用于孩子们睡觉的地方，孩子们午休就在活动教室木地板上打地铺，分两排睡着，小鞋子整整齐齐摆放在地铺前面。我低声问圆圆：宝宝，你看小朋友都睡觉了。大家一起睡觉好不好啊？圆圆说"好"。我又问：如果哪个小朋友不想睡，乱吵吵，弄得别的小朋友睡不着，那样好不好啊？圆圆说"不好"。

我又给圆圆指一下地上的小鞋子，对她说，小朋友睡觉前，老师会要求大家把鞋子摆整齐了。你说这些小鞋子摆整齐了好，还是乱扔乱放好？圆圆说："整齐好。"我说对，如果乱扔乱放，不光是不好看，小朋友醒来了，也不容易找到自己的鞋子。我观察圆圆，感觉她能理解我说的话。

然后我们又在教室里简单参观了一下，看到所有的玩具都收纳到了筐子里，整齐地放在墙角，小朋友们从自己家带来的各不相同的小杯子整齐地摆放在饮水桶旁边的架子上。这些我都指给圆圆看，让她感觉到整洁和条理。

简单参观过后，我们就出来了。回家的路上，我对圆圆说："家里就小圆圆一个孩子，中午的时候，妈妈让你睡觉，你说不想睡，那就不睡了。在幼儿园，一个老师要照顾好多个小朋友，老师说小朋友该睡觉了，如果有的小朋友睡觉有的不去睡，老师就不知该照顾谁了。宝贝，你说入园后，你应该听老师的话去睡呢，还是像在家里一样说我不想睡？"圆圆想想，说"去睡觉"。我亲亲她的小脸蛋说：嗯，宝宝说得对！

事后我发现，这个"预防针"打得特别有用。平时圆圆在家是不喜欢睡午觉的，我不管她，困了就睡，不困就不睡，只是我自己经常辛苦些，中午要陪着她玩。假设我不是这样领着她"身临其境"，只是在家里口头给她讲幼儿园必须要午睡，必须听老师的，甚至强制她睡午觉，可能正是在强化她不午睡的习惯。一个小孩子，只要内心没有逆反，躺下了，用不了多长时间会睡着的。事实证明圆圆上幼儿园后，午睡确实从来没成为一个问题。我没直接问她中午睡没睡着，而是背后悄悄问老师，老师说她睡得很好。我从圆圆简单的话语及表情上也能感觉她没什么问题。

在孩子入园前的那段时间，我有意识地随时和圆圆进行相关交流，对她进行正强化。比如该吃饭了，我带她去洗手时，会问她：进了幼儿园，如果你和小朋友正玩积木玩得高兴，老师说，小朋友们，该吃饭了，大家现在排队去洗手。你应该赶快去洗手，还是继续和小朋友玩积木？圆圆说"去洗手"。我说"对，宝宝说得真好！"我总是充满赞赏地亲亲她的小脸蛋，让她知道自己的回答非常好，并表示出对她的信任。

通过参观及生活中的强化，我让圆圆知道幼儿园是有"规则"的，更让她看到了规则之美。这样，她接下来面对一些必要的约束，就会从容得多。儿童的适应力其实很强，只要这个"规则"在正常范围，不伤及他们的天性，孩子都能很快适应，并愿意遵守。

现在的幼儿园安全管理做得比以前严，家长可能不能随便带尚未入园的孩子进去。那么，这就需要幼儿园主动配合家长来做这项工作，比如为即将入园的小朋友提供一次参观机会，创设一次体验"规则"的机会。

假如幼儿园不能提供这样的条件，家长可以自己想办法，让孩子在日常生活中认识规则，体会秩序之美，效果也是一样的。其实日常引导更重要，如果平时一点不让孩子体会规则之美，单带着孩子去幼儿园体验一次，可能也很难一下子完成规则教育任务。

培养儿童规则意识要注意的三点是：

第一，体验中一定要用"问"来启发孩子自己的思考，而不是以"讲"来说明和灌输。两种方式，效果大不一样。

比如带着孩子排队时，问孩子，大家都这样排队好，还是不排队拥挤好。

再问孩子，如果大家都排队，可有的人不排队，乱插队好不好。家长除了多留心，在生活中多发现此类教育契机，还要注意的是，问话要在幼儿理解的范围内。如果感觉孩子不理解，适当解释，努力让孩子明白为什么。

当然家长自己要守规则，给孩子做出榜样。假如家长一方面给孩子讲交通安全，另一方面带孩子闯红灯，那你是无法教会孩子遵守秩序的。

第二，通过"角色代入"的游戏让孩子体验"听话"的好处。

比如先由妈妈扮老师，爸爸、爷爷、奶奶和孩子一起扮小朋友，"老师"指挥大家去做一件什么事，看谁做得最好。然后让孩子扮老师，指挥各位"小朋友"做事，各位"小朋友"可以有听话的，有不听话的，让孩子体会配合的美，及不配合带来的不便。"角色代入"是非常有效的一种教育方式，能让孩子很快明白为什么这样做，也能练习应该如何做。

第三，在向孩子灌输规则意识时，切忌采用吓唬的方式。

比如有人这样跟孩子说，"以后不能乱扔玩具，这样到了幼儿园老师会批评你的"。或者"上了幼儿园就不能剩饭了，剩饭的孩子得不到小红花"。或者"这么不听话，我管不了你，等去了幼儿园，看老师怎么收拾你！"……这些话只是简单地把规则和惩罚联系到一起，却没能让孩子看到规则之美，其潜台词就变成了"幼儿园要束缚你，不会让你舒服的"。这样讲"规则"，只会增加孩子的焦虑感，对于孩子理解规则毫无意义。

总之，要孩子学会守规则，就必须让孩子看到规则之美，并和孩子的理解力接轨，不能让规则以狱卒或魔鬼的样子出现。

6

如何解决孩子不愿意去幼儿园的问题

> 好办法总是可以四两拨千斤，如果有些孩子总是"不听话"、"不懂事"，那多半是由于家长一直在某些问题上一味使蛮力。

有一次我坐长途汽车，车上有个一岁半左右的孩子，几乎一直在哭。妈妈和爸爸轮流着抱孩子，站起来又坐下，拍啊哄啊的，却总也哄不住。看起来孩子没有身体方面的不适，只是情绪很烦躁。车到半路，上来一个妈妈，抱着一个大约两岁的孩子，这个孩子从一上车就循着哭声，很注意地看着那个小朋友。一岁半的孩子本来哭得天昏地暗的，扭头突然发现了同龄人，一下子不哭了，小嘴瞬间就咧开，笑得花一样。在后面的一个小时行程中，这个小家伙只要一想哭，父母就把他抱起来看看两岁的孩子，灵丹妙药似的，总能立即止哭。

这种有趣的现象几乎发生在每个小朋友身上，甚至是小孩子和小动物身上。我女儿圆圆三四岁时，有一次我们带她去一个小饭店吃饭，进门时，小饭店里一只小狗正寂寞地蹲在一个角落里，可怜巴巴地四处张望。它一看圆圆进来，眼睛一亮，欢快地跃起，直奔过来，他乡遇故知似的，绕着圆圆撒欢，摇尾讨好，眼里完全没有别人。两个小家伙很快嬉戏起来，彼此间好像有一种专属语言，玩得那么快乐默契。到我们吃完饭要走了，小狗送我们到门口，眼神满是哀怨，圆圆也恋恋不舍，恨不得把小狗带走。

讲上面两个小故事是想说明，寻求同伴关系是很多生物的一种本能，尤其人，天然是群居动物。正常情况下，儿童对儿童是非常感兴趣的，特别是幼儿之间，他们有独属的交流系统，别人听不懂，这种交流能给幼儿带来极大的愉悦感，非常有利于身心发育。所以我们首先应该相信，孩子原本是愿意上幼儿园的——这个心理前提非常重要，可以影响到家长的很多言行，并给孩子很多正面暗示。

但事实是，现在有很多孩子不愿意上幼儿园，持续不断地反抗上幼儿园。这种情况不正常，背后一定有问题。要么幼儿园的管理本身有问题，要么家长无意间给孩子灌输了恐惧情绪，造成孩子对幼儿园的排斥。关于幼儿园的管理问题，已在本书中《关于选择幼儿园的几点建议》中陈述，此文从家庭的角度，谈谈如何让孩子喜欢去幼儿园。

第一，以轻松愉快的态度回应孩子的脆弱。

孩子初上幼儿园都难免哭闹，此时特别需要家长拿捏好自己的态度。既要关怀孩子，又不能纵容孩子的脆弱。下面是我的经验。

我女儿初上幼儿园时，我带她参观了我的学校，让她知道什么是"上班"，明白为什么妈妈上班的时候她应该去幼儿园，这让孩子从理性上接受了这件事。接下来的一天，我送她到幼儿园大门口，有的小孩子在哭闹，圆圆显然已有了相当的克制力，非常配合地走进大门，走到老师跟前。我把她交给老师，跟老师说两句话，就跟她说再见。

能看得出，圆圆还是非常难过的，嘴里说"妈妈你去上班吧"，两只小手却紧紧抓着我不肯松开，可怜巴巴地看着我，强忍着眼泪。我口气轻松地说，你跟老师进去吧，再见宝贝！她仰头看着我，眼神那样悲伤无助，又说"妈妈你去上班吧"，小手抓得更紧，眼泪就下来了。这一瞬间，我的眼泪也差点出来。

我的第一个冲动是蹲下来抱抱她，安慰几句。但我知道不能，那样做是对她脆弱的无意识奖赏，反而会放大她的痛苦，我不能强化她这种情绪。

所以我只是笑笑，一脸轻松地挣开她的手，用愉快的口气对她说"宝宝跟老师进去吧，再见！"扭头就走了。

圆圆哇地在我背后大哭起来，我的心一下被揪住，很疼，真想返回去抱抱她，给她擦擦眼泪，但还是忍住了。只是停下来，回过头，笑着跟她挥挥手，仍然口气轻松地说，"不要哭了，跟老师进去吧，再见宝贝。妈妈下班了来接你！"转身走了。圆圆还在背后大声哭，我的眼泪流下来，克制着没再回头。

下午接圆圆时看她情绪愉快，我没再提早上她大哭的事，一路和她聊些其他事，表现出我确实不在意她的哭闹。

接下来一天，圆圆早上去幼儿园时还是有些情绪低落，我既不安慰也不讲道理，假装没在意她的情绪，一路上轻松地和她随便聊些什么。到了幼儿园门口，圆圆还是一副悲伤欲哭的样子。我仍采取和前一天一样的态度，表情愉快地和她说了再见后，就转身走了。这次没听到圆圆在后面大哭。从那以后，圆圆再也没因为去幼儿园哭过，随着她和小朋友越来越熟悉，去幼儿园成了一件非常正常自然的事情。

小孩子最会察言观色，在某些关键时刻，只要家长流露一点软弱，他立即会把握住，并在以后加以利用。所以要想培养孩子乐观面对困难的态度，家长的态度首先要乐观，不能无意识地去渲染困难，避免放大孩子的负面情绪。

有位家长希望通过"共情"来安慰不愿去幼儿园的孩子，"妈妈知道宝宝在幼儿园会难过，妈妈和你一样难过，让我们一起面对这件事……"这样的话没有任何意义，不是共情，是煽情，只会助长孩子的脆弱，让他更加缠绵。

也有家长安慰孩子说："妈妈会一直在幼儿园大门外等着，离宝宝很近，到放学时就进来接宝宝。"这种不合逻辑的解释，也反映了家长内心的焦虑感，不但不能安慰孩子，却会让孩子陷入更大的困惑中。站在孩子的角度体会一下，妈妈近在咫尺，却不能相见，孩子哪里有心思和小朋友玩？一道铁门成为阻拦他和妈妈见面的障碍，孩子内心会更加反感和害怕幼儿园。

解决孩子的焦虑问题和很多其他教育问题一样，不在于你说什么，在于你的态度是怎样的。

第二，关于幼儿园的一切言行都要正面。

幼儿园生活有很多细节，无论在哪个细节上，都应该和孩子进行正面交流，避免负面言行和不良暗示。

遇到早上孩子不愿出门，家长要想办法吸引孩子去幼儿园，或进行正面暗示，比如"我家宝贝不喜欢迟到，总愿意按时去幼儿园，是不是？"或"昨天圆圆比你去得早，今天我们争取比圆圆去得早，好不好？"

有家长经常采用哄骗的方式让孩子出门，甚至在送孩子去幼儿园的路上，也在骗孩子说是去公园，结果却把孩子送到了幼儿园门口。这种做法很负面，很残酷，既欺骗了孩子，也阻碍了孩子对幼儿园的接纳，同时损害着孩子对家长的信任，甚至会导致孩子多疑和说谎，有碍道德成长。

还有家长通过打骂，强行把孩子送进幼儿园，这更不可取，极端负面的行为只能造成极端负面的后果，既恶且蠢。

傍晚接孩子时，家长们在回家路上多半会问孩子一些问题。这方面的建议是，可以问一些具体的、容易回答的问题，比如今天做了什么游戏，中午吃了什么饭，今天和哪个小朋友玩的时间最长等。不要问空泛的、负面的或和评价有关的问题，例如"今天乖不乖，表现好不好？""有人欺负你吗？"或"今天老师表扬你没？"

家长问什么也是一种引导，前一类问题只需简单的回忆，孩子进行客观陈述即可，不会给孩子压力。后一类问题其实孩子很难回答，并且指向评价，是一种庸俗引导，会让孩子患得患失，增加上幼儿园的压力。

当然，如果孩子主动跟家长说老师今天表扬我了或批评我了，家长要真诚以对，正常表示高兴，分享孩子的自豪，或语气平和地问问为什么，想办法化解孩子的心结。

孩子在幼儿园遇到的最大的负面问题就是挨老师批评或和小朋友闹意见。对这两类问题的解决，特别考验家长。总的原则就是要用建设性的态度去解决，努力协调孩子和老师、和其他小朋友的关系，而不是遇点事情就要理论个是非曲直，或有点冲突就要一争高低。这方面的具体建议，本书中《幼儿园最重要的条件是教师》、《用"三不原则"解决孩子间的矛盾》有较详细论述。

第三，不要把上幼儿园这件事搞成"任务"。

有的家长一旦开始送孩子去幼儿园，就风雨无阻地坚持天天送，唯恐一天不送，就会把孩子惯坏了。这种担心大可不必。如果你的孩子真是那种给三分颜色就要开染坊的人，那一定是他经常被当作一个不讲信用、没有分寸感、没有自尊心的人看待。须知孩子的天性都是有分寸感、有自尊的。这一点，在很多小朋友身上都可得到验证。

我的一个朋友跟我说，她儿子刚上幼儿园不久，之前因为一直是爷爷带着，所以和爷爷感情很深，总是在早上因为要去幼儿园不高兴。有一天小家伙突然说他今天不想去幼儿园了，要到爷爷家待一天。开始父母都不同意，孩子就保证说，如果允许他到爷爷家玩一天，以后就好好上幼儿园，不再哭闹。孩子父亲还是不同意，认为既然上幼儿园了，就应该坚持天天去，担心孩子以后遇事太容易懈怠；也担心孩子到爷爷家一天，接下来更不想去幼儿园。妈妈觉得应该信任孩子，相信他能说到做到，于是跟孩子讲好条件，第二天把孩子送到爷爷那里。孩子到爷爷家玩了一天后，很愉快，果然在接下来的时间信守诺言，每天愉快地上幼儿园，再也不哭闹了。

世上有太多不讲信用的成人，却很少有不信守诺言的儿童。"言而无信"是后天习得的一种社会行为，"食言"也是需要经历才能学会的。如果一个孩子没有遭遇连续不断的无理要求和言而无信的对待，他是不懂得食言的。

孩子偶尔找借口不想去幼儿园，这很正常。我女儿圆圆小时候也不时地有不想去幼儿园的想法，记得有一次晚上睡觉前，小家伙问我今天是星期几。我告诉她是星期三。她说："怎么不像星期三？"我问像星期几，她说"像星期五"——小小的人，用这种方式告诉家长，她明天不想去幼儿园，但她知道该去，所以她不会说出明天不去幼儿园的话，她有自己的理性和自尊。她知道，如果有条件不去幼儿园，妈妈是不会强行把她送去的。平时我尽量满足她的愿望，如果哪天我没有课，可以不去上班，而她又不想去幼儿园，我就会放下一切，在家里陪她玩一天。

家长和孩子相处从来不"拧"，孩子就能形成很好的理解力与自制力，变得"懂事"。如果成人从不信任孩子的理性，认为孩子不懂事，需要被强行控制，那孩子往往会以"不懂事"的行为，来证明家长的防范是有必要的——这真是个微妙的问题，悟到了，就是海阔天空。

以上几条如何在生活中灵活运用，下面一个案例较有代表性。

有位家长，她的孩子原来是奶奶和爷爷天天接送。老人们心疼孙子，每天早上送孩子到幼儿园门口，都要和孩子又亲吻又拥抱，还一再地许诺早早来接，表现出依依不舍，结果弄得孩子上幼儿园已有几个月了，每天早上还都是在号啕大哭中被老师从大门口强行抱进楼里。

父母意识到可能是爷爷奶奶的缠绵弄得孩子天天那样大哭，提醒老人几次，但老人不听，于是他们决定自己送。但孩子已养成早上在幼儿园门口大哭的习惯，所以即使后来改成妈妈送，也是天天如此。

幼儿园老师告诉家长，其实每天一看不见家长，孩子马上就不哭了。妈妈通过观察，也确信孩子在幼儿园过得很快乐，幼儿园本身没什么问题。于是有一天，她和孩子进行了这样的对话。

"宝宝，你喜欢妈妈每天都高兴还是不高兴？"

"喜欢妈妈高兴。"

"你喜欢老师每天高兴，还是喜欢老师不高兴？"

"喜欢老师高兴。"

"真是好宝宝。那么，怎么能让妈妈和老师天天高兴，你想知道吗？"

"想。"

"妈妈早晨送宝宝去幼儿园，你如果开开心心地让老师拉着手，自己走进去，妈妈和老师就都高兴；如果你哭闹着不进去，总是要老师费力地把你抱进去，妈妈和老师就都不高兴。"

孩子听到这里，有点同情、有点不知所措地看着妈妈，不知该说什么。妈妈微笑着，接着问孩子："宝宝，你说，你高高兴兴地跟老师拉着手走进去好，还是哭着让老师抱进去好？"

"走进去好。"

"宝贝说得对！那你明天想不想试一下，让老师和妈妈都高兴？"

"嗯……想。"

家长于是跟孩子约好明天就这么做，让妈妈和老师高兴一次，孩子同意了。

第二天早上送孩子到幼儿园的路上，妈妈简单提醒了一下昨晚和孩子的约定，孩子仍旧答应不哭。果然，和妈妈道别时，孩子出人意料地平静，乖乖地让老师拉着手进去了。

下午爷爷奶奶接孩子时，老师表扬了孩子。待妈妈下班一进家门，爷爷奶奶就把老师的表扬说了一次，爸爸下班回来又说一次，大家都表示出极大的喜悦，夸孩子一下子懂事了，以后再也不为上幼儿园哭了，孩子也在这种气氛中表现得非常快乐。从那以后，孩子果然不再为上幼儿园哭闹，一个让全家人和老师头痛好久的问题就这样轻松简单地解决了。

这个案例中的孩子很容易就不哭了。其他孩子当然有可能出现另外一种情况，虽和家长约定去幼儿园不哭，但第二天没能遵守诺言，临阵反悔，又故技重演，哭闹不已。这种情况下，家长也不要生气，切不可指责孩子说话不算数。应该一笑了之，不再说什么，就像前面提到的我对付女儿圆圆在幼儿园门口的哭泣一样，轻松愉快地说过再见后，走了就是了。晚上回到家中后，重新激励孩子。

比如这样跟孩子说：宝宝今天早晨上幼儿园还是哭了，因为宝宝一下子还不习惯不哭。不过，宝宝特别懂事，想让妈妈高兴，也想让老师高兴，以后肯定能做到上幼儿园不哭，是不是？然后问孩子想不想明天再试一下，看能不能做到不哭。只要孩子在第二天的表现比前一天好，哪怕是好一点点，家长就及时进行正面强化，几天下来，孩子肯定就不哭闹了。

好办法总是可以这样四两拨千斤，如果有些孩子总是"不听话"、"不懂事"，那多半是由于家长一直在某些问题上一味使蛮力。所有的儿童都是天使，单纯友善，只要家长在面对孩子时动动脑筋，以教育智慧来解决问题，想要孩子"不听话"、"不懂事"也难。

7

关于选择幼儿园的几点建议

> 第一，好幼儿园是一个"玩耍"的场所，而不是"上学"的场所。第二，好幼儿园一定有好做派，好做派是从招生开始让人感觉到的。第三，在安全的前提下，规则越少、越自由的幼儿园越好。第四，不上幼儿园可不可以？

在谈如何选择幼儿园时，先说几句题外话，它有助于更好地理解后面的择园建议。

现在很多人把孩子上幼儿园称作"上学"，词语上的不经意可能反映了意识的偏差。幼儿园在本质上不是教育场所，是儿童托管所，最重要的功能是帮家长看孩子，保障孩子身体上的健康、安全。所以家长不要把早期教育任务太多地寄托给幼儿园。降低期待，会让选择变得更客观、理性。

但由于幼儿园是孩子由家庭迈向社会的第一个链接点，幼儿园的每一个老师、每一种生活又深刻影响着幼儿智商和情商的发展，所以客观上它又肩负着教育的功能，就其教育影响力来说，重要性甚至超过大学。所以，教育功能虽然是幼儿园的附加值，却是考量一所幼儿园水平优劣的最重要参考依据。从这个层面来说，如何选择幼儿园的问题，其实是一个学前教育观的问题，我们可从以下几个方面来鉴别这个"附加值"的高低或优劣。

第一，好幼儿园是一个"玩耍"的场所，而不是"上学"的场所。

当下，这一条必须作为重点首先去考虑，因为有太多的幼儿园搞得貌似富于教育要素，实则变态畸形。

我经常收到来自家长的这样的问题：孩子在幼儿园不好好听老师讲课，上课时乱动该怎么办，并且回家不爱写作业怎么办——这样的问题我没有答案，因为问题本身就是问题。

当"教育"二字浅薄到只是谋求考试成绩时，"学前教育"自然就变成了"前小学教育"，所谓的"幼小衔接"（幼儿园和小学接轨），不是学习智力和学习情感上的准备，仅仅是简单的课堂内容的承接。所以我们可以看到，现在太多的幼儿园在做小学才该做的事：上课、写作业、考试……孩子们以学习了多少英语单词、认了多少个字、能计算几位数的加减法等等来论优劣，这导致很多家长甚至不敢让上幼儿园的孩子请假，生怕耽误了"学习"。

同时，当下有些小学老师，当他们发现一些刚入学的一年级孩子表现出学业困难时，并不去考虑学生的个体差异，也不打算想办法从启蒙的角度来帮助这些学生，却是给家长建议，让孩子退回到幼儿园再学习一年，多学习一些拼音、数学或多认一些字，认为这样就可以"幼小衔接"了。这种有课堂约束没有启蒙教育、有学习活动没有智力成长的学前教育，是教育中典型的短见行为，也许能让孩子学会一些简单的知识，却会早早地伤害孩子的学习兴趣，影响孩子的智力发育和学习情感。

幼儿教育和其他年龄段教育有本质区别，它们不是由浅到深、由少到多的"先后关系"，而是由播种到耕耘，由量变到质变的"因果关系"。幼儿教育的任务是启蒙，不是灌注散碎的简单知识。启蒙教育必须是自由的、快乐的，儿童体内的智力能量才能被激发出来；如果是压抑的、束缚的，令孩子不快乐，则会走到启蒙教育的反面，变成给儿童成长使绊子。原本现在小学的学业太重，已经对孩子们造成伤害。如果再把这样一种教学模式往前挪，放到幼儿园，不但无助于"启蒙"，还会"致愚"。

真正的"幼小衔接"，应该是心理和智力上的适应力，这种适应力不是在课堂上完成，而是在玩耍中完成。那种认为习惯了在幼儿园上课、写作业，上小学就会更习惯上课和写作业的想法是完全错误的。事实恰恰相反，正如一个人坐监狱时间再长也不会习惯坐监狱，只会生长出更多逃离监牢的念头，在幼儿园被管束过度的孩子，上小学后会表现出更严重的注意力涣散，在幼儿园被作业奴役过的孩子，从上小学一年级就会出现厌学的症状。

就当下的"上课"概念来说，在幼儿园，不上课才是学习。较之传统的"上课"，做手工、做游戏、唱歌、画画、表演、阅读等等，能给孩子带来快乐，提供真正的智力生活。"当儿童有机会从事各种调动他们的自然冲动的身体活动时，上学便是一件乐事，儿童管理不再是一种负担，而学习也比较容易了。"[1]学龄前儿童只有在轻松快乐的气氛中，心智才能正常发育，进入小学后才能更好地适应学校的各种生活情境。

所以我们可以这样判断，一所幼儿园不要求孩子们乖乖坐着听课，不需要孩子回家写书面作业，孩子没有被"学习"奴役，只有快乐的玩耍，那它至少是一所正常幼儿园。如果幼儿园能做到不仅让孩子充分而快乐地玩耍，而且在玩耍中注入了智力因素和情感因素，很好地启迪孩子的智慧，它就是一所好幼儿园。至于如何"注入智力因素和情感因素"，这在其他文章中有提及，此处不赘述。

第二，好幼儿园一定有好做派，好做派是从招生开始就让人感觉到的。

我们对一所幼儿园的感觉往往是从它的招生工作开始。幼儿园的人文素养如何，招生方式往往能窥见端倪。这个特殊的片段，是展现办园者教育素养的

①（美）杜威，《民主主义与教育》，王承绪译，
人民教育出版社，2001年5月第2版，211页。

特别窗口。正如企业家的素养就是企业文化一样，幼儿园管理者的素养，也正是幼儿园文化层次的反映。

有些所谓的"重点幼儿园"，牌匾挂得多，人们趋之若鹜，就拿捏得厉害。这种拿捏，从孩子们报名入园就开始了。先要家长排一宿队，却只是发个排队号，接下来要用考试来筛选孩子，弄得孩子紧张万分，然后还要考家长，家长考试不达标，就别想让孩子进来……这样折腾人有意义吗？如果一所幼儿园真办得好，本来打算招三百人，结果有三千人报名，那么为什么不可以通过合理合情的条件让孩子们入园，或用抽签摇号、排队的办法解决资源不足的问题？如果幼儿园在孩子入园的初始环节上就表现得低端庸俗，奢望它以后能给孩子优雅的影响，怎么可能？

还有些所谓的"特色幼儿园"，其"特色"往往定位于某些具体的技能，比如英语，或绘画、美术等才艺，并以此为卖点，进行高收费。其实绝大多数"特色幼儿园"并没有对应的实力师资，实现"特色"的手段就是让略懂英语或略懂绘画、舞蹈等某种才艺的人给孩子们上课，在形式上搞得有点"特色"。结果进入这些幼儿园的孩子，既学不到多少知识和才艺，也没得到更好的艺术熏陶，反而被大量剥夺玩耍的时间，被强迫学习，反而把外语天赋扼杀了，把绘画或唱歌的爱好消解了，"特色"变成了"特别损坏"。

办幼儿园不是开餐馆，"特色"只能成为噱头。幼儿园最动人的地方恰在于它的大众、自然和朴素，孩子在一个不做作的、自然的环境中，天性才能自然发育。

说到这里，不能不说说现在动不动就出现的"天价幼儿园"。在一个价值观普遍和金钱捆绑的年代，很多人误以为花钱就能买到教育，花更多的钱就能买到更好的教育——这样的想法十分幼稚。天价幼儿园往往设施奢华，这也是他们的宣传点，可这对孩子没有意义。孩子需要的并不多，只要两三部滑梯、几架秋千、一个沙坑、一些书、一些玩具，外加能奔跑嬉戏的场地就可以。一碗饭好不好吃，不在于饭勺是黄金的还是黄铜的。择园时，不必被一些幼儿园的豪华设施晃花眼睛。幼儿园的主要价值恰体现在看不见的东西上，因为看不见，所以需要用心去考察。

第三，在安全的前提下，规则越少、越自由的幼儿园越好。

现在，不少幼儿园给孩子制定了太多太滥的管制条例，令人吃惊。比如有的幼儿园规定不能在幼儿园的卫生间大便，只能回家拉，甚至撒尿也不能随时撒，要在规定的时间排着队才能上厕所，导致孩子们拉裤子或发生便秘；吃饭也必须在规定时间内全部吃完，不许剩饭，如果到了规定时间还吃不完，老师就再往碗里多添饭，逼孩子必须都吃下去……孩子们从一进入园门，几乎一切行动都要纳入统一的控制中，甚至玩耍也要按老师的要求来玩，完全没有自由空间——这样的幼儿园，无论金字招牌有多少，无论老师多辛苦多认真，都不是好幼儿园。

一个理想的幼儿园应该是这样：除了一部分活动和吃饭需要时间统一，其余时间孩子们都有自主选择的余地。他可以选择迟到早退，可以选择不午睡，可以选择某顿饭吃得多些或少些，可以选择随时上卫生间，可以玩积木也可以选择画画。老师领着大家唱歌时，他想唱就唱，不想唱就可以不开口，而不会受到指责。理想幼儿园也很少搞评比和竞赛，却会为孩子们设计出许多好玩的活动，孩子们不需要整天为得了几朵小红花、是否得到表扬、是否得到好成绩而纠结痛苦……孩子们头脑中没有"好孩子"、"差孩子"的概念，没有"表现好"与"表现差"的区别，他们可以轻松愉快地玩耍，而不必担心受到批评和惩罚。

表面上看，这样的幼儿园太没规矩。事实上，这种"没有规则"，恰是一个人早期成长最需要的"自由的氛围"。在自由的氛围下，儿童内在的心理秩序感才不会被打乱，才能依自然提供的规律有序生长。

我不赞成在幼儿园以"纪律"来处处要求孩子们。幼儿园有些纪律是必须的，比如不能打人、自己的杯子必须放在固定的位置等。太多了，就不是在培养孩子的规范意识，而是给他上捆绑的绳索了。事实上，某些幼儿园制造出的很多"纪律"没有意义，不过是为了成人自己方便，或是做样子给别人看，像前面提到的规定孩子们统一时间大小便，或是听老师讲故事时必须把手背在身后，一动不动。大多数形式上整齐划一的东西对幼儿来说大多没有意义，幼儿园阶段的孩子还是个"小动物"，他还是一个自然的人，不是一个社会的人。不尊重孩子的心理和生理生长规律，把"纪律"这个属于成人社会的东西早早套到孩子身上，就是给他们早早戴一个精神发育的"紧箍咒"。

一所"自由"的幼儿园可能不如那种整齐划一的幼儿园看起来"井井有条"，管理工作表面上看来可能更复杂一些，但从一个较长的时段来看，其实更简单。教师如果眼睛一刻不停地盯着所有的孩子，不停地指点，说实在的，那样不但老师累，孩子们也很累。孩子们其实经常是专注的，并不喜欢自己做一件事时有人监督，更不喜欢被打扰。只要安全，老师就应该尽量和孩子做到两不打扰。这样的幼儿园，老师和孩子都不会无端地耗费能量，内心都是平和轻松的。

我不希望有人把这种"充分的自由"理解成孩子在幼儿园可以无法无天。这种极端的理解很没道理，却很普遍，所以有必要说一下。教育中，"自由"和"不守规则"根本不是一回事，而是一对反义词。在一个有充分自由的幼儿园，孩子们不会变得很难管，恰相反，享受了充分自由的孩子，才更守秩序。如果孩子们在整个上午都没听到一个令他厌烦的指令，到吃饭的音乐响起时，他们会很快地停止玩耍，走向饭桌。管制越少的幼儿园，孩子们越容易学会遵守规则。

以上几条择园建议，似乎都有和当下现实唱反调的意思，这也许是当下的相关问题太多了，所以本文除了建言，更包含了对当下变态的学前教育的批判。

教育观念和教育行为的分歧，经常是人道主义教育学和功利主义教育思想的博弈。教育学胜利的地方，就有儿童的欢笑；功利主义行为占上风的地方，总能听到孩子的哭泣。儿童的未来是光明还是灰暗，也由这欢笑还是哭泣涂上了第一层底色。

所以我也常常这样告诉一些家长们，考察一所幼儿园如何，有一个最简单的办法，就是孩子们在这里快乐不快乐。比如，可以每天早晨去观察一所幼儿园，看看大多数孩子是高高兴兴走进去，还是吵嚷哭闹着不肯进去。孩子们对幼儿园的情绪状态可以告诉你很多，而且很准确。也可以和一些已入某所幼儿园的孩子的家长打听一下，一定要多打听几位，问问他们对幼儿园的感觉、孩子回家的反映等。

当然，现实中很少有极端好或极端差的幼儿园，绝大多数幼儿园总是有优点有不足。以上建议，只是给出一个大致的方向，家长们在择园时，要考虑各方面信息，综合分析，平衡取舍。再次强调，幼儿园就是个幼儿托管所，孩子安全快乐就行。

在安全的底线上，如果一定要为各种选择信息排序，依重要性，大致顺序是这样的：孩子快乐，愿意去幼儿园；老师素质良好，对孩子和蔼耐心；离家近，方便接送；硬件条件好，教具和图书丰富；名气较大，获得荣誉多——这个排序体现的是摒弃虚荣和急功近利、儿童利益最大化的教育价值观。在具体生活中，需家长根据不同情况，综合权衡后做出判断。

第四，不上幼儿园可不可以？

选择一所理想的幼儿园不是件易事，那么，如果选择不到，孩子不上幼儿园可以吗？我的答案是可以。

下面一个例子能说明问题。

有位从天津迁到上海的家长，在孩子上幼儿园问题上遇到困难，向我咨询。在天津时，幼儿园不教孩子学文化课，为此还特意给家长开了会，说明幼儿园孩子的小手肌肉还没发育好，过早写字是不对的，幼儿园只开设手工课，以此锻炼孩子们手的灵巧性。幼儿园其他方面管理也很好，所以孩子在天津的幼儿园一直非常快乐。后来他工作调动到上海，全家人跟着过来。但孩子在上海所送的这家幼儿园的教育跟天津那家完全不同，这所幼儿园天天要上课，到孩子们离开幼儿园进入小学时，拼音就都学完了。孩子到了这里，一下子就显得很"落后"，不会抓笔，也不认识拼音，在幼儿园被老师和小朋友笑话，说他笨，时间一长，孩子自己也总说自己笨，很不自信；再加上常常因为写不好作业挨老师批评，孩子变得非常害怕上幼儿园。

这位家长打听了一下，周围几家幼儿园差不多都是这样，而朋友推荐的两所没有"上课"和"作业"的幼儿园又离家太远。这种情况下，家长开始考虑不送孩子到幼儿园，因为孩子妈妈正好近几年不上班。但家长有几方面的顾虑：一是孩子不和小朋友接触，会不会影响他以后和同学相处；二是不上幼儿园，会不会存在"幼小衔接"方面的问题；三是如果妈妈白天带着孩子在小区里玩，别人问为什么孩子不上学，该怎么回答。

这位家长的三个顾虑都不是很有必要。和小朋友接触，并不是只有上幼儿园才能实现，只要想办法，孩子有很多和小朋友接触的机会。当下所谓的"幼小衔接"本来就是伪问题，家长想让孩子退园，岂不就是为了逃离变态的学前教育？启蒙教育无处不在，家长自己完全可以成为孩子最好的启蒙老师。智力和心理正常的孩子，进入小学自然能和新生活"衔接"好，反倒是被幼儿园的"作业"奴役苦的孩子，上小学后更有可能出现厌学，而厌学是学习的最大敌人，很容易导致孩子一辈子和学习不"衔接"。

至于孩子不上幼儿园让自己难为情的事，这是家长在潜意识中把"不上幼儿园"等同于"辍学"了，是家长自己的认识误区。孩子在这样的问话中是否难为情，完全取决于家长的态度。如果家长真的想通这件事了，勇敢地选择退园，并为自己的明智感到庆幸，这个问题就完全不存在。那么当别人问为什么孩子不上学时，家长完全可以自豪地说，自己不上班，有时间带孩子，对此表示出满意和自信，孩子也会为此满意和自信的。

当然，选择退园时，没必要对孩子说幼儿园的坏话。只是让孩子知道，任何人都可以按自己的情况和喜好去选择自己想要的东西，这就够了。

第四章

赢在教育细节

1

潜台词是最重要的台词

> 把潜台词说好了，并不是说每句话都要小心谨慎，都
> 要去设计；而是要不断观察孩子，经常反思自己，从
> 观念上提升自己。因为潜台词经常不是理性思考的一
> 个结果，而是下意识的表达。意识提升了，话语自然
> 也就到位了。

就像"潜规则"经常是左右事情走向的暗力量一样，潜台词往往是最能说
到人心里的无言之语。

教育中，为什么经常会出现目的和愿望的背离，其中一个重要原因，就是
教育者往往只关注自己说了些什么，没关注自己话语表象之下的潜台词是什么。
潜台词，虽然无声无息，甚至难以被人意识到，却是真正对受教育者产生影响
的部分。说对了，就是教育；说错了，就是反教育。

比如有的家长看到孩子把玩具弄坏了，说"你不爱惜玩具，就送给别的小朋友
玩吧"。且不说"爱惜玩具"的要求本身就是错误的，什么是爱惜，让那个玩具总
是干干净净地放在那里就是爱惜？被孩子拆卸了就是不爱惜？更糟糕的是，这样
说，孩子听到的是这样的内容：第一，自己是个不爱惜玩具的人，妈妈对我不满

意；第二，玩具给别的小朋友玩，是对我的惩罚——有这样的印象垫底，那么以后孩子出现不珍惜手中玩具、自尊感不强、不愿意和小朋友分享玩具，几乎是必然的。

教育不是一件简单的告知与被告知的事情，因为大脑具有对信息进行处理和加工的能力，儿童之所以对潜台词比成人更敏感，在于他的意识尚未受到世俗社会的浸染，处理和加工系统还没有被过分扰乱，所以能敏锐地捕捉到成人话语中的弦外之音。所以如果家长们总是在意自己说了什么话，不考虑孩子加工出来的是什么信息，这反映的其实是成年人在孩子面前的不成熟。

有一位爸爸来找我咨询，他遇到的问题是，5岁的女儿总是不好好吃饭，并且经常发脾气。据这位父亲陈述，他和爱人对孩子很用心，每天都会把饭菜做得美味可口，也从来不对孩子发脾气。他们总是采用激励的方法和孩子说话，比如经常在开饭时对孩子说："宝宝是好孩子，爸爸妈妈一招呼，就马上过来吃饭。"这一招不行的话，就会采用激将法："你不喜欢爸爸妈妈了吗？不和我们一起吃饭了吗？"到终于把女儿招呼到饭桌上来，孩子却总是不好好吃，要么拿着玩具玩，要么要求父母喂。父母就会说"宝宝是懂事的好孩子，吃饭时不玩玩具"，或者说"好孩子都是自己吃饭，不用别人喂，让爸爸妈妈看看你是不是好孩子！"

表面看，这位家长的话语很正面，实际上句句有不良暗示。站在孩子的角度体会一下她听到的是什么：

"宝宝是好孩子，爸爸妈妈一招呼，就马上过来吃饭。"——如果你不立即过来，就不是好孩子。

"你不喜欢爸爸妈妈了吗？不和我们一起吃饭了吗？"——和我们一起吃饭就是爱的表现，不一起吃就是不爱。

"好孩子都是自己吃饭，不用别人喂，让爸爸妈妈看看你是不是好孩子！"——事实上你经常让爸爸妈妈喂饭，所以你不是好孩子。

设想孩子整天处于这样的语境中，她怎么可能不对吃饭这件事深恶痛绝，怎么能不发脾气？

分析家长的话，他们把孩子吃饭的表现和"好"、"坏"以及与父母的感情联系起来，让吃饭这个简单的事情背负了道德、责任和情感等太多的东西，给了孩子很大压力。依天性，儿童都想讨好父母。所以我们可以想象，最初父母这样说时，孩子会努力迎合父母，努力做得令父母满意。但由于孩子对吃的兴趣已被转移到如何讨好父母上，而吃的方式如何、吃多少，又成为父母衡量"好"、"坏"和"爱"的标尺，吃饭这件事就慢慢变成一个任务。这个任务的艰巨性在于它日日出现，一个幼小的孩子无论如何也无法回回让父母满意，无法长期担当。在父母这些"激励语"之下，孩子会经常怀疑自己、否定自己，感觉自己不能令父母满意，内心会愧疚，并且对父母之爱产生不确定感，陷入惶惑。这种挫折感一再发生，孩子不但形成稳定的厌食心理，更有可能形成稳定的内疚感和逆反心理，对吃饭这件事更加痛恨，并且情绪烦躁、发脾气——这就是潜台词造成的后果。

所以我给这位父亲的建议是，在孩子的吃饭问题上不要再和孩子纠缠，"放下"就是最好的解决，这本身也是一种潜台词，可以最有效地告诉孩子，吃饭是人生的一种享乐，而不是负担。（如何"放下"，这个问题在我的《好妈妈胜过好老师》一书中有专门论述，此处不再赘陈。）

如何才能把握好自己的潜台词？关键是你的话语中——不，你的意识中——是否给了孩子信任和尊重。这是说好潜台词的底线。

有一次，我到一个朋友家找她逛街。当时正值暑假，她读初中的儿子也在家。我们要出门时，妈妈推开孩子的房门打招呼，我看到孩子正在书桌前学习。朋友对儿子说："妈妈和阿姨去逛街，你记得写完作业去练琴，不许偷偷看电视啊。"儿了懒懒地嗯一声。

我们乘电梯下楼，走了一段路后，朋友突然想起忘了带手机，于是我们一起返回来，再上楼。打开房门，看到孩子确实没有像妈妈担心的那样，趁家长不在跑到客厅看电视。朋友很高兴。

孩子听到我们回来，从自己房间走出来。当妈的愉快地对儿子说："妈妈忘了拿手机，不是故意回来检查你！"孩子听妈妈这样说，脸上一下浮起不满，朋友却没在意，拿了手机，在出门时顺便又叮嘱一句："写完作业了就去练琴，不要看电视啊。"孩子答一句"知道了"，一脸不屑和厌烦。朋友可能习惯了孩子这样的表情和语气，并没在意，心满意足地走出家门。

这位朋友经常向我抱怨孩子不好好学习，喜欢看电视，顶撞她，等等。基于我和她很熟悉，关系很好，彼此信任，下楼后，我忍不住坦率地对她说：你这几句话，真不如不说。朋友一听，非常吃惊，忙问我为什么。

我说，你好好感觉一下，两次出门前的叮嘱，有必要吗？朋友说，有必要啊，我儿子不像你女儿那样自觉，所以我得经常叮嘱他。

我想了片刻，对朋友说，认为有必要叮嘱，这只是你自己的感觉。你站到孩子的角度上感觉一下，能从这几句话中听到信任和尊重吗？心里会舒服吗？如果你总是这样暗示孩子，让他觉得自己没有自控力、喜欢偷看电视、需要家长监督，又怎么能指望他不变成这个样子呢？朋友听我这样说，有些认同，又似乎有些不服气，问我，那你说该怎么说呢？

我说，很多情况下，家长少说几句话倒是好的。就今天的情况，跟孩子说清楚我们去逛街，大约什么时间回来，这就可以了。信任孩子，相信他自己会安排好自己的事情，这本身是一种潜台词，会传达给孩子更积极的信息，远比你叮嘱这几句好得多。

朋友听我这样说，表现出认可，觉得我说的有一定道理，不过末了又感叹一句：我要生个女儿就好了，你说是不是女儿天生就比儿子听话？

我又一次意识到我无法让她在这个问题的认识上走得更远，依过去的经验，为了不伤和气，只好无可奈何地笑笑说：也许。

从理论上说，人们都知道"耳提面命"与"润物无声"是两种不同的教育境界，效果大不相同，哪个好哪个不好几乎没有歧义。但无论是生活中还是工作中，太多的家长和教师，他们只关注自己告诉了孩子什么，不去考虑孩子听到了什么。他们的话听起来从来没错，甚至很动听，可到了孩子那里却从来都是无效。

某知名作家写给她儿子的一段话被很多人在网上转载，这段话是这样写的："孩子，我要求你读书用功，不是因为我要你跟别人比成绩，而是因为，我希望你将来会拥有选择的权利，选择有意义、有时间的工作，而不是被迫谋生。当你的工作在你心中有意义，你就有成就感。当你的工作给你时间，不剥夺你的生活，你就有尊严。成就感和尊严，给你快乐。"

这段话看起来句句在理，否则不会有那么多人转载，不过它肯定无效，因为孩子真正听到的是：你以为妈妈要求你用功读书只是为了跟别人比成绩，错了，妈妈要的不是成绩，是未来。你不懂得，现在有好成绩，未来才有好工作，好工作意味着闲暇、尊严、快乐，这之外的生活，都没有意义，都是被迫谋生，这些都要我来告诉你——当妈的把人人皆知的普通道理当作自己独有的观点来陈述，自以为高人一筹，但其中的潜台词，既轻贱了自己孩子的智商，贬低了其他人的认识水平，也很市侩气，没有境界。虽然从道理上孩子无从辩驳，但凭直觉，孩子会读出另外的这些东西，这令孩子心底生厌，本能地排斥。所以，这段看似金科玉律的话，一点都没超越人群里最平庸的认识水平，区别仅仅在于措辞更美丽一些，掩盖了内涵的无聊，对孩子来说，它一样不中听。

社会精英的孩子并不必然成为精英，人们常归因于他们太忙，没时间照顾孩子，或孩子自己天赋不佳，是扶不起的阿斗。可能有这样的因素，但更多的，是精英们在和孩子相处中出了问题。并不是高学历的人都会教育孩子，高官都善于培养孩子，富商都不唠叨孩子，这样的家长如果在和孩子相处中不得法，其破坏力可能比其他家长更大。

我认识一位生意做得很好的家长，她的孩子对写作业简直是深恶痛绝。这位家长对孩子很用心，几乎天天监督孩子写作业，即使这样，孩子还是常常会出现完不成作业的情况，成绩一直是班里倒数一、二名。有一次我听到这位妈妈这样催促孩子写作业："你已经欠数学老师三次作业了，还欠着英语老师两次作业，今天再不写，欠得更多了！"既然家长能这样说话，就不必奇怪她的孩子为什么对学习那样没有责任感。家长把生意场上的思维带进了教育，学习成了件欠账与还账的事情；而且她分明在告诉孩子，作业是老师的，不是你的，你写作业是在为老师工作。长期生活在这样的语境下，孩子怎么可能对学习有正常心态呢？

功课学习是所有孩子面临的一件大事，家长和老师莫不希望孩子热爱学习，有好成绩，所以这方面会对孩子说得多一些，出现错误潜台词的概率也就大一些。比如有的老师会这样说："考试没上90分的，罚抄课文10篇。"很多家长经常这样说"先写作业，然后才能玩"。当学习成为刑具，成为阻碍享乐的任务，怎么能让孩子去喜欢它呢？这就是为什么越喜欢说这类话的老师或家长，他手下的孩子对学习的兴趣越淡的原因。

如果想避免此类不良潜台词对孩子的负面影响，消极的办法是少说，如果不知道该如何说，不说就是最好的。积极的办法是正面思维，给孩子正面暗示。比如，把"先写作业，然后才能玩游戏"改成"如果今天写作业时间太长，挤占了玩游戏时间，罚明天不能写作业"，或者"玩游戏的时间到了，玩去吧，不可以写作业了，没写完也不要再写了"。这样，作业和游戏就具有了相同的价值和乐趣，这样才更容易让孩子对学习怀有好感，也不容易导致孩子出现过分迷恋游戏的情况。

这样的方法可能会让一些家长产生这样的担心，我的孩子本来就不喜欢写作业，如果这样罚他，他会不会做得更差，干脆不再写作业了？放心，只要家长总是言行一致，不是今天罚不写作业，明天沉不住气，又罚不玩游戏，孩子的心理就不会被搞乱。一个心理正常的孩子，他的自尊不允许这样，他不想玷污自己的荣誉。哪怕出于自我保护，他也不会故意让自己堕落到天天不写作业的。

生活有万千细节，在和孩子相处的每个细节中都有教育，所以成人应该时时关注自己的潜台词。把潜台词说好了，并不是说每句话都要小心谨慎，都要去设计；而是要不断观察孩子，经常反思自己，从观念上提升自己。因为潜台词经常不是理性思考的一个结果，而是下意识的表达。意识提升了，话语自然也就到位了。

有位家长告诉我，她儿子从小就喜欢听故事，经常拿书要求妈妈给他读。但当时家长没意识到阅读对孩子多重要，只是把读故事当作哄孩子的一种办法。最主要的是家长自己因为工作忙，也对阅读没有太多的兴趣。而孩子总是要求妈妈一个接一个地讲故事，一本书会反反复复地读好多遍。妈妈经常觉得有些烦，就总说自己讲得口干舌燥，讲故事真累。孩子上小学一年级时，虽然识字量已很大，但却不肯自己看书，到了二年级，父母一再跟他说以他的认字量可以自己读书了，可孩子还拒绝自己阅读。为此父母又经常批评孩子太懒，批评他不肯自己看书。

后来，这位妈妈和孩子爸爸反思自己的教育出了什么问题。他们突然意识到，可能是这几年家长无意中说的那些"口干舌燥"、"看书好累呀"之类的话给了孩子不良暗示，让孩子觉得阅读是件累人的事。而批评又进一步强化了他不喜欢自主阅读这样一种心理。但毕竟孩子从小领略了读书的乐趣，爱阅读是人的一种天性。所以孩子既喜欢阅读，又逃避阅读。

接下来，他们改变了方法。她和丈夫决定不再说一句要求孩子自己看书的话，而是首先给孩子做榜样。他们开始买书，每晚都各自拿本书看，看到精彩的地方，就说出来分享。有时，一方故意在讲到精彩的地方找个理由停下来，去做别的，另一方就会拿起书来自己看，看得津津有味，让孩子生出好奇和羡慕。他们自己越来越感受到阅读的重要，尽量享受阅读的乐趣，并且把这种乐趣真诚地表达出来。比如爸爸调侃地说他的人生三大乐趣是：和铁哥们一起喝酒，晕而不醉；陪老婆买衣服，好看又不贵；躺沙发上读一本书，不用加班不用开会。

在这个过程中，他们对孩子没有任何要求，他想干什么就干什么，不干涉。

孩子有时还是要求他们给读书，他们就很痛快地给读上一会儿，在读到孩子很有兴致时，找个借口说妈妈现在有点事，你自己先看一会儿，待会儿妈妈再给你读。

这样一直坚持下来，孩子逐渐发现了自主阅读的乐趣，就像一个一直喜欢大人抱着的孩子突然发现自己走路比被人抱着更自由、更有趣一样。于是孩子不知从什么时候开始，不再要求父母给他讲故事，而是经常自己捧着一本书读得如醉如痴。

从这个案例中我们看到，观念变了，潜台词就变了，潜台词变了，孩子就变了。

在人类生活中，形而下的财富、物品可以直接赠予。比如我有10万元，送给孩子，他就有了10万元，不多也不少。但形而上的经验、意志、理想、价值观等等这些东西，却难以直接赠送，也不能简单拷贝。因为孩子是有独立意识的人，他会对各种信息下意识地进行加工，做出自主判断，然后做出相应的意识整合和行为调整。成人一定要把教育关注点从"我告诉了你什么"转移到"孩子接受到了什么"，关注到后者，才是关注到教育。这就是本文所说的"潜台词是最重要的台词"，也正是教育的为难之处和微妙之处。

2

艺术教育应该是甜的

> "艺术教育"不是"艺术技巧教育",一个人纵使熟练掌握一门技艺,如果不包含热爱,也不过是个普通匠人。

孩子学才艺需要吃苦,需要家长拿着鸡毛掸子站在旁边监督,这是近年来流行的一种误导。误导的直接后果就是,在艺术教育中,人们不再关心艺术的娱乐价值,只关心它的实用价值。只强调才艺学习要吃苦,却不去懂得带孩子品味其中的甜美。例如有的人舍得每月花几千元给孩子找音乐辅导老师,却一年都不舍得花500元带孩子去听一场音乐会。艺术的趣味性在不合理的手段之下被慢慢消解,生命中本该最可口的果子渐渐变得酸涩。

某天,我打开电视,很偶然地看到当时被媒体猛烈炒作着的一位号称"虎妈"的女嘉宾,正在说她女儿学钢琴的事。"虎妈"曾出过一本家教书,书中讲述了她对孩子严格控制,为了逼孩子在功课及钢琴方面取得好成绩,不惜采用羞辱孩子的办法。在那天的电视中,"虎妈"照例在节目中宣传自己的做法。支持她的另一位男嘉宾为佐证她的观点,语气铿锵地说,朗朗能有今天,就是他爸爸用大耳光抽出来的!他的话博得了旁观席上的笑声和掌声——这就是一些浅陋粗俗的教育观点在现实中得到的优越的待遇——因其浅陋粗俗,反而特别容易传播。赤裸裸的庸俗成功学，总有与之相匹配的粗俗教育方式来呼应。

我非常欣赏我国钢琴家郎朗的演奏，也赞美他给中国人带来的自豪，但非常不喜欢近年来媒体宣传中所宣称的他父亲的粗暴。拆一间房子只需一把镐头，盖一间房子却不知要动用多少东西。如果想把一个天才变成蠢材或变成一个心理变态者，确实光有大耳光就够了；但如果说大耳光抽出一个杰出的钢琴家，这相当于说一个农夫抢着镐头在土堆里乱刨乱挖就能造出一间宫殿，或者说一个铁匠天天抢着锤子去敲打一块铁皮，就可以把它敲成一枚发射到太空的火箭。如此逻辑，只要稍微动用一下我们的常识和理性，就知道这是多么可笑。

全国乃至全世界的"郎朗"为什么凤毛麟角，因为他的成功，必须是多方面条件协作的一个成果。自身天赋、父母的影响、教师水平、个人努力、经纪人的能力、机遇，等等，缺一不可。在他的整个学艺过程中，郎朗像任何一个孩子一样，可能有懈怠、痛苦，也有和家长的冲突等这些负面的东西，但这些东西一定不构成他艺术学习生活的主体。至于他父亲那句"名言"——练不好琴，要么跳楼，要么喝药去死——假如真这样说过，这也只是一个偶然事件，绝不可能是父子相处的常态。可能是媒体放大了一个偶然的细节，或者是他本人在品尝胜利果实时，对过往的某个不愉快细节进行了夸张回忆，夸大了它的影响和意义。

心理学研究表明，人在回忆一件事时，会依自己的心理需求对材料进行加工，下意识地挑选出那些对自己有利的部分，或者是对过往事实进行合理解释。所以一些人在谈到自己的某个成功时，对一些健康因素视而不见，却归纳为自己的成长得益于早年父母的打骂或老师的惩罚。这是其潜意识不愿接纳过去某种令人不快的经历，通过美化让它变得能够为自己接纳。这是一种下意识的自我掩饰和自我疗伤行为，只是当事者很难辨识这种心理。

"虎妈"节目现场，一个二十多岁的女孩子动情地对这位女嘉宾说："如果我遇到一位像您一样的妈妈，我的钢琴就可以达到很高的水平了。"她的话在现场唤起一片认同——正因为太多的人持有如此幼稚的逻辑，在许多教育问题上进行浅薄的因果关系推理，所以"虎妈教育"才有一定市场，而生命和教育的加减法不是这样计算的。

女孩的假设只有部分成立。如果她遇到一位像虎妈一样的家长，她最多有10%的可能学好钢琴，有1%的可能喜欢钢琴，但有90%的可能厌恶钢琴并罹患某种心理障碍。我在这里提到"虎妈"，完全无意去评价她个人，相信她是位出色的女性，同时也相信她在家庭生活中应该不是书中表现的那样，这里只是要批评她所代表和推广的"严厉教育"概念。

音乐、绘画、舞蹈、打球、下棋等这些活动本来是人类的娱乐行为，依儿童的天性是喜欢学习这些东西的。可现在，才艺学习成了苦差事，"兴趣班"经常变成"折磨班"。究其原因，最根本是成年人忘记了为什么要对孩子进行艺术教育。

有位家长跟我说，她女儿三四岁就表示出喜欢大提琴，很想学。但老师说琴太大了，需要等到孩子6岁才可以学。孩子等得简直有些迫不及待。终于盼到可以学习的年龄，孩子开始时不知有多兴奋。由于妈妈工作忙，学琴主要由爸爸陪着。孩子和爸爸一直相处得非常好，做父亲的非常疼爱女儿，以前父女关系一直很好。自从学琴后，做爸爸的认为要想学好艺，就得严格要求，每天很辛苦地陪孩子练琴，发现孩子拉得不好，就用小棍打手。错第一次打一下，错第二次打两下，依此类推，而且在发现孩子不专心时，会发脾气。经常弄得孩子一边拉一边哭，不但很快产生厌学情绪，不再想学琴，跟爸爸的关系也不亲密了。当妈的私下跟老公沟通过多次，认为不该这样逼孩子。老公生气地说，学习哪有不吃苦的，并搬出自己从网上看来的郎朗父亲发飙的例子为证。

这位家长给我写信的目的是想求得一个在无法改变老公的情况下，如何让孩子快乐学琴的办法。我如实相告，没有这样的办法。以痛苦的方式让孩子有一种"特长爱好"，这几乎是妄想，孩子最多可以获得"特长"，不可能获得"爱好"。我不知这位父亲最终是否会改变，如果他这样一意孤行，天天如此"严格要求"孩子，一个天才的大提琴手估计是要被他扼杀，而一个心理障碍者可能就要产生了。

很多的父母，当他仅仅面对幼小的孩子时，心底柔情万种，发誓要让孩子幸福，包括要孩子去学一门才艺，最初的动机也往往单纯，只是要孩子有一项特长，有功课以外的爱好。可一旦孩子进入学习程序，不少家长很快就忘记了这个初衷，放不下"学习就要吃苦"这样的教条，最终把艺术教育做到了"兴趣爱好"的反面。

教育家卢梭说过：野蛮的教育为了不可靠的将来而牺牲现在，使孩子受各种各样的束缚；为了替他在遥远的地方准备他可能永远也享受不到的所谓幸福，就先把他弄得那么可怜。即使说这种教育在目的方面是合理的，但把孩子置于不可容忍的束缚之中，硬要他们像服刑的囚徒似的连续不断地工作，欢乐的年岁是在哭泣、惩罚、恐吓和奴役中度过，这种做法对他们没有一点好处。[①]

功利教育思想几乎决定了家长或教师必然热爱简单粗暴的教育方式，认为把孩子打一顿他就乖了，不允许考B他就拿回A了，骂他是垃圾他就羞愧万分地变成黄金了，不好好弹钢琴给个大耳光他就用功得像贝多芬了……功利教育眼里只有"物"没有"人"；只要社会衡量标准，不在乎儿童内在的感受；只关注孩子学到了什么技巧，不关注他是否体会到了美和愉悦。

教育过程不是企业生产流水线，所以不是严格控制每个环节，最后就会出产一个好产品。产品没有生命，不需要关照它的个性，越接近统一标准越好；而孩子是有血有肉的，每个孩子都独一无二，有着庄严的内在秩序。家长和教师的意图都无法直接注入孩子的意识，而要经过孩子心理的发酵和转化。情绪的力量是巨大的，几乎决定了教育的质量，这正是教育的微妙之处，也是教育的困难之处。

① （法）卢梭，《爱弥儿》，李平沤译，人民教育出版社，
2001年5月第2版，69页。

在才艺学习中，如何保护孩子的学习兴趣，如何让孩子品味到才艺的魅力和乐趣，避免错误管理导致孩子痛恨才艺学习，这是家长和教师要面对的最大难题。

对难题的解决，并非一定是困难的，美好的教育其实总是简单的。从家庭教育的角度来说，就是要做好两个方面：一是家长要端正艺术教育的态度，不要在"爱"和"好"之上再附加任何其他目的；二是想办法帮孩子找到一位好教师。可以说，除去孩子天赋，艺术教育的成败大部分由教师来决定，所以如何选择教师就是一件非常重要的事情。

首先是教师自身的艺术示范水平。

任何艺术学习都必须经历一个观摩期，没有模仿就没有学习。教师的示范意识和示范水平，反映了教师对这门艺术的精通程度和理解程度，也决定了他对孩子的专业引导程度。

我女儿圆圆从小学二年级开始学习二胡，在这之前，曾学过几个月手风琴。学手风琴是圆圆第一次学乐器，却是一次失败的经历，其中一个重要问题就是老师很少进行示奏。也许是出于教学经验的不足，也许是自身演奏水平有问题，怕露怯，老师只是讲指法，几乎没做过示范，即使我委婉地提出要求，她也不去做。教学效果可想而知，孩子不但学得很茫然，兴趣也被败坏，几个月后我们不得不中止学习。

有了这次教训，再找才艺老师时我特别留心这一点。非常幸运的是圆圆遇到的两位二胡老师都非常好，都是资深演奏家。一把琴在他们手上，如同有了魔力，随便一拉，就有美妙的旋律流出，整个学习过程就是老师不停的示范过程。对比手风琴老师的教学，可以说效果有天壤之别。

两位老师的专业造诣还表现在对二胡文化乃至整个音乐文化的理解上。他们在给孩子上课时，不仅讲二胡的演奏原理，还穿插着讲一些和二胡相关的背景知识，甚至是有趣的小故事，这对激发孩子的学习兴趣也非常重要。

当然，像那位手风琴老师那样教学的情况可能比较少见，但考虑到现在的艺术教育市场越来越混乱，老师素质良莠不齐，还是提醒家长们注意一下这一点。

其次是教师的教学管理方式。

有一些才艺教师自身专业水平不错，但只看重手头技巧，不注意关照孩子的心理，就特别容易陷入技术至上的误区，这对幼小的孩子来说是不适宜的。

比如有一些教小提琴的老师，在教孩子如何拉琴前，要求孩子花大量时间背五线谱，理由是拉小提琴要用五线谱，所以学琴前要先学五线谱。可这项作业极为枯燥，孩子几乎以为学琴就是花大量时间背五线谱，会很快出现厌倦感。如果调整一下思路，让孩子首先体会到学习的乐趣，接下来的学习可能会顺利得多。

我女儿圆圆遇到的第一位二胡老师在这方面很有经验。他既没有让孩子专门去学简谱，也没有一上来就把孩子投入枯燥的基本功练习中，而是在教过简单的演奏技法后，很快让圆圆学会了一个小曲子，我记得是《小星星》。刚学一两次，就能拉出一个完整的小曲子，这让孩子非常有成就感，还通过电话拉给姥姥听，姥姥的夸奖更让圆圆有满足感。

我有一位朋友，她9岁的女儿学小提琴已有3年，孩子在前面几年一直愿意学，学得也不错。可是有一段时间，孩子突然却表现出对学琴的厌烦，不想去学，回家也不愿意练。妈妈没有急于批评孩子，而是细心地寻找问题的根源。她发现这位老师非常好，很认真，如果孩子哪首曲子拉不好，就不让过。家长突然意识到，孩子半年来只拉一首曲子，却总也过不去，是不是因为这个原因产生了挫败感。于是私下和老师进行了沟通。老师经家长这样提醒，非常配合地改变了策略，很快让孩子在这首曲子上通过，并表扬了孩子的悟性和坚持精神。所以孩子那天从老师那里学习完走出来时，情绪非常愉快，在接下来的学习中又恢复了以前的积极状态。

任何学习都要经历一个由笨拙到熟练、由粗陋到精湛的过程。教无定法，贵在得法。不同的老师在处理具体教学任务时，会有不同的办法，总的一个原则就是不让孩子有挫败感，不断地给孩子以成就感。自信和兴趣犹如隐藏在汽车中的发动机，看不到，却不可或缺。教师若能体恤孩子，注意保护孩子的自信，艺术教育就已成功一半。

第三是教师对待孩子的态度。

教师和学生的关系深刻地影响着学生的学习状态，也影响到学生对所学专业的情感。如果一个孩子很讨厌一个老师，那么他几乎不可能把这位老师所教的功课学好。我从女儿圆圆的学艺经历中清楚地看到这一点。

圆圆在9岁时还学习了爵士鼓。这是件即兴而为的事，邻居家经常和圆圆一起玩的小源很喜欢爵士鼓，附近正好新开一家艺术学校，有爵士鼓这个项目，小源报了名。圆圆听说了，也想学，我就也给她报了名，正好和小源一起去上课，老师进行一对二的教学。

这个老师鼓打得很好，他的示范演奏显然深深地吸引了两个小姑娘。孩子们第一次看老师的演奏时，被这流畅而激越的鼓声点燃了，眼神都那样激动明亮，跃跃欲试。爵士鼓入门并不难，两个小姑娘接受能力都很强，应该是两个不错的学生，但接下来的情况却出乎预料。

这个老师是位年轻男老师，脾气很大，似乎不能容忍孩子们的任何错误。他从第一节课开始，就总是皱着眉头，说话时一脸冰冷，一旦孩子们在哪里打错了或打得不够好，他就表现出生气或不屑的神情，不时地呵斥孩子们。从第二节课开始，两个小姑娘上课就表现得战战兢兢，完全没有了开始的兴奋。

我私下赶快和这位老师进行了沟通，希望他对孩子们的态度友好些。老师居然有些生气，表示出对我的想法很鄙视，说学艺就得严格，因为她们是女孩子，他才不打，如果是男孩子跟他学，演奏不好的话，他还会揍他们呢。我没办法，只好去找学校负责人，要求换老师。学校负责人劝我不要换老师，说孩子跟着一个老师学下去好，换老师对孩子的学习不利，而且这个老师的水平很高，严师出高徒，孩子习惯了就好了。但由于我的坚持，圆圆只跟着这位老师学了四节课，然后就转到一位姓高的老师那里。

高老师对学生非常和气，总能心平气和地跟孩子说话。他的演奏水平依我这样一个外行来看，和前一个老师没什么差别。我想，即使有差别，也无所谓，圆圆不可能去当专业鼓手，这只是个业余爱好，学得好点差点没什么大不了的，喜不喜欢、快不快乐才是重要的。况且，如果教师不能刺激孩子的学习兴趣，不断打击孩子，损坏了孩子的学习兴趣，那么即使教师自己的演奏水平是世界一流，对学生来说也意义寥寥。

艺术是大自然埋进每个生命中的宝藏，是人生的终极追求和爱好，好的开采可以让它光华耀世，乱采滥挖则是对这些宝藏永久性的破坏。如果没有条件开采，宁可不去动它，至少它会安然无恙地存放着，让孩子内心完整地保存着对某种艺术的喜爱，热爱本身也是享受；而且将来或许有一天，某个机缘可能会让它迸发出光彩。

凡那些动不动对孩子吹胡子瞪眼睛、打骂孩子、羞辱孩子的老师都是差老师，他是不可能把孩子教好的。他从家长这里拿走了报酬，只教给孩子很少的一点手头技法，却打碎了孩子的梦想，夺走了孩子对某种艺术的热爱，甚至损害了他们的自信。

我认可这样的说法："严师出高徒"这句话恐怕是史上最坑爹、最恶毒的谎言之一，深受其害者可谓不计其数……必须承认，严师出高徒是件"可以有"的事儿，古今中外也不乏这样的例子。但是，有没有人想过这样一个问题，那就是，严师毁掉多少高徒？任何一种人生哲学，只要它露骨地宣扬了一种"少数人成，多数人败"的理念，就必须被我们所鄙夷、所唾弃。"严师出高徒"，就是这种罪恶理念的典型代表。成年人强加给儿童身心的重负，往往会扼杀他们的热爱，毁掉他们童年的幸福。即便他们"成功"，这种成功也往往是"生命不能承受之重"。[①]

对态度恶劣的教师，家长要提出自己的意见。我相信大多数老师发脾气，他主观愿望也是好的，是为了学生学得更好。如果他认识到发脾气只能损坏孩子的学习热情，无助于学生的学习，是破坏力，他会赶快修正自己的错误的。

①南勇，《革自己的命，要暴力一些》，安徽人民出版社，
2013年7月第1版，20-21页。

假如教师一意孤行，家长的努力不能解决问题，应该坚定地更换老师，哪怕中止学习，也不要让孩子痛苦地学下去。

小源妈妈原本也想给小源换老师，可能是受学校负责人的影响，就没换，结果小源学了几个月，彻底对爵士鼓失去兴趣。打爵士鼓在孩子心里已变成一件非常讨厌的事，而且她对自己的学习能力也不自信了。看圆圆打得越来越流畅，小源总说她自己笨，打不好。因为我们都是一次性付了半年的学费，小源学到三个月时，已有些坚持不下去。她妈妈心疼学费，要求她把半年的课程学完。小源勉强又学了两个月，说什么也不肯学了，哪怕她妈妈说给她换到教圆圆的高老师这里，她也不接受。小源的这项学习到此结束，基本上一无所获。

圆圆的爵士鼓只学了一年，因为我们迁居北京，不得不停下来。当时圆圆已有较好的演奏水平，打得很流畅。到北京后，因为没有练习的条件和时间，爵士鼓只好搁置一边。为此我们常觉得遗憾，总期待着什么时候能再找到学习机会。虽然后来一直没有这样的机会，但圆圆这种爱好一直保留着，甚至她上大学后，还一直惦记着再找个老师学爵士鼓。只因大学生活更丰富，学习更忙，这个心愿只好不了了之。

圆圆的才艺学习只学了二胡和爵士鼓这两样。二胡断断续续学了6年，过程中一直伴有良好的情绪体验，所以她对手中这把琴始终怀有好感。进大学后，又自愿参加了学校民乐团，功课虽忙，仍坚持每周排练。她随团参加了教育部举办的全国大学生艺术展演活动，获得民乐团体第一名。圆圆虽不是主力队员，但能参加这样的活动，取得这样的成绩，也令我们非常高兴。在二胡演奏方面，圆圆不是天才，也没投入太多的时间和精力，但这并不妨碍二胡成为她一生的爱好和特长。在乐团中拉首席固然不错，能开独奏音乐会更好。没有这些，难道人生就不完美了？

圆圆的爵士鼓学习虽然是个"半拉工程"，但对孩子来说仍是一项有意义的经历，不只在技术方面打下了一定基础，在艺术素养和对心理、意志的锻炼方面，也有提高与促进作用。早年学过的东西往往终身难忘，我想，假如有一天圆圆想组个小乐队自娱自乐，即使到了中老年，她也是可以把这项技艺再捡回来的。

　　"艺术教育"不是"艺术技巧教育"，一个人纵使熟练掌握一门技艺，如果不包含热爱，也不过是个普通匠人。艺术教育原本是为了培养孩子的艺术修养，让他活得更高雅，那么就不要带着他径直往匠人的方向奔去。而且，每个人天赋不同，一个孩子擅长或不擅长某种才艺，在某个特长方面表现得强还是弱，这并不影响他的人生观和幸福感。孩子将来能在某种才艺上有成就，这固然是件好事，但纯粹地玩，也不是件坏事，快乐就是最大价值。从目标到手段，艺术教育都不应该是苦的，应该是甜的。

3

对艺术教育的几点建议

应该学点什么才艺

如何做前期准备工作

几岁开始学习才艺

学习管理要注意些什么

需要参加才艺考级和各类比赛吗

不要把孩子单独留给老师

　　艺术教育较之一般的学校课程教育有其特殊性，但也和课程学习有相似之处。家长在这方面应该注意些什么，在此给出几点建议。本文多以乐器学习为例，其中的教育原理同样适用于其他艺术教育，如绘画、舞蹈，包括体育运动等。

一、应该学点什么才艺

　　孩子能量有限，并且需要充裕的玩耍时间，所以不要给孩子报太多的才艺学习班，有选择地报两三个就可以。多才多艺固然令人羡慕，但要考虑成本，尤其是孩子的时间成本。以牺牲童年的快乐来换取一些才艺的做法非常不可取。

当然，如果某些才艺学习能和孩子的玩耍兴趣结合起来，对孩子来说基本上没有负担，去学习相当于玩，适当地多报一两个也可以。总之，报与不报的原则是，孩子是否喜欢，是否愿意去学。

具体到选择学什么，下面以学乐器为例给出建议。

选择学什么乐器，如果孩子有明确的倾向性，这就是个简单问题，喜欢什么就学什么——这是最重要的选择原则。但由于学乐器往往是在孩子较小的时候开始，大多数孩子很难明白自己喜欢什么乐器，就需要家长帮助他去判断和选择。当然家长的能力也有限，应该说绝大多数家长对乐器的了解比较外行，这方面的建议是：不盲从，不虚荣，不功利。

首先还是家长要向自己的内心追问一下，问问自己到底喜欢什么。这并不是家长强权或家长意志，在孩子没有观点的情况下，家长对某种才艺的喜爱会感染孩子，影响到孩子对这种才艺的情感。

其次要向懂行的人请教一下，比如学乐器，要先了解某种乐器的学习难易程度。不同的乐器，其学习的难易程度是不一样的，尤其是入门阶段。比如在中国民族乐器中，扬琴、笛子、古筝较易入门，二胡较难，琵琶最难。家长需要权衡孩子的兴趣、天赋、能投入的时间和精力，以及期望达到的目标等各方面情况，综合判断。

第三，还要考虑自己的经济条件。不同的乐器价格差异悬殊，学费也不一样。选择要尽量和自己经济条件相匹配，如果孩子在相关学习中没有极为突出的天赋和强烈的喜好，就没必要让孩子的艺术教育成为家庭沉重的经济负担。

第四，要注意避免盲目跟风和虚荣心，更不要有功利心。

在学什么乐器的事情上，这些年一直存在崇洋媚外、厚古薄今的现象。例如有一些人认为民族乐器很"土"，认为钢琴、小提琴等西洋乐器很高雅，感觉家中摆放一架钢琴很有面子，可构成高雅生活的一部分。所以既不顾孩子的喜好，也不顾自己的经济实力，且不考虑师资情况，勒紧裤腰带买钢琴。虚荣是生命中的一大硬伤，可以说哪里有虚荣哪里就有损害，学乐器也概莫能外。

我女儿圆圆当初选择学二胡，周围有些人觉得很诧异，言语中流露出的就是：二胡多土啊，怎么学那个呢。圆圆二胡老师在第一节课时对她说：小提琴有四根弦，可以拉出很丰富的乐曲；二胡只有两根弦，表现力丝毫不输小提琴，所以二胡完全可以称为世界上最伟大的乐器之一。如果你小提琴拉到中国最好，不见得是世界上最好，但如果二胡拉到中国最好，你就是世界最好，正所谓越是民族的越是世界的。老师的话让圆圆更认同手中这把琴，更喜爱这项学习。

音乐是一种娱乐，一个人喜欢西方音乐还是民族音乐，喜欢古典音乐还是通俗音乐，这和高雅或庸俗没有任何关系，或者说对他的人生观、幸福感及品格心理没有任何影响。况且现在我们听的一些"古典音乐"在当初也属于流行音乐。好听的音乐都是美的，无功利地热爱就是高雅，附庸风雅才是真正的庸俗。我在这里不是渲染民族主义观念，而是强调选择学什么一定要出于内心喜欢，且要尽可能实事求是。

另外，艺术教育中的功利化和工具化，是当前一种可怕的流行病。在选择学什么、为什么要学的问题上，有些人只是把孩子艺术学习的目的定位在升学和找工作上，学钢琴是为了考级，练舞蹈是为了加分。艺术教育中艺术的价值被消解，只剩下了谋生的价值。艺术专业成了许多人走捷径的一种选择，培养艺术家的教育变成了培养"手艺人"的教育，这导致艺术专业学生质量严重下降。"接触艺术教育的孩子学到的，远远超过他们所学的艺术本身"[1]，我们现在在培养孩子艺术爱好中，却经常用世俗价值消解艺术之美，只剩下干巴巴的技巧。这伤害着儿童的幸福感，扭曲着他们的价值观，也损伤着整个民族的艺术素养和精神质量。

二、如何做前期准备工作

艺术教育的第一步不是花钱买乐器和报班，而是首先让孩子接触、认识和了解将要学习的东西。之所以父母喜欢什么，孩子往往会喜欢什么，这并不是

---

① （美）雷夫·艾斯奎斯，《第56号教室的奇迹》，
卜娜娜译，中国城市出版社，2009年8月第1版，109页。

简单的生物遗传，更是一种环境的熏陶。孩子如果从小生活在某种艺术环境中，他会天然地和这种艺术达成一种沟通，学习起来当然会容易得多。

例如培养孩子的乐感，可以从孩子很小的时候做起。在听音乐时，家长和孩子一起随节奏进行律动，也可以经常唱歌给孩子听，让音乐成为家庭娱乐的一部分。打算将来让孩子学什么乐器，就要经常在家里放相关乐曲。尤其是孩子在将来的学习中会学习到的一些经典乐曲，这些乐曲被孩子听熟了，在学习中就很容易找到音准及节奏，而且也容易唤起孩子的喜爱。同理，如果打算让孩子学绘画，就可以经常跟孩子一起玩绘画游戏，读一些有关画家的传记，参观一些美术展，等等。

前期启蒙教育还包括树立孩子的自信。比如一个孩子喜欢唱歌，太小的时候有可能唱不准，如果家长急于去提醒，并经常说这孩子唱歌跑调，很可能就此挫伤孩子唱歌的自信和热情，让孩子永久地失去一种爱好。

除了一些天生乐感极好的孩子，唱歌跑调这在许多孩子身上都会发生，大多数孩子能在长大后自行解决。比如我和先生在唱歌方面都天赋平平，圆圆这方面也没表现出特别的天赋，她小时候唱歌有时会跑调，我们基本不提醒，只是很自然地和她一起唱，让她听到正确的音调是怎样的，而且我和先生还经常故意互相开玩笑贬损，说对方唱得不怎样，顺口说能像圆圆唱得那样就好了，暗示圆圆她唱得很好。到圆圆长大后，我们在家里一起唱卡拉OK，发现她已唱得很好，非常准。圆圆有时也会和同学一起到KTV唱歌，听她的同学说她歌唱得很好。

有一次我遇到一位父亲，他女儿才3岁，他就很肯定地说女儿以后当不了画家，用他的话来说，就是女儿都不能像样地画个圆，经常是想画什么，又不敢画，最后总要家长去帮着画。事实是绝大多数孩子在小时候都不可能像样地画个圆，这位家长不顾孩子的年龄，轻易给孩子下个这样的定论，导致孩子在涂鸦这件几乎所有儿童都感兴趣的事上缩手缩脚。很可能，她的女儿会用一辈子在绘画上的无能来证明父亲当初断言的正确。

当然家长不必夸大孩子的天赋，不必把刚会画几笔的孩子看成未来的齐白石，也不必把爱打台球的儿子看成未来的"台球神童"丁俊晖。即不要用一个成功目标给孩子制造压力，在学艺初期，把才艺学习活动当作玩是最好的，让孩子心态单纯些。

学琴前的心理铺垫工作还包括让孩子知道学琴的漫长和艰苦，就像我在《好妈妈胜过好老师》一书中提到的"打针原理"一样[1]。即当孩子需要面对一个比较富于挑战的事情时，家长应对即将面临的困难如实相告，不夸大也不缩小，让孩子有正确的心理预期，这样会提高他们面对困难的勇气和毅力。

三、几岁开始学才艺？

因为才艺内容不一样，所以学习时间也很难给出统一的标准答案。但有一个重要原则，就是学艺不宜太早。这是由孩子身心发育水平决定的。

例如以前有人说学习乐器要早，四五岁就要开始学，甚至有人把这个年龄提前到3岁，根据可能是莫扎特3岁就可以演奏钢琴了。这样的建议是不适宜的，且不说幼小的孩子在生理上十分稚嫩，从心理来说，"大多数5岁前的儿童，尚未形成自我规范意识，要他们静下来学习乐器，对家长、教师及孩子本身都是一种折磨"[2]。

当孩子对什么东西表现出兴趣时，第一个念头应该是如何让他快乐地接触和尝试，而不是马上去给他报学习班，尤其在一些纯游戏项目上，完全可以等待一段时间看情况再决定要不要找老师。

就学乐器的问题，我请教了几位音乐界的专业人士，他们给出的共同答案是，如果家里没有这方面的专业熏陶，作为培训活动，在小学一二年级，即六七岁开始比较适宜。

要学习的才艺不一样，开始学习的时间也会不同，最好多请教几位专业人士，听听大家的看法。总的建议是，宁可稍晚一点，也不要提前去学。

①尹建莉，《好妈妈胜过好老师》，作家出版社，2009年　②郑又慧，《父母是孩子最好的音乐老师》，作家出版社，1月第1版，1页。　2012年9月第1版，131页。

四、学习管理要注意些什么

首先，在孩子学艺过程中家长进行外围服务就够了，对具体的学习活动的参与程度不要太深。家长如果表现得太积极，很容易消解孩子的兴趣和责任感，让他觉得是在为爸爸妈妈学。

有一次我在小区里正和一位妈妈在路边闲聊，恰好她老公带着孩子学琴归来。当妈的随口问孩子今天学了什么，小姑娘脆生生地回答："不知道，我爸爸知道！"做父亲的不以为然地笑了。这种情况应该是令人担忧的。

家长带孩子去学习，对老师教的内容和要求要了解，在孩子练琴时要帮他听哪里有什么问题，适当地帮帮忙就可以，不能大包大揽。所有的学习，背后的管理道理总是一样的，"不陪"才能培养好习惯。[①]

在圆圆学二胡的前三年，她每次练琴时我都会坐在旁边，帮她听音准及节奏，会提醒她哪个地方有什么问题；但她每天什么时间练琴、练几次、练到什么时间、练哪个曲子，等等，我都很少提醒或发表意见，基本都由她自己来决定。哪天她忘了练琴，我往往也"没想起来"，她发现指靠不上我，也就只好自己操心了。

我认识的一位家长，她告诉孩子，练琴是自己的事，家长不去提醒，建议孩子定闹钟，天天由闹钟来提醒。同时，家长也尽量注意家庭生活的规律性，保证孩子到闹钟响时，有时间练琴。孩子很乐意这样做，定了每天晚上7点半。开始几天还行，后来就出现闹钟响了，孩子关了闹钟，却没及时去练，然后就忘了这事，直到要睡觉才想起来。这种情况重复几次后，家长没批评，只是又给孩子建议，如果闹钟响的时候正做其他事，想要过一会儿再练，那就临时把时间往后调整一下，或是通知妈妈15分钟后来提醒自己去练琴。因为家长在这件事上做得很轻松自然，所以孩子一直没有紧张感，基本上能做到自觉练琴。

其次，不规定练习时间，只着眼练习效果。

①尹建莉，《好妈妈胜过好老师》，作家出版社，2009年
1月第1版，145页。

很多家长和教师习惯给孩子规定练琴时间，每天必须弹够半小时或一小时。这样做有一个弊端，就是很容易转移孩子的注意力，让孩子在练琴时不由自主地把注意力分散到时间上。尤其当孩子不想练时，就会把更多注意力放到钟表指针走到了哪里，熬时间，小和尚念经有口无心。这样不但无益于练习，还会生出倦怠感。

不如把每天的练习定位于弹奏本身，即曲子弹得如何，熟练度、准确性及技巧等是否有所提高。在时间上不刻板，可以长也可以短，只要把该练的地方练到了就可以。如果想鼓励孩子多弹一会儿，不要说"再弹十五分钟，不到时间呢"。最好说"今天拉得又有进步，不过还有两个地方需要改进，能不能把这两个地方再练习几次？"如果孩子确实表现不错，某天或某段时间能坚持练习较长时间，想表扬孩子的话，最好不要直接夸他能坚持练多长时间，而要夸他的琴拉得好。

第三，允许在练习中偷懒，甚至某天不练习。

理论上讲，学琴必须天天练，一天不练手生，三天不练陌生。但这并不意味着需要一味地严厉管制。再强调一次，在学习早期，呵护兴趣比学到技巧更重要，不要把学习做成任务，要尽量做成游戏。如果孩子哪天忘了玩游戏，我们不会去批评他，不会在意。同理，哪天他特别不想练琴，也不必在意。这并不是纵容偷懒，只是放长线钓大鱼，是一种策略。

我女儿圆圆小学时学爵士鼓，我每天下班后带她到艺术学校去练，那里是按时间收费。我们交了每天一小时的练习费用，但圆圆经常克扣时间，很少能练到一小时，有时只打了二十多分钟就不想打了，我一般都听她的，不想打就不打了。我不知每天强迫她练够一小时，她的演奏水平会怎样，可能会更好一些。但更好一些又怎样？难道圆圆的童年就更幸福、人生就更美好？我希望她有很高的才艺水平，同时也接纳她在这些方面的平庸，唯愿她有快乐的童年，这才是我最在意的追求。

五、需要参加才艺考级和各类比赛吗

考级是以量化的方式来评价一个人的才艺水平，一定程度上可以促进学习，但如果把考级本身当作学习目标，则是一个认识误区，很容易扭曲孩子的学习动机，也给家庭增加不必要的负担。

还以音乐教育为例，音乐考级诞生于19世纪英国，后传入香港，近20年在内地兴盛起来。由于种种利益关系，我国的音乐考级越来越功利，越来越混乱，利益团体结成各种利益链，想方设法把孩子们推入名目繁多的考试中。目前全国约有几十家音乐考级机构，评价标准不一，评语不明确，恶性竞争。现在甚至出现了专门针对中小学生的"音乐素养"考级，即关于音乐的书面知识考试——这是多么没有意义的行为，而所有的考级乱象，都是要隐蔽地榨取家长的钱财。

很多教才艺的老师为了迎合家长的需求，也步入了"应试教育"的模式，只教考级规定的曲目，不教其他内容，且盲目让孩子"跳级"，二、四、六……这样跳着考。美妙的音乐兑换成了证书上的数字，这或许让一些家长陶醉，但不少孩子拿到最高级别证书后，从此再不摸一下琴——这是不是艺术教育中最大的损失？

在圆圆学二胡的最初几年中，我对乐器学习及考级的认识尚不明确，也一度把学习的目标定义在考级上。倒不是过分看重证书本身，只是以为只要学乐器，就必须考级。后来逐渐有所感悟，对考级这事也就放下了，中止了这件事。圆圆在后期学习中，只拉她喜欢的曲子，不必为了考级专攻指定曲目。她喜欢音乐，也不讨厌手中这把琴，这就够了。记得她上高中时，有一次班里开联欢会，她主动报一个节目，把当时的一首流行歌曲改编成二胡曲。在参加联欢会前，她在家里练习演奏，我听到琴声美妙，感觉十分欣慰。不是说圆圆拉得有多好，而是它作为一个爱好滋养着我们的生活。这份滋养不是证书和级别能验出来、比得上的。

我不反对考级本身，正如我并不反对学校课程考试本身一样，我批判的是考级对艺术教育的扭曲，以及种种考级乱象。

除了期望政府规范考级市场，给家长的建议是，要对考级介于在意与不在意之间，要认真权衡各方面得失，不要为了眼前一点小利益——比如证书和择校挂钩——而牺牲长久的教育理想。有些事，没人追捧，煽风点火者自然无趣。对考级持有正确的认识，不仅可以预防无谓的能量耗散，更可呵护孩子的学习兴趣，呵护他的幸福感。

另外，我也不赞成拉着孩子到处参加比赛，除非你想要孩子成为某种才艺的职业选手，比如做职业钢琴家，否则才艺学习不需要掺杂进太多的竞争。

事实是现在很多比赛也被市场绑架，成为一些人谋取利益的手段，而这些比赛经常会打着体面的旗号。所以家长和教师，面对令人眼花缭乱的竞赛邀约，要特别注意组办者的资格、素质、动机等等。觉得不适宜，应当坚定地拒绝。

我女儿圆圆读初中时的一个暑假，我正带她到一个海滨城市旅游，班主任突然打电话，通知圆圆去参加一个英语竞赛，并陈述了此次比赛的重要性。圆圆的英语一直学得不错，这个比赛听起来很诱人，所以我们得到这个消息后有些兴奋。为了赶上比赛，提前结束旅游，改签机票，飞回北京。第一次去参加初选时，组委会安排选手们先去交参赛费，然后等候安排。且不说一进来就收费，已让人感觉很突兀，接下来的组织工作都是乱哄哄的。来了不少家长和孩子，大家被几个工作人员吆来喝去的，似乎都很茫然。我也对整个竞赛流程不太清楚，觉得组织工作很不到位，有些不满。终于等到评委们到齐，坐定，比赛开始，我的不满越来越强烈。几个评委一副高高在上的样子，却又表现出不认真，处处对孩子们表现出不尊重，竞赛环节的设计也有不少问题。我忽然觉得，就这么几个牛头马面的人，凭什么能组织一个高水平的赛事？参加这样的比赛，即使能拿个奖，对孩子来说有什么意义呢？

我看看圆圆，她也在看我。我从她眼睛里也能看到不适，于是问她：我们走吧，不参加这事了，好吗？圆圆点点头，我们当即起身离开。走出那里后，感觉真轻松。虽然浪费了一些时间和钱，但总比继续浪费下去要好得多。商品时代，教训确实经常要用钱来买。尤其在孩子的教育问题上，不必为了某种具体的利益或为了心疼钱而任由某个问题去困扰孩子，及时结束，也许是性价比最好的做法。

六、不要把孩子单独留给老师

任何才艺学习，家长都最好陪在孩子身边，保证孩子的安全。尤其一对一学习，不管男老师还是女老师，不管老师年轻年老，都不要把孩子独自留给老师。我们相信绝大多数教师都是值得信赖的，但也必须意识到，教师不过是个职业，成为教师的人，并非经过了高于一般职业群体的道德考证，谁都不能保证有个别心理不良的人混迹其中。况且课外才艺学习一般都是松散的师生关系，家长很难了解到教师的情况，所以这方面必须特别注意。

4

只要办法对，四两拨千斤

· 父母装瞌睡，孩子真瞌睡

· 发放三两"权力"，收获半斤"懂事"

· 买下软豆腐，治好硬茬头

· 暗中设圈套，明处消劣习

· 空出一面墙，挤走电视症

· 巧用心理战，便秘去无踪

· "看道理"，胜过"讲道理"

· 家长不生气，孩子不惹事

· 反串"小监工"，干活有热情

有人说："世界上没有两个完全相同的孩子，孩子和孩子是不一样的。"此言既可认为是真理，也可看作是废话，取决于说话者持何种心理倾向——如果意在尊重个体差异，在每个教育细节中都想办法，避免简单粗暴对待孩子，相信教育力量的强大，它是对的；如果认为人生来就有好有坏，有的需要尊重，有的需要打骂，有的天生优秀，有的天生堕落，感叹教育拼不过天性，它就是错的。

教育要研究的是人类共同的心理规律，目的是通过外部控制和刺激引发健康的内在心理倾向。所以从教育者的角度说，我更愿意强调人与人是一样的，这一点，其实也早已被心理学所证实，被无数先哲所强调。"人之初，性本善，性相近，习相远"，这是先圣孔子所有教育理想的立足点和前提，也是古今中外一切优秀教育思想能够成立的基础。

儿童尚未受到社会文化的浸染，作为自然的、纯粹的人，相似度更高，每个儿童身上都包含着所有儿童的特征和心理需求——正因此，我们才能信任教育的力量，才能在面对每个不同的孩子、每一种不同的教育情境时去想办法，以共有的教育规律，通过"微调"，解决万千种不同的问题。以下几个小例子，可以让我们看到这一点。

父母装瞌睡，孩子真瞌睡

我曾收到一个标题为"一个崩溃的妈妈来信"的邮件。写信的妈妈说她女儿现在只有两岁多，可因为孩子的睡觉问题，她及全家人天天都饱受煎熬。他们本来很想培养孩子良好的作息习惯，一到点就拍着孩子睡觉，可小家伙明明已困得厉害，却硬挣扎着不睡，且为了不睡觉故意折腾人。如果妈妈带她到一个屋，她就要找姥姥，到了姥姥的屋，又要找阿姨，然后再找妈妈，轮番找，不让她折腾下去，就大声地哭，一直哭到声嘶力竭，弄得谁都睡不成。偶尔会因为很困，顺利地睡了，可半夜醒来就不肯再睡，在床上滚来滚去，一会儿要妈妈给讲故事，一会儿要喝奶，一会儿要上厕所，一会儿又要上姥姥的屋。

妈妈不仅担心睡眠不足影响孩子的生长，自己也因为长期睡眠不足，脾气越来越暴躁，感觉精神和体力都很崩溃。全家人想过很多办法，妈妈爸爸姥姥姥爷及阿姨，大家轮番红脸黑脸白脸都唱过，不起作用，事情越来越进入一个恶性循环中，以至于孩子对睡觉这事充满警惕，只要一意识到家长想让她睡觉，就开始反抗。

我告诉这位家长，制服孩子的坏毛病，最好不要红脸黑脸白脸轮着唱，而是"让拳头打在空气中"，即对于孩子的无理要求不回应，不回应才是最好的回应。然后给她讲了我治理圆圆不睡觉的办法，让她试试。

我女儿圆圆小时候也经常在该睡觉的时候不想睡，找借口拖延时间。比如，说好讲3个故事就睡觉，我坐在沙发上给她讲完3个故事，该上床了，她却说："我是想让你在床上讲3个故事，不是在沙发上讲3个故事。"这种情况下，我笑笑，不揭穿她的鬼把戏，听她的，再上床给她讲3个，但提出条件是，多讲的故事必须闭着眼睛听，睁开眼睛妈妈就不给讲。她就闭着眼睛听，往往一个故事没听完，就睡着了。偶尔她闭着眼睛听了一个又一个还没睡着，我绝不因此训斥她。这种情况下，我会自己装困，一边讲，一边做出困得无法支持的样子，一个故事刚讲完，或只讲到一半，就一下倒在床上，呼呼睡去。

圆圆会来摇晃我，喊我，翻我的眼皮，抠我的鼻孔，掏我的耳朵。我被她弄得难受，忍不住，翻个身。她会转到这边来继续喊我、拍打我，我这时不光睡得香，还开始轻轻地打呼噜，再翻个身，就是不醒来。她偶尔会哭几声，但这没用，妈妈睡得醒不来，找救援也是不可能的事，因为这个时候爸爸肯定也睡着了，在沙发上或床上鼾声大作，也一样弄不醒。她独自一人折腾一会儿，没辙了，再哭几声，翻翻书或干点什么，用不了多长时间，也一头倒在床上睡着。

我这个方法和很多妈妈分享过，屡试不爽，这位家长告诉我的结果则更令人鼓舞。

她说，收到信的当天，她就采用了我的方法，果然孩子很快睡着。但到了清晨4点，孩子就醒了，按惯例还是要吃奶，她就下地去热了牛奶。喝完牛奶后，孩子照例做出不打算再睡的样子，说要去找姥姥。妈妈说姥姥在睡觉，不可以去打扰，孩子就哭起来。如果是以前，妈妈总是先好言相劝，劝不住就发火，然后姥姥跑过来抱走孩子。这次姥姥听到孩子哭声，确实又忍不住跑过来，但妈妈很坚定地让姥姥回去睡觉，不允许抱走孩子。"救驾"的走了，妈妈和颜悦色地对孩子说，宝宝不想睡，那就再哭一会儿吧，妈妈好困，先睡了啊。

小家伙不明白今天这是怎么了，居然没人理她，拼了命地大声哭，却不能把妈妈吵醒，姥姥也一直没再来。孩子一直哭到有些累，哭声开始变小，妈妈才醒来，又叫她一起睡觉，孩子抽泣着，既有些委屈又听话地躺到妈妈身边，搂着妈妈，很快睡着。

这位妈妈本来以为用这个方法至少得一个星期才可以让孩子适应，没想到第二个晚上，她跟孩子说，天黑了，我们该睡觉了。孩子居然对睡觉的提议没有了抗拒，开心地回答说好，乖乖地听着妈妈的故事入睡了。半夜醒来，有些哼哼唧唧，但仅仅是拍了几下，就又睡了，也没再要喝奶，一觉睡到天亮。之后再没出现因为睡觉哭闹的事。

这位家长说到的孩子变化之快，也让我有些意外。分析为什么转变得那么快，可能是因为长期睡眠不足、折腾家长，孩子自己也很累，生理和心理都不舒服。一旦有一种生活方式让她感觉适宜，顺应了她的天性和生理需求，她会本能地趋往那个方向，毫无困难地接受。年龄越小的孩子，越容易改变，因为坏习惯还没有固化下来。

用装瞌睡的方法治理孩子不睡觉很有效，那么早上孩子不愿起床又如何办呢？在这里，我顺便分享一下早晨叫圆圆起床的办法。

我女儿圆圆小时候像很多孩子一样，晚上不想睡，早上不想起。一般情况下，我是允许她睡懒觉的，想几点起几点起。如果哪天需要按时起床，我从不以时间到了为理由来叫她，孩子哪里有时间概念呢？我尽量用一件事情来吸引她，让她不知不觉钻出被窝。

比如"今天妈妈做了三种早点，你猜是哪三种？来，穿上衣服去看看你猜对了几种"。或用她喜欢的布娃娃做道具，"今天阿格丽和咱们一起吃早饭，已经坐到餐桌上了，咱们快去看看她是怎么坐的"。接下来一天，换个说法："今天妈妈给阿格丽换了一个碗，昨天那个太大了，你知道阿格丽今天的小碗是啥样的吗？"冬天孩子尤其不想起床，贪恋被窝的温暖，我提前把圆圆的衣服放在暖气上烤热，然后拿来衣服，兴冲冲地说："烤得真热乎啊，赶快穿，一会儿就凉了。来，试试裤腿里暖和不"……类似的办法，只要动脑筋，经常可以有新的。我同时也注意对她进行正强化，找准时机，故意当着亲朋好友的面夸赞一下她，说她睡觉起床都很自觉，基本上不用家长操心。

圆圆并非一直需要我这样"耍花招"，在我的记忆中，需要这样"耍花招"的时间并不长，频率并不高。我一直在她的作息方面要求得并不严格，她也大致做得不错，所以这一直不是个问题。似乎从她上小学开始，该睡就睡了，该起就起了，内心从无抗拒。她的没有抗拒，我相信和父母一直不在这件事上和她产生冲突有关。

发放三两"权力"，收获半斤"懂事"

我的一个远亲，有个可爱的女儿叫小豆。小豆4岁时，父母带着小豆及奶奶一起回了趟老家。返程时，奶奶因为一些事情暂时走不了，要在老家多耽搁10天左右，这样小豆就需要留下来和奶奶一起走。因为父母要上班，早晚没时间接送她上幼儿园。

小豆之前从没离开过父母，一听要把她和奶奶留下，不愿意，任凭父母把道理给她讲了一遍又一遍，就是不干。奶奶私下建议豆爸豆妈偷偷走，认为孩子哭上半天就没事了，但豆妈豆爸不忍心，不愿意那样做。小两口商量后，决定改变策略来给孩子做思想工作。

临走的前一天，豆妈豆爸故意在孩子面前做出愁眉苦脸的样子，引起小豆豆的注意。豆爸像对一个大人说话一样，郑重其事地对小豆说："爸爸妈妈遇到一件困难的事情，不知道该怎么办。"小豆问怎么了，爸爸说，我和你妈跟公司请假只请到明天，回去就得上班。不过，现在看来回去也不能上班，因为我们要接送你去幼儿园。到十天以后爷爷奶奶回去了，我们才能上班。不过，到那时候，好多工作已经耽误得完不成了，老板肯定要训斥我们，工资也要被扣掉很多。唉，这可怎么办呢？

小豆有些同情地看着爸爸妈妈。妈妈也唉声叹气地说，这可怎么办呢，得赶快想个办法啊！

小豆像个小大人似的眨巴着眼睛，似乎也在帮父母想主意。

片刻后，豆爸像忽然想起什么好主意，对小豆豆说：爸爸想来想去，觉得有一个办法能够解决这个问题，不知你同意不同意？

小豆豆一听，催促着爸爸赶快说。

豆爸慢慢地讲到：我想到的好办法是这样的，爸爸妈妈先回去上班，你和奶奶在这里再住几天，这样我们的工作就能按时完成，不担心被公司开除，我们的困难就解决了。你看这个办法怎样？

小豆豆看看爸爸，又看看妈妈，这些道理前面听过，没参与思考，现在爸爸征求她的意见，她就很努力地去想，欲言又止，一时不知该说什么。

妈妈在旁边接话说，嗯，我也觉得是个好办法，宝宝你觉得怎样，好不好？

小豆豆点点头，好。

爸爸一下子一脸轻松，满怀欣慰地说，看来我们3个人一起动脑筋，就会想出解决办法的！

妈妈也愉快地接着说，小豆真懂事，能跟我们一起想好办法了。

孩子一下子高兴起来，很有成就感的样子。

豆爸语气欣喜地说，小豆豆，你赶紧去告诉爷爷奶奶我们想出来的这个好办法吧！小豆欢快地去向爷爷奶奶汇报去了。

第二天早上父母临走前，爷爷突然问小豆豆，真的不打算跟爸爸妈妈一起回去了吗？豆爸很担心爷爷这样问会弄得小豆豆又纠缠着不让他们走，没想到小豆豆很自豪地说：我们想出好办法了，现在我不回去，爸爸妈妈要上班，没有时间送我上幼儿园，我和爷爷奶奶一起回去！说话间，一副有担当的样子。

分析豆妈豆爸的做法，他们在这件事上采用的是关系扭转的方式。开始时，孩子居于次要地位，是被动角色，是被说服的对象。她被要求听从大人的安排，需要为成全他人的安排而出让自己的利益，所以孩子本能地会抵触。到后来，爸妈主动把自己降到次要地位，孩子就从一个被说服对象，成为一个可以做出选择的主动者，同时成为可以实施决定的践行者。当她参与了一个决策，意识到自己有主动权，有办法帮助父母解决一个他们自己都不能解决的困难时，她的责任感和自我重要感都在上升。这种感觉是人类内在的追求，哪怕是一个孩子，也会被这种感觉陶醉，这样，思想工作就做到孩子的心坎里了。孩子自然就变得懂事，事情也就容易解决了。

买下软豆腐，治好硬茬头

有位年轻妈妈曾向我求助，说她两岁的儿子乐乐是天生的"硬茬头"，不让干什么事，偏得去干不可。尤其现在进入第一反抗期，变得更不听话，弄得她很抓狂，不知如何对付这个时期的孩子。

说实在的，我不喜欢"第一反抗期"、"青春逆反期"等等这类说法，它是一种对儿童成长中正常行为的负面描述，是幼稚认识的产物，很容易误导一些家长。孩子从来没有反抗期，也没有逆反期，儿童的本性都非常温和。如果说他们有逆反，那是因为受到了压抑，或不被理解。所以我猜测这位家长一定是平时对孩子有太多的管制，以至于让孩子不得不反抗了。当我把这个想法说出来后，这位妈妈摇摇头，说她是那种懂得给孩子自由的人，从不束缚孩子，她现在倒是怀疑孩子的"硬茬头"是被惯的，考虑是不是应该对孩子更严厉些。

我让她随便举个孩子不听话的例子。

她说每次带乐乐到菜市场都很烦，原因是乐乐看到什么都想摸一摸、动一动，经常冒冒失失地弄翻什么，或把人家的蔬菜水果弄到地上。尤其最近，孩子对豆腐产生了兴趣，每次走到菜市场的豆腐摊前，看到板子上的豆腐，就想摸一摸，不让摸就大哭，有两次还生气地把旁边菜摊上的青椒故意拨拉到地上，弄得妈妈非常生气，打过两次屁股也没用，现在都不敢带孩子到菜市场了。

这位妈妈自认为对孩子宽容，懂得给孩子自由，可就所述的事实来看，并非如此。所以我对这位妈妈说，这个年龄段的孩子对一切都充满好奇，什么都想去动一下，这是他们认识世界的一种方式。尤其到了菜市场，那么多花花绿绿的菜，肯定吸引孩子；他看家长可以随意在菜摊上挑来挑去，就也想去模仿。所以说孩子"不听话"，根本就是家长的误判，是家长管得太多了。

家长听我这样说，分辩道，其实平时他摸那些菜时，我管得并不严，只是说说，但豆腐和菜不一样，他摸过了，别人怎么买呢？卖豆腐的人也不允许。

我说，很简单，让孩子去摸，你把摸过的那块买下来，回家做个麻婆豆腐，或干脆让孩子把豆腐捏碎了玩个痛快，满足一下他的好奇心，问题不就解决了？

这位妈妈有点恍然大悟的样子，但又有些疑虑地说，那如果下次再去菜市场他还要摸，怎么办呢？我说，再买下来。这位妈妈有些诧异地看看我。

我笑笑说，一块豆腐不过两块钱，即使一个月连着天天买，也不过六十块钱，等于给孩子买个玩具。况且孩子不可能对一块豆腐有那么长的兴趣，最多三四天，他应该就没兴趣了。

这位妈妈是个非常有悟性的人，我只是轻轻地点了一下，她立即意识到了自己的问题。此后不但允许孩子到菜市场摸豆腐，而且自己从网上下载了做豆腐的方法，并订购了磨豆的小磨及其他相关用具，在家做豆腐给孩子看。她和乐乐一起做豆腐的过程，就是一个亲子游戏的过程，而所有的工具都变成了孩子的玩具。依此类推，在其他问题上，她也不再简单地去管束孩子，而是利用孩子的好奇心，像做豆腐那样，把一件简单的事扩展开来，让孩子感受更多的惊奇，领略到更多的知识。

后来我和这位妈妈再交流时，她说乐乐现在不仅变得懂事，而且十分聪明，智商明显高于同龄的孩子，想想以前总说孩子"不听话"，真是自己太幼稚了，现在才真正领悟了什么叫"不管是最好的管"。

暗中设圈套，明处消劣习

有一年，我9岁的小侄子虎虎在暑假从呼和浩特到北京玩，在我家住了一周。这孩子从小养成一个坏习惯，几乎不喝水，只喝瓶装饮料，水果更是一点不吃，不管什么水果，让他吃一点都像吃药似的难。这对他的健康没有好处，我想利用这次他来我家的机会，改变一下这个坏习惯。

那几天北京气温非常高，坐着不动也会流汗，需要不停地喝水。我把家中的瓶装饮料清理干净后，买个大西瓜，冰镇起来，当天的晚饭放了相当于平时两倍的盐，空调也借故关掉。饭后不久，我们就又热又渴。小家伙爱出汗，看起来更渴，到冰箱中找饮料，没有，来问我。我装作刚知道饮料喝完了，表示出内疚。他看外面天黑了，不方便到超市买，就想喝水，又发现凉水壶是空的，好失望。我说：哦，今天忘了在凉壶里存水了，姑姑马上烧水。

在我烧水时，我先生凑过来说他也觉得好渴，没水喝，吃西瓜吧，边说边到冰箱中取出西瓜，切开来。凉爽的西瓜端到桌子上，真是诱人。招呼侄儿过来吃，他摇摇头，本能地表示拒绝。我们不再说什么，自顾自地开始吃。先生还边吃边感叹一句：这西瓜真好吃，又凉又甜！

壶里的水在响，小侄子在旁边一脸愁容地看着我们。

水开后，我倒一杯放到他面前，热气腾腾的。本来就热得冒汗，看着这杯水，感觉更热。小侄子显出更焦渴难耐的样子。我心中暗笑，不理他。

我吃完西瓜后，站起身一边收拾桌子，一边漫不经心地对侄子说，水看来一时半会儿凉不了，西瓜真的很好吃，要不先少吃一点解解渴？他犹豫着，不知该如何。

我看他心有所动，没再说什么，到厨房把一小块瓜瓤挖出来，又切成几小块，放到一只漂亮的盘子里，并配上一只水果叉，放到他面前。对他说，试试看，感觉好吃就多吃点，不好吃就少吃点。说完走开了。

小侄儿迟疑片刻，生理需求战胜习惯，终于拿起叉子，吃了一块，然后又一块，又一块，几下就把盘中的西瓜都吃了。我没再理他，装作没在意，不再提这事。过一会儿，他又把杯中的水都喝了。

第二天，我又找借口没去超市买饮料，侄子既喝了水也吃了西瓜。傍晚，我还在网上"意外"地看到一篇关于喝饮料的坏处的文章，招呼侄子一起过来看了，然后感叹一句："没想到喝饮料还是件冒险的事呢，看来以后还是要少喝！"侄子看完了没说什么，但我注意到，此后他在我家的几天，再没要求我买饮料，我也假装忘了这回事，没再给他买。他天天都能正常地喝水吃水果了。

空出一面墙，挤走电视症

有位家长说她特别不愿意孩子天天看电视，可自己没有老人帮忙，每天下午从幼儿园接孩子回家的时间，正好是做晚饭的时间，没时间陪孩子玩，又担心孩子一个人在客厅不安全，就只好把电视打开，这样孩子就可以安静地坐下来看电视，自己才能去厨房做饭。但她很担心这样长期下去，孩子会养成看电视的习惯，不知这个矛盾怎么解决。

我认识一位姓刘的妈妈，管她叫小刘。小刘的情况和这位妈妈的差不多，但小刘却很好地处理了这个问题。我把小刘的经验介绍给了这位妈妈。

小刘每天接孩子回家后也需要做饭，又希望能和孩子多说说话，她就把厨房的一面墙空出来，让这面墙成为孩子的大画板。她家厨房的四壁都镶了瓷砖，是光滑的，可以随时把画上去的东西擦掉。

这样，每天从幼儿园接孩子回家后，母女一起进厨房。妈妈边做饭边和孩子说话，孩子或画画或和妈妈说话，或看妈妈做饭，总之孩子也非常喜欢这样待在厨房里，很少想到要去看电视。

小刘总结说，用这样一个办法，既不会让孩子养成长时间坐在电视机前的习惯，同时又满足孩子画画的需求，此外还增加了和孩子沟通交流的机会。她发现比起独自坐在客厅看电视，孩子其实更乐意待在妈妈身边，因为一天不见面，孩子其实是很想和妈妈待在一起的。这样还有一个好处是孩子始终在自己的视线内，非常安全。

可见，要防止孩子形成一些坏习惯，不是先不经意地"培养"，然后再费心费力地去改造，更不是事无巨细地去监督孩子；而是要家长自己从生活细节中去用心，努力为孩子营造一个健康的成长环境，从开始就不让孩子被坏习惯缠住。

巧用心理战，便秘去无踪

现在便秘的孩子很多，这是不正常现象。儿童阳气旺盛，便秘很少由于内脏功能羸弱所致。吃得太精细，跑跳类活动太少等不良生活习惯是重要原因。更主要的，是孩子一直无法建立正常的排便条件反射。即大脑对排泄信号出现抑制反应，使排便生理需求无法被大脑识别，结果就是总没有便欲感。没有便欲感又会延长粪便在肠道的停留时间，导致大便干结，增加排便困难，使事情进入恶性循环。

痼疾的起源，往往不是因为家长没关心孩子大便这件事，恰相反，很可能是家长在这件事上太在意了，对孩子进行了太多的错误训练和不良暗示，反而抑制了排便反射正常形成。所以，虽然儿童便秘是个生理问题，如果想根治，则多半需要回到根源，采用心理治疗。

下面一个例子对这个问题的成因有很好的说明，也给出一种有效的解决办法，值得借鉴。

一个叫小雨的孩子，家人在她一岁半左右开始训练她定时大小便。一到钟点，小雨就被要求去坐便盆，孩子常常不愿意，家长软硬兼施把孩子摁到尿盆上，或多或少，总要孩子撒点尿或拉点㞎㞎出来，才允许站起来。过度训练阻碍了孩子的自我生理调适，也使孩子对大小便这件事很厌恶，从不主动去坐便盆，能逃避就逃避，于是常常憋便，只要家长一疏忽，就拉尿在裤子里。为此家长非常生气，以为这是训练得不够，更严格地训练孩子坐便盆。这样，孩子每天都有不少时间在便盆上度过。可能是长时间坐便盆之故，刚两岁就出现轻微脱肛现象，引起排便疼痛，这让排便这件事在孩子心中更恐惧，于是更经常性地憋便。憋便引起大便燥结，燥结使得排便更困难、更疼痛，也使孩子对这件事更恐惧，更没信心，便秘越来越严重。

便秘特别容易引起上火和感冒发烧，所以家长经常为孩子大便的事忧心忡忡。家长的焦虑传染给孩子，小小的人，也为这事心理负重，经常在排便不成功时，或因疼痛或因内疚而痛哭，好像自己犯了大错。偶尔哪一天顺利排便，就轻松高兴得宛如中了大奖。找医生看过几次，医生总是开些泻药，吃了能管用，不吃就不行。但药不能经常吃，而小雨能够自主排便的情况越来越少，家长实在没办法，开始给孩子使用开塞露，这更使孩子在生理和心理上形成依赖。到四岁时，已几乎不会自主大便，每隔三四天用一次开塞露。

小雨父母后来从媒体上看到一则消息，一位还不到40岁的知名企业家因直肠癌英年早逝，这和企业家多年来一直有便秘的痼疾有关。他们惊出一身冷汗，意识到便秘是个很大的隐患，用开塞露相当于饮鸩止渴，必须要想办法解决这个问题了。恰好这时遇到一位有经验的妈妈，给他们支了一招。虽然这位妈妈的建议初听起来令人有些担忧，有些刮骨疗毒的味道，但两害相权取其轻，他们认真思考过后，完全接纳了这位妈妈的建议，通过给孩子短暂用药，主要利用心理战，很快就化解了这个难题。

采用这位妈妈的办法，必先理解背后原理：便秘如同失眠，是生理和心理不良互动的后果。心理越紧张，对生理越抑制；生理越抑制，心理越有障碍。所以解决途径就在于建立生理和心理的良性互动，关键在两点：首先消除孩子的心理障碍，建立排便自信，让孩子不再为这件事焦虑；其次是养成定时排便的习惯，建立稳定的生理反射。

具体操作办法如下：

家长瞒着小雨，去医院找医生开了适合儿童服用的泻药。晚饭后，把药碾成粉，掺到一种果汁里，不动声色地让小雨喝下去。药的剂量掌握在第二天早上小雨可以排便，又不至于腹泻的程度。第二天早上，小雨自主排便，孩子狂喜，家长也表现出惊喜，说："哦，妈妈查过书了，有的孩子的肠胃功能成熟得晚，头几年会发生便秘，到了四五岁就开始成熟了，会像大多数孩子一样开始正常排便，看来你这是开始好转了。"这时要关注一下孩子拉的是稀的还是干的，以衡量一下接下来的一天需不需用药，或使用剂量大小。

在接下来的三四天中，都采用相同的方法，暗暗促进孩子定时自主排便。并用欣慰的口气对孩子说，"以前总发愁你的大便问题，看来长大了自然就解决了，根本不用发愁！"家长这样说是要让孩子相信，是她自己的身体开始正常工作了，她的便秘问题从此消失了。

同时家长想办法给小雨一个暗示，即她习惯在每天早晨排便。装作不经意地对别人说："我家小雨的习惯是每天一吃完早饭就去拉屉屉。"也可以对孩子说："你习惯天天早上大便，这倒是个好习惯，天天早上把肚子倒空了，一天轻松，午饭可以多吃点儿。"妈妈还故意在孩子面前批评爸爸："你习惯不好，两天拉一次，要向宝宝学习，及时清理肚子。"小孩子非常容易受到暗示，当她以为自己会经常在某个特定时间大便，大脑就会自动让这个时间和排便建立起关联，形成条件反射。一旦条件反射建立，不需要意识主动驱动，到了那个时间，身体自然会首先接受大脑发出的信号，产生生理反应，然后又通知大脑，该上厕所了。

小雨第一期用泻药是四天服用三次，停药后，正常拉了两天，第三天再出现便秘。家长按那位妈妈的指点，表情平和地告诉小雨，这种情况很正常，大便再规律的人，都会偶然因为某个原因，有一天或有几天不排便。你已经开始有自己的规律了，早上没便，下午或晚上估计要便；今天不便，明天早上肯定会便。肚里有屃屃，不用管它，到时想留也留不住——这些确实是事实，大便正常的人都会在某几天或一阶段时间因饮食不当、外出旅行等原因致排便不畅，只要生活正常了，很快会恢复到正常。而规律只要形成了，确实是想挡也挡不住的。

家长表现出完全不焦虑的样子，但暗中又悄悄"下药"一次，小雨接下来的一天又在那个时间去了厕所，出来后更愉快，说果然每天都得这个时间拉屃屃，从孩子表情来看，她已坚信自己形成规律了。家长只是愉快地笑笑，简单答应一声，没多说什么。此后，孩子的习惯确实开始形成，排便的条件反射基本稳定下来。极偶然的情况下会发生便秘，在饮食和运动上暗中调理一下，就可以解决，不再需要泻药，便秘的问题彻底解决。

如果采用这个办法，提醒家长注意几点：

1. 不要让孩子知道家长的计划，要让孩子相信，一切变化是基于他自身身体的成长和习惯。这是他建立排便自信、能够形成条件反射的心理基础。整个计划的框架，就是用心理战取得生理战的胜利。

2. 尽量促成孩子排便时间规律，但不需要很精确，大约以早上、中午、晚上来区别即可，或以"每天"为单位，不管早晚，一天一次即可。这需要家长观察孩子，或根据孩子的生理习惯或生活规律来具体调整和确定。比如一般以早上为好，但如果早晨着急按点送孩子到幼儿园，则把这个时间放到晚上较好。切不可因为时间紧迫，急火火地命令孩子赶快去排便。若再度引起孩子的反感，或让孩子察觉到你的意图，则很可能前功尽弃。个人认为这个办法在孩子的寒暑假开始实施比较好，或为了改善问题，家长和孩子专门请半个月假也值得。总之，在开始阶段，一定要从容轻松，不要让过分规律的时间弄得孩子紧张，无论什么原因产生的紧张，都会扰乱孩子正在形成的习惯。即使习惯形成了，也要防止任何原因导致的孩子因时间或情绪上的紧张而憋便。没有便意不焦虑，一有便意就去拉，这非常重要。

3. 饮食和运动一定要跟得上，尤其是改善初期，不要吃得太精细，多吃些蔬菜水果粗粮之类含粗纤维多的食品。经常带孩子做运动或和孩子一起玩闹，总之，要综合治理，尤其要让孩子动起来，促进肠胃蠕动。

"看道理"，胜过"讲道理"

我女儿圆圆两岁半上幼儿园时，我像绝大多数家长一样，也是告诉她妈妈要去上班，所以要送她到幼儿园。由于之前我正好有一个三个多月的假期，天天和她在一起，那正是她开始懂事、有记忆的时期，所以她的印象可能是妈妈总是这样天天24小时和她在一起。

入园第一天，圆圆有新鲜感，很高兴地进去了；第二天就不愿再去，走到幼儿园大门口，说要跟妈妈回家，不进去。我就只好又给她讲妈妈要去上班的话，她无可奈何地哭着跟老师进去了。我心里很难过，一时也想不到如何给她做思想工作。接下来一天，早上要送她到幼儿园时，她忽然说一句："妈妈不要和上班在一起，和我在一起。"

圆圆这句话一下提醒了我，我才意识到孩子心里在想什么。是啊，"上班"对成人来说多么简单的一个词，可一个小孩子怎么能知道什么叫"上班"呢？本来天天和妈妈在一起，现在突然有一个叫"上班"的东西跳出来，和她争夺妈妈，她当然不愿意了。我于是决定带圆圆去看看什么是"上班"。

第二天我正好没课，就把圆圆带到学校。在路上我告诉圆圆，妈妈上班就不在家里了，而是到学校。走进学校大门，我告诉圆圆，这就是学校，妈妈每天就是来这里上班的。然后我把她带到教学楼。正值学生们上课的时间，我让圆圆从教室门的玻璃上看进去，一个老师正在讲台上讲课。我告诉她说，妈妈是老师，就是像这个老师一样，要天天来这里给学生讲课，这就是"上班"。

圆圆一定是听懂了，她明亮的眸子里闪现出好奇的神情，看看教室里的老师，又看看我，一定是把我和那个站在讲台上的人进行联系。我问她，你看妈妈上班时是不是不能带小圆圆呀？她点点头。我又问："那妈妈上班的话，小圆圆是不是应该去幼儿园啊？"她说是。

我还带圆圆去了办公室，尽量让她完整地看到我平时的工作场景，并简单给她讲了我平时要备课、看作业等。我相信她听懂了，虽然她不会理解讲课、备课的含意，但她知道妈妈是必须要天天来这里做事的，这个时间没有办法和她在一起。所以第二天，我送她到幼儿园时，她虽然在道别时还是有些想哭，却有了明显的自控力；此后，凡我说要去"上班"，她就不再因任何事和我纠缠。

我在任何事上都不会让孩子一再地感觉为难，更不会强行要她接受某个事实或道理，我是成年人，有责任在各种问题上动脑筋、想办法。比如为什么要上幼儿园这件事，通过"讲"无法让孩子明白，带她去看一看，孩子一下就明白了，也就变得懂事了。

家长不生气，孩子不惹事

我曾在假期去一个同学家住过3天，当时她儿子两岁多，非常淘气，家长不让做什么，他就非做不可，仿佛是在故意挑衅。比如吃饭时，菜和米饭刚放桌上，妈妈对他说句"别乱动"，他就把小勺伸到盘子里乱搅；妈妈要喂他吃饭，他要自己吃，妈妈无可奈何地说"那你自己吃吧，别把饭洒了"，话音刚落，小家伙就把碗里的米饭故意拨拉到桌子上。

同学说她要被儿子累死了，并说儿子比女儿难带。她没有女儿，就把原因归结到性别上。但我能看出来，她对孩子管得太多，吓唬、批评也太多，所以跟她说，我帮你带两天吧。

这两天中，我尽量顺着小家伙，他想干什么就干什么，几乎没有阻止过他，也没批评过。比如他把放在茶几上的一个餐巾纸盒扔到地上，然后看着我，等我的反应。我知道小家伙在向我发出挑衅的信号，等我生气，但我不接招，只是笑笑，捡起来，放回茶几上。他又扔到地上，观察我的表情，我又笑着捡起来。然后就这样，他不停地扔，我不停地捡，后来他不再观察我，真正开心起来，每次一扔就大笑，我也和他一起笑，不知多少回合，他有耐心扔，我就有耐心捡。

我同学在旁边都忍无可忍了，我示意她不用管。终于，孩子感觉腻了，不再扔了。小家伙也许开始还是想激怒我，但他发现我不生气，扔纸盒就纯粹变成了一个游戏。我们的友好关系就从这里开始了。

过一会儿，孩子开始撕一本童话书，同学又想阻止儿子，我赶快对她说，让他撕，很多孩子最初"读书"，不是用眼睛，而是用嘴或手，不要管，这还能锻炼小手的灵巧性呢。小家伙在没有人打扰的情况下，把一张纸用力地撕成好多块，扔到地上，又从书上撕下一张，一撕两半，不再有兴趣撕碎，扔下，去搞别的"破坏"。

这两天中，我和同学一直坚持不干涉孩子，这对同学来说可能是件痛苦的事，她开玩笑说忍得内脏快要出血了。

但成就也很快看到，到第三天，孩子明显不再跟大人逆着来，而且也不再看妈妈的脸色，神情平和多了。我们准备出去时，我和同学都坐在餐桌边化妆，小家伙抓起我的一管口红。我带了两支口红，已被他弄坏一支，这支可不想让他毁坏。于是伸开手说，把这个给阿姨好吗，阿姨要用这个。他居然很听话地给了我，安静地看着我如何打开使用。我的同学眼睛一亮，我们都暗暗笑了——这可是小家伙以前从来不会做的事。

我后来不时地和同学通个电话，她说小家伙自从我来过后，变得听话了，再不和她逆着来了，她现在感觉带孩子没那么累了。事实上，改变最大的是她自己。她心态平和了，能正面看待孩子的许多行为，不再把属于幼儿的正常探索看成是破坏，接纳孩子的行为，减少了对孩子的限制，给孩子充分的自由。孩子心里没有逆反，当然就变得听话了。

反串"小监工"，干活有热情

在我女儿圆圆大约三四岁时，我像天下所有妈妈一样，希望孩子能学会自己收拾玩具。我开始培养圆圆收玩具的办法很直接，就是告诉她玩过后要自己把玩具收起来，但她总是收得丢三落四的，我就得不断提醒，这里还有一个没收拾，那个也要收起来。结果弄得她对收玩具这件事很抵触，也做得很被动，一直没有进步，总得我跟在屁股后面不断唠叨。

意识到这是个问题后，我开始想办法。

有一天，我对圆圆说，以前都是妈妈指挥你收玩具，今天你指挥妈妈，让妈妈来收拾好不好？她一听，非常乐意，说好，立即就有大权在握的感觉，不由自主四处看去，观察哪些东西要收起来。

我模仿她平时的样子，只把放在眼前的一些收起来，然后就说收好了。圆圆作为监管者，眼里开始有活儿，不知不觉地像我平时那样，告诉我这里有一个没收，那里有一个也需要收起来。我乖乖地听她的指挥，一趟又一趟地跑着，直到她认为东西都已收好。

其实有几个小玩具还没收起来，但她没注意到，我不直接说出来，担心那样会降低孩子的成就感。晚上和在外地出差的爸爸通电话，我故意把这件事讲给爸爸听，爸爸随后在电话中表扬了圆圆。

接下来一次收拾玩具，还是她做监工，我动手。把玩具收好后，我说，宝宝指挥得这么好，玩具收得这么干净。家还有一点乱，要么你再指挥妈妈收拾一下屋子？其实还有两个玩具她没看到，我也假装没看到，暂时没收。

圆圆本来还意犹未尽，听我这样说，又来劲了，四下看看，告诉我把扔在地上的沙发靠垫放到沙发上，再告诉我把茶几上的水杯送到厨房，然后告诉我把沙发上的衣服挂起来……我在做这些的过程中，假装无意中发现那两个还没收的小玩具，顺口说一句"哦，刚才没注意这个"，把小玩具送到玩具筐里，然后再不动声色地顺手把圆圆没指挥到的东西归整一下。

屋子很快就显得干净整洁，我愉快地环顾四周，对圆圆说，宝宝指挥得这么好，屋子一下子就干净了。圆圆也能感觉出屋子前后大不一样，非常有成就感。

接下来两三次收拾屋子，都是圆圆指挥，我跑腿。她观察得明显比前面细致，指挥得越来越好。但我知道不能一直这样下去，所以再一次干完活后，对她说，以前是妈妈指挥你干活，这几次是你指挥妈妈干活，以后这样吧，咱俩轮流着做指挥，你说好不好？圆圆说好，所以我在接下来几次收拾东西时，和她互换角色，一会儿做指挥，一会儿做干活的。我在干活儿时，故意说我要做到最好，让她这指挥官没事干。所以到她干活时，也力求做到最好。非常明显，她眼里有活儿了，知道哪些东西应该收起来，尽心尽力地做，而不像从前，只是胡乱应付我。我在扮演干活者时，有意疏漏，给她留点指挥的余地；当我扮演指挥者时，既做出严格监督的样子，又睁只眼闭只眼，不让她感觉到难为情。总之，我尽量体谅她作为一个幼儿的能力，不苛求；同时又让她有成就感，体会到干家务并不是件复杂的事。

这件事我没有一直做，玩过一段时间后，不了了之，主要是圆圆没兴趣了，我也懒得坚持，所以圆圆并没有就此养成天天主动收玩具的习惯。但我相信她已有收获，这之后，她再去收拾玩具，或收拾屋子，能力明显见长，我觉得这就够了。

在圆圆的成长中，在很多劳动技能上，如洗碗、洗衣服、收拾书桌等，我都采用类似的激发兴趣的方式，以让她体验为主，而不让她感觉被家务劳役。那么小的孩子，重在获得初步的劳动技能，感受劳动的成就感，而不是天天去干多少活。这些最初的技能和兴趣，是孩子将来能够形成正常生活能力的酵母。

圆圆只是在幼儿园和小学时，被我这样设圈套做了一些家务，上中学后就没再做家务。因为她时间明显不够用，除了学功课，还要阅读、玩游戏、练琴等，我根本不忍心再用家务去瓜分她的时间。做家务是件简单的事，只要孩子不厌恶，到该做的时候，自然就会做了。她高考完后，我招呼她和我一起做饭，发现她动手能力很强，第一次切土豆丝，虽然有些笨拙，但切得又细又匀。在其他一些家务事上，也都是开始有些笨拙，但很快就熟练，做得又麻利又好。虽然从目前来看，圆圆不是做家务高手，但独立打理自己的生活已不成问题，我作为家长，对此已非常知足了。

以上几个故事都是个案，事情不同，解决方法看起来也各不相同，事实上它们共有一条红线——所有故事都让我们看到，天下没有不听话的孩子，只要方法对头，孩子都是好孩子。教育和医疗一样，其存在的价值基于人与人的相似，没有对相似性的把握，就不存在差异化对待的能力。所以，"教育"不在宏大话语中，也不在遥远的目标中，而在当下的细节中，做好了细节，就是做好了教育。

《金刚经》里讲，任何一颗恒河的沙粒都包含着整个宇宙。每个孩子也都是一个小宇宙，需要我们心怀谦卑地以诚相待。作为父母或教师，如何检验我们对待孩子的办法对不对，如何避免被一些所谓的"教育专家"或"心理专家"

误导，有一个简单的测试方法：你在让孩子哭泣、忧郁、屈服，还是让他欢笑、平和、悦纳——此方式不仅用于自我鉴别，也可用于判断专家水平高下——不要用教育意图来说事，也不要用专家名气论高低；教育的对与错，用孩子的表情和反应足以判断出来。

只要方法对，不但能让眼前的事情从"山重水复疑无路"跨进"柳暗花明又一村"，还能暗暗地滋养孩子的好品格，并使这好品格迁移。这就是教育的魅力，具有四两拨千斤的功效。

5

走出心理沼泽——小春的故事

> 我相信，一个爱阅读的孩子，他心底向善向美的本能
> 不会轻易死去，这是他在被严重损害的情况下，仍有
> 可能变得正常的最后的火种。

我曾在一所小学工作。遇到一个叫小春的四年级学生，他暴力倾向极为严重，几乎每天都和同学或老师发生冲突。别的同学在走廊里看了他一眼，他说人家的眼光不怀好意；站队时别人不小心蹭他一下，他说是故意挤他；甚至有的同学随口唱两句歌，他说人家故意在他面前显摆，嘲笑他不会唱歌……总之，尽管大家很小心，尽量躲着他，还会莫名其妙惹着他。

他发起脾气来很恐怖，会狂躁地大哭大闹，像疯了一样摔打东西、追打同学，会咬牙切齿地喊"我要杀死你，把你的头拧下来，用刀剁碎……"老师如果去劝说他，他会连老师一起打骂，甚至故意攻击女老师的胸部。在他最狂躁时，连体育老师也摁不住他。听说老师们给这孩子做过许多思想工作，学校甚至专门请来心理咨询师对其进行心理辅导，都没什么效果。

他妈妈听从一些老师的建议，带他去医院精神科看过病，有的医院诊断是多动症，有的医院诊断是自闭症，吃过不少药，但这些药物除了让他上课昏昏

欲睡外，没什么别的作用。

小春的班主任告诉我，这个孩子其实非常聪明，很爱看书，他上课似乎从来不听讲，成绩却不差。只是，班里有这么一个学生，同学们和老师都没有好日子过，每天都提心吊胆的，不知他什么时候"发疯"。家长们曾联名向学校和教委反映过，但学校不能开除这个孩子，又找不到解决办法，只能这样凑合着往下走。

校长也告诉我说，就因为班里有这样一个孩子，没人愿意来这个班当班主任，管理这一个孩子比管理40个正常孩子还要累。老师们甚至不愿意给这个班上课，课堂经常被他搅黄了。以前老师们经常因为小春闹得不像话找他的家长，现在也懒得找了，他姥姥和妈妈也很少来学校，甚至回避家长会。校长担心小春会在哪天捅出大娄子来，已跟附近派出所取得过联系，以备万一发生什么事情，能迅速获得警察的帮助。

我第一次看到这孩子时，感觉他的精神已濒临崩溃。下课了，所有的同学都躲他远远的，他像个孤魂一样在走廊里无目标地游荡着，眼神迷茫又充满敌意，还有哀怨和绝望。他的状态令我震惊。如果这样下去，小春今生大约只有两个去处了，不是监狱就是精神病院，而某些无辜的师生可能会受到他的伤害，所以必须赶快想办法改善他的情况。

我找了几个和他接触较多的老师，详细了解了他的情况，尤其是他的家庭情况。小春父母离异，爸爸很少去看他，妈妈是很强势的人，自己开一个小公司，很少管孩子。小春出生后一直和姥姥姥爷生活在一起。小春姥爷很懦弱，姥姥也很强势。在小春刚上学的前两年，姥姥不时地来学校找事，总是说同学和老师欺负了小春。以前的班主任一谈起小春的姥姥就摇头，说没见过那么不讲理的家长。只是近一年多，因为小春的在校表现实在太成问题，学校几次委婉地劝他们给孩子转学或退学，姥姥才有所收敛。但也放出她的底线，就是学校不可以让小春转学或退学，因为小春有病，学校不要小春就是歧视，她要去告教委，找媒体。吓得学校再也不敢说什么，只好这样凑合着。

这些信息已足够让我猜测小春出生以来遭遇了怎样恶劣的教育生态环境，也让我能判断出小春为什么会是现在的样子。孩子从一出生就没得到正常的父爱和母爱，长期处于那样不堪的一种家庭生活中，到学校又经常被老师们用大道理批评教育一番，似乎过错都是他的，把他的情绪通道全部堵上。这样，孩子的精神怎么能正常呢？真是想想就令人心疼啊！

我知道做小春的工作会非常难，必须找到一个突破口，首先打破和小春的沟通障碍，取得他的认同，然后再改善他的心理。

小春爱阅读，读过不少书。我想这是我可以入手的地方，也是我对小春还抱以希望的前提。我相信，一个爱阅读的孩子，他心底向善向美的本能不会轻易死去，这是他在被严重损害的情况下，仍有可能变得正常的最后的火种。

我从找小春给我帮忙开始入手。

我找来一篇适合放到学校网站上的文章，一千多字，故意把其中几个字写错，把一两个句子写成病句，打印出来，然后把小春叫来。我对他说，听你的班主任说你很爱读课外书，我估计你文字水平肯定比一般同学高。我这里有篇稿子适合放到学校网站上，但发现里面有错别字，我没时间校对，你可不可以帮我校对一下？

我的话可能让小春觉得意外，他看我一眼，然后把目光躲开了，表情冷漠，不置可否，既不说行也不说不行。他也许是不自信，也许不相信还会有人看得上他，让他帮忙。我没在意他的表情，很信任地对他说，帮老师一个忙吧，我实在没时间校对。来，我给你说一下怎么修改。

他用狐疑的眼光看看我，又微微点点头，低头看地面，不吱声。我感觉他是很想做这件事的，就没再说什么，给他简单讲了一下编辑修改符号，并告诉他如果看到哪些句子写得不合适，也可以修改，然后让他把稿子拿走。

第二天早上，小春就把稿子送来，还是一句话不说，面无表情地站在办公桌旁。我快速地把稿子看了一遍，他修改得很好，不仅所有错别字改过来了，对病句也做了修改。我真诚地表示出赞赏，然后又拿出一篇稿子，对小春说，你校对得这么好，能不能再多帮老师点忙，再帮我校对一下这篇？

他什么也没说，面无表情地顿了片刻，接过了稿子，扭头走了。我能明显感觉到他这一次来我办公室的情绪比上一次好很多。

我把小春校对过的两篇稿子交给学校网管时，特意叮嘱不要把后面校对者的姓名删掉，我相信小春会上网看的。

以此为突破口，我后来又找这孩子校对过几次，每次他来取送校对稿，我都会随意地和他聊上几句。并且，我开始借书或送书给他，这样我们的话题就更多了。总之，我要做的就是让他放松，心理上一点都不紧张。

孩子开始信任我，从那以后，他每次和同学或老师发生冲突后，怒火一定是需要来我的办公室平息。初期的一个多月，他几乎天天会哭泣着走进我的办公室，有时是班主任或其他老师送过来，有时是他自己过来。不管多忙，我都会放下手中的工作，和他交流。

小春在其他老师的描述中，是个从来不和别人交流、不会对话的人。确实，开始时他即使来我办公室，也什么都不对我说，只是哭泣，或狠狠地自言几句，似乎在骂什么人。这种情况下我不强行和他对话，友好而平静地听着他哭骂，完全不刺激他。待他平静些后，不管他有没有回应，和他简单说几句话，然后给他本书看，或给他几张纸乱涂乱画，我继续干自己的，互不干涉。他往往会在我办公室待上一两节课的时间，直到情绪平复了，才回到教室。

慢慢地，小春开始愿意在我面前诉说他的委屈和不忿。初期，他自己常不管不顾地一个劲说，和我没有任何互动。尽管我能听出来他经常不讲理，总是持有强盗逻辑，而且废话很多，但我不打断，很少正面开导他，也没给他讲过什么道理。有时为了安抚他的情绪，甚至会故意顺着他的话批评别人几句。

小春对我越来越信任，在我面前越来越放松，不管他表现出低落还是倨傲，情绪上完全不和我对立，于是我们开始能对话，尽管他经常前言不搭后语，答非所问，但很明显，他愿意打开心扉，能够表达和交流了。

渐渐的我有一个发现，他不管在学校和哪个同学或老师发生冲突，最后不知不觉地总是把情绪落到他妈妈和姥姥身上。我从他的话语中慢慢拼凑出了他的家庭生活真相。

妈妈和他见面不多，一会儿爱他爱得要命，一会儿恨他恨得要死。经常给他买很多衣服、电子产品及其他吃的用的等，舍得花钱，可一回家就和他发生冲突，然后把他打一顿。

有一次，小春用非常平淡的口气对我说：昨晚我妈又冷不丁地抽我一个耳光。我问为什么，他说："不为什么，她喜欢这样，三句话说不对就上耳光。"小春说这话时口气平淡，波澜不惊，我惊诧地看看他，他一脸冷漠，不看我，自顾自地说："我现在一看她抬胳膊，就不由自主地要躲一下，其实她有时候只是弄一下头发。"

他姥姥对他的爱也很畸形，不是包办就是打骂，处处控制他，和他妈妈的做法如出一辙。有一次小春居然说一句，"我姥姥早点死了就好了，可我妈还得活很多年，她们怎么能快点死了呢？"虽然诧异，但我不阻止他说出这样的话，也不对这样的话做出过度反应，像听任何一句平常话一样，平静而友好。

我几乎没给小春做过正面开导工作，我会在他尽情宣泄后，诚实而客观地和他一起分析妈妈、姥姥的问题，告诉他她们做得不对，还和他分析过这几年遇到的一些老师的问题，我就是想让小春知道，他不是天生的坏孩子，他现在是有些问题，但这些问题全部是家庭和学校带来的。

同时我努力捕捉他的各种优点，让他知道，他是个多么正常可爱的孩子。有一次，他说正在第二遍看《哈利波特》，并且自己也在写魔幻小说，但他的小说不给任何人看。我相信他其实是想让我看的，否则不会告诉我他在写小说，所以我对此表示出兴趣，问他可不可以给我开个后门，拿来给我看看。他没有答应，摇摇头，然后不理我就走了。第二天却带来一个大本子，里面是他写的小说，当时已写了五六页，大约有3000字。他的故事有模仿《哈利波特》的痕迹，但文笔流畅，全部是手写，很少有修改，看来是一气呵成的。在我的教师职业生涯中，确实很少遇到文笔这么好的学生，我发自内心地欣赏他的才华。小春很少交作文本，只要他上课不闹事、考试能及格，老师们就觉得很好了，所以也不强求他交作业。从这个小说来看，他的写作能力要高出班里同学好多，将来完全有可能真正进入创作，写出自己的作品。

这件事让我和小春走得更近一些，我们有了更多的话题。他每写完一个段落就拿来让我看看，我只分享他的创作快乐，尽量避免点评，不扰乱他的构思和信心，呵护他的写作热情。我让小春感觉到，我阅读到的是一个小作者写的小说连载，而不是一个小学生给老师看的作文。我相信，一个孩子，只要他尚存一息自尊，觉得自己有被人认可的地方，就不会完全堕落。

在和小春所有的交流中，我把握的原则就是不矫情，不强势，平和，理性。我能感觉到孩子有一种终被理解的快乐，他每次走出我办公室，都带着愉快。

我的工作重点其实是他的家长，内容很简单，就是制止家长再打骂孩子，要求家长放弃严格的家规。但这是最困难的部分，这个过程花费的时间和精力最多。

我先找小春妈妈谈一次话，让她知道她一直以来对孩子的严厉和孩子现状之间的关系，要求她回家戒断打骂孩子，不要用各种家规来限制孩子。小春妈妈开始对我有些抵触，并不承认自己经常打孩子，她居然说自己很少打孩子。然后抱怨孩子太不听话，没法交流，讲自己为孩子付出多少辛苦，等等，言语间表示出对小春的厌恶和无可奈何，似乎要证明一切问题都是孩子天性所致，是来自孩子父亲的遗传。同时她特别强调小春有多动症和自闭症，并说因为找的医院不同，医生诊断不同，她一定要确诊孩子到底是哪种病。但我能感觉出她说这些时并不十分自信，这反而让我对改善她的教养方式有了信心。

我知道她在短时间内不能接受小春的问题是来自她的教养失败这样一个事实，所以当时没有生硬地给她讲道理，相反，处处表示出理解，目的同样是不让她在情绪上和我对立。

接下来我按自己的计划，不断地和她沟通，经常给她打电话，在接触的第一个月，平均每天打一次。我不断强化孩子不可以打骂的信息，并就一些具体问题给她具体的指导，让她知道确实有比打骂更好的方法。同时也不断告诉她小春具有聪明懂事的潜质，让她对孩子有信心。

这个过程令我非常为难和痛苦，耗费精力巨大，但我一直坚持着，并尽量想办法做得自然。事实证明我的努力是有效的，小春妈妈的态度开始转变，开始控制自己打孩子的节奏。她本是个很强势的人，但在跟我沟通中，渐渐学会了倾听。

我不断地想办法强化她对小春的正面思维和正面态度，让她知道自己做得越来越好，小春也在越变越好。还给她布置任务，让她监督孩子姥姥，不允许老人再打骂孩子。这样，她有意识地去制止姥姥打骂小春时，自己也就更有意识地克制自己的脾气。她后来居然能做到天天回家陪孩子，一方面想多给小春些关爱，另一方面防止姥姥再打小春。小春挨打的次数越来越少，约半年后，就不再听说他回家挨打了。

不挨打的小春很快表现出可喜的变化，和同学及老师的冲突开始下降，越来越少。班主任时不时地表扬他一下，说他越来越懂事了。

班里的同学其实都非常单纯，一旦感觉小春不再威胁他们，不少同学开始很自然地和小春一起玩了。

就这样，事情慢慢进入了良性循环。小春开始有了玩伴，到我办公室的次数也就少多了。半年后小春就不再和同学、老师发生严重冲突，抗抑郁药也停了。

当然，并不是小春的全部心理问题都解决了，我没有能力擦掉他全部的伤痛，创痕还在他心里，他偶尔还是会出现一些问题。智商出色的小春，在情绪上却显得比同龄人幼稚。比如因某件事不快，要么号啕大哭，要么趴在桌子上一动不动，谁都不理。但不会像以前那样找茬打人，即便生气也不过分暴烈，有了自我约束力，整体状态基本趋于正常。学校一些不明就里的老师很惊奇地说，这个小春怎么一下子变得懂事了，看来长大一岁就不一样啊，换了个人似的。

我离开这所小学后，和小春的妈妈还保持了较长时间的联系，隔一段时间给她打一次电话，她偶尔和小春发生冲突，不知该怎么解决，也会给我打电话倾诉或咨询。我知道她一直在努力改变着自己。我和小春直接联系并不多，两三年间总共通电话约四五次。我记得最后一次和他们联系是小春上了中学，成绩很好。电话中的小春变声了，他兴致勃勃地给我讲了进入中学的一些事情，还讲了他最近看到的有意思的书。从电话中感觉，他的状态比我离开学校时更好了。

只要不出意外，小春将来一定会上大学。未来他也许会成为一个文学家，也许会成为一个专业技术人员。无论成为什么，他至少成为了正常人，可以拥有正常的人生，这才是最重要的，也是我作为教师想到一个学生时最感欣慰的。

第五章

完善家长自身

1

没脾气才会有教育

> 家长脾气大造成的后果是什么，我们大约可以这样描
> 述：轻度后果，孩子逆反、消沉、多疑；中度后果，
> 孩子成年后脾气暴躁，爱抱怨或抬杠，为人苛刻；重
> 度后果，严重抑郁症，性变态，神经病人格。

很多家长在和孩子相处中总是喜欢发脾气，习惯于把每次发脾气归咎为孩子不听话，或孩子某种行为太不像话，认为自己发脾气是不得已而为之，是为了教育孩子。事实是，脾气不但没有教育功能，却是反教育的。脾气越大，教育效果越差。坏脾气不仅像一把乱挥的锤子，破坏当下的一时一事，甚至造成不必要的人生悲剧；更像弥散的有毒气体，形成深远而广泛的损害。

坏脾气造成的后果是什么，我们大约可以这样描述：轻度后果，孩子逆反、消沉、多疑；中度后果，孩子成年后脾气暴躁，爱抱怨或抬杠，为人苛刻；重度后果，严重抑郁症，性变态，神经病人格。家长发三分脾气，会对孩子形成七分损害。说坏脾气是教育的死敌、人生的陷阱，并不为过。

脾气的坏处其实大多数人都明白，只是做不到不发脾气。不少家长经常下决心要改掉坏脾气，每每事到临头，火气一上来，就什么都忘了。所以，本文

想着重谈谈如何克制坏脾气。

克制脾气不能光靠一个"忍"字。古话说得好，"忍"字心头一把刀。一位家长给我的邮件标题是"我忍，我忍，我忍忍忍"，且不说邮件内容如何，标题已够惊人。刀锋之下，如何能躲开伤害？一个人心上这么多带血的刀子，若不去掉，迟早是要割伤自己或他人的。

这就说到一个问题，脾气大的人为什么心中常有怒气？他们的"火"到底从何而来？知道病因，对预防和治疗都非常重要，所以有必要在这里对坏脾气先追根溯源一下。

脾气很差的人，童年经历往往有两个特征：一是身边有个爱发脾气的人，二是内心常常有委屈感。正是童年时代的这两种遭遇，埋下了坏脾气的隐患。

因为儿童的性情是向成人习得的，家长的行为示范作用要远大于口头训诫作用。坏脾气家长动不动向他人、配偶或孩子发火，这首先是做了反面示范，无意中教会孩子用破坏性方式表达不同观点。同时坏脾气的人让家庭生活经常充满火药味，让孩子的心理总是充满负面情绪，积淀越来越多的负能量，成年后，习惯以伤害性的方式表达分歧，尤其容易冲着配偶和孩子嚷嚷，甚至动手，因为这两者离自己最近，对自己威胁最小——于是我们看到，坏脾气代代相传，老子火气大，儿子脾气就差，到了孙子也不怎么样——家族轮回链条就这样形成，正如蒙台梭利所言，"每一种性格缺陷都是由童年的不幸造成"。

脾气的本质是恨意，恨意和思考力呈反比，恨意越深，思考力越浅。一些爱发脾气的人经常说的一句话是：我这脾气就这样，天生的，改不了。把坏脾气等同于双眼皮一样的生物遗传，这反映了很多人对自己坏脾气的无可奈何，以及对自我改变的逃避。追溯脾气的成因不是为了指责谁，而是为了看清楚自己的缺点从何而来，将要何往。看清事情的来龙去脉，才能避免把坏脾气合理化，才有力量斩断这轮回的链条，并且容易对原生家庭的缺陷给出原谅。

如何改变坏脾气？关键一步是立即行动。即从今天、从这件事开始，不发脾气。

脾气这个东西，不发就不发了，你不纵容它，它就不会张牙舞爪。反之，如果不加约束，脾气可以被喂养得越来越大。这不仅在心理学上被观察到，生物学也证明，惯于摆出暴力姿势的人，只会增加自己的愤怒。

克制脾气可以从每一个想要发火的事件中开始练习，哪怕觉得自己在"演戏"，也要演下去，情绪没到位的情况下，努力让行动先到位。心理学研究发现，"任意表露情绪，可以强化情绪。相反，尽可能地抑制情绪，则会削弱情绪"[1]。并且人的情绪有互动性，投射出去的情绪往往会反弹回来，每一次反弹都是强化。好情绪有好强化，坏情绪有坏强化。亚里士多德曾说过："我们由于行使正义而变得正义，由于练习自我控制而变得自我控制，由于做出勇敢行为而变得勇敢。"所以，如果我们想要变成"好脾气"，就要让"好脾气"不断和我们相逢，尽量不让坏脾气出来露脸。

大部分情况下，人只要体验过一次克制脾气带来的愉悦，后面就会更容易控制情绪。

有位家长说她一直对儿子要求严格，但还在读小学五年级的儿子脾气不好，因为一点小事就大发雷霆，大喊大叫，而且从不认错，经常气得她简直要发疯，只是因为知道打孩子不好，才强行忍着不动手，但和孩子吵架却是频繁发生。有一次她实在黔驴技穷了，愤怒地对孩子大喊一声：你就不能让妈妈高兴点吗？儿子大声回敬说："我不知如何让你高兴，就知道如何让你不高兴。"她当时感觉内脏都要气得出血了。

有一天，儿子从学校打来电话，说一个作业本丢在家里了，必须要今天交，要妈妈送一趟。这不是第一次了，这孩子整天丢三落四的，动不动就把什么东西丢在某个地方，所以当她黑着脸把作业本送到孩子手上，刚说了句"每天叮

---

① （美）戴维·迈尔斯，《社会心理学》，侯玉波等译，
人民邮电出版社，2006年1月第1版，116页。

嘱你多少次……"儿子立即呛她一句"好了好了，你快走吧！"扭头就离开，没有一点认错的意思，也没有对妈妈的辛苦表示一点感谢。可能只是因为在学校里，才没大喊大叫。晚上她很想批评儿子几句，只是害怕他发脾气，才硬忍住了，心想等你下次再忘了带东西，逮着了一定好好教训一顿。

没想到第二天儿子又从学校打来电话，说他把今天要交给老师的一张表格丢在家里了，要妈妈再送一趟。她一听，火气腾一下就上来了，没好气地说，妈妈今天忙，没时间，你明天再交吧，生气地把电话挂断。过了一小会儿，老师打来电话，说这个表格必须今天交来，现在班里就缺她儿子这一张，希望家长配合老师的工作，否则孩子没法放学回家，老师也没法下班。老师口气强硬，不容商量，她只好放下手头的事，开车往儿子学校赶去，内心简直可以用怒火万丈来形容，恨不得当下抓住儿子痛骂一顿。

快要到儿子学校时，她想到有可能遇到儿子的老师，突然有一点点胆怯，感觉没有勇气面对，害怕被老师给脸色看。然后又想到，自己还这么害怕见到老师，儿子此时不知有多难堪。老师显然很生气，应该已是狠狠地训了儿子。全班那么多孩子，就他一个人忘了带表格，这让儿子多么尴尬啊。想到这里，她忽然有点开始心疼儿子了，心里的怒气一下消解了不少，然后，不知怎么突然生出一个想法，今天连提醒也免了，反正提醒也没用，还让他呛自己两句，这次什么也不说，看看他以后会怎样。

到了学校见到儿子，她一反常态地没有生气，把表格交给儿子时，顺便把水壶递到孩子手上，和颜悦色地说，水壶也忘了带了，是不是一上午没喝水，渴吗？妈妈的表现让孩子大吃一惊，有些不相信地看看妈妈，一时不知该说什么，眼睛里流露出感动。要知道，以前如果忘了带水壶，也是一个过错，回家后总会受到一顿责骂。

看着孩子的表情，妈妈忽然觉得孩子那么可怜，自己没发火，居然让他那么意外，可见自己对孩子发了多少火。妈妈一下感觉有些心酸，忍不住温柔地拍拍孩子后背。当孩子确信这次妈妈真的没生气时，眼中突然泛起泪光，有些不知所措地低下头，嗫嚅着低声说一句"妈妈，又让你又跑一趟……"孩子虽然没把话说完整，但能听得出他的歉疚，几乎可以确信，孩子在强忍着眼泪，或已流下眼泪。妈妈一瞬间也眼眶一热，又轻轻摸摸孩子脑袋说，没事，反正妈妈今天也不忙。嗯，没别的事了吧，那妈妈走了。孩子轻轻地嗯一声，还是没抬头，妈妈能感觉到她和孩子间有某种温暖的东西在交流着。

回家的路上，竟是从未有过的幸福感，原来宽容竟有这么大力量，可以让一个从来不肯低头认错的孩子主动说出对不起。晚上孩子回家后，居然也一反常态地变得非常温顺，妈妈让他干什么，他总是情绪愉快地去做了，完全没有以往的故意顶牛。

这次经历让她看到克制脾气的成果，给她带来信心和鼓舞。后来这位家长开始不断地约束自己，发脾气确实是越来越少，脾气也越来越小。很多事情如果放在以前，一定会觉得不可容忍，非得暴怒一场不可，后来却发现所有的事情都没什么大不了的，不发火并没有那么难，而孩子也变得越来越懂事。

当然，并不是所有的孩子都像这个孩子一样，家长一改变脾气，马上就懂得"领情"，很多孩子对家长初期态度的转变并没有积极的反馈，似乎无动于衷。如果出现这种情况，也不要气馁，哪怕是遇到孩子主动挑衅也不要发火，让他"拳头打在空气中"。双方的负面情绪都得不到释放和回应，时间久了，自己的脾气、孩子的脾气都会在不知不觉中变好。

有位爸爸说他下决心不再跟还在上幼儿园大班的儿子发脾气，但小家伙蹬鼻子上脸，给三分颜色就想开染坊，弄得家长越来越没信心，担心把他溺爱坏了。但有一天傍晚，这种印象改变了。当时，孩子妈妈把一盘刚炒好的土豆丝端到桌上，又进厨房炒第二个菜。孩子马上爬到椅子上要吃，爸爸说菜刚炒出来太烫，再说妈妈还没过来呢，等一会儿吧。孩子一脸不愉快，手里的筷子不肯放下，啪啪敲击桌子，趁爸爸不注意，突然往菜盘里吐一口口水。

这实在太过分了，爸爸几乎把持不住地想发火。也许是小家伙自己也知道这动作太出格，看着爸爸，目光既挑衅，又有些怯怯的。爸爸看他一眼，强压怒火，镇静地看孩子一眼，没吱声，低下头继续看手机，努力平息心里的火气，然后思考对策。

片刻后，妈妈端着另一个菜出来，不知道刚才发生了什么，爸爸也没说什么，一家人开始吃饭。爸爸心里憋屈得都有些吃不下饭。小家伙也许确实觉得自己理亏，也许是因为又没等到爸爸的火气，心里有些忐忑不安，在饭桌上表现得出奇地乖巧，一直老老实实地坐着吃饭，不像平时吃两口就跑了，还把碗里的饭吃得干干净净的。妈妈惊奇地说宝宝今天表现怎么那么好。爸爸心里忽有一些感动，觉得自己坚持不发脾气有了成果，庆幸自己没有轻易放弃"好脾气"。他反思自己平时对孩子管得多，又老发火，孩子不逆反才怪。比如今天，孩子想先吃几口土豆丝，这要求对一个小孩子来说其实很正常，家里又没有外人，为什么不允许呢？这么点事都要限制他，他当然会觉得你总是很不友好，就要故意在你面前捣乱。如果自己没压住火，又打骂孩子一顿，事情会变得多么糟啊。

在这么具有挑战性的事件上还能控制不发，爸爸自己也有成就感，此后更注意减少限制孩子，努力克制脾气。

脾气与脾气的对峙就像拔河赛，对方的屹立不倒是以你的坚持为前提的。如果想让对方不再坚持，最好的办法是放开手中的绳子——家长心中没怒火，孩子的脾气就发不起来。这一点小小的改变，对孩子的未来影响巨大。

在改善坏脾气的路上，家长要经常尽量问自己几个问题：我的孩子不如别人的孩子好，是不是我做得不如别的家长好？或者是我没看见自己孩子的好？在和孩子相处中，我原谅过他什么错误？对他的什么缺点能一笑了之？给孩子做个好榜样重要，还是我出口恶气重要？比起那些天生残疾或生大病住院的孩子，我的孩子四肢齐全，身体健康，这是不是他给我的回报呢……这些问题不妨常在心里想想，就是对坏脾气的不断降解。

控制脾气，多数家长只要在意识上到位了，行动就会自动调整。但也有人发现，克制脾气于自己来说是件特别困难的事，虽然明明白白地知道发脾气的坏处，却常常控制不住。每次发完火都后悔得要死，可到了下次，照样大发雷霆。

如果是这种情况，可以试试下面几种办法：

1. 半小时效应。

给自己立个规矩，不管有多愤怒，都不马上发作，即便无意中发作了，也要马上收住，告诉自己等半小时，一切都等到半小时后再说。在这半小时里，一定要去做点别的事，凡能让自己感觉好些的事都可以做，比如浏览网页、玩游戏、吃东西、到外面走走、洗个澡或给好友打个电话等等。一切有可能挑动脾气的事都不做，且最好不要和孩子在一起。脾气是一种激情，爆发都是瞬间的事，挨过半小时后，人就会变得理性，该怎么样做不该怎样做，基本上就清楚了。

2. 纸条仪式。

在特别想改变坏脾气时，写两张纸条。第一张描摹自己的坏脾气，把它的可恶白纸黑字地写出来，此纸条象征自己的坏脾气。第二张写下自己改变坏脾气的愿望，以及有提醒作用的一两句话，此纸条象征自己的决心。然后把第一张狠狠地撕碎、烧掉或用其他方式销毁，感觉把坏脾气埋葬掉。第二张贴到墙上或放到其他自己方便看到的地方，规定自己不管在什么情况下，只要想发火，必须先跑去看过这字条，看完了再决定发不发火。或已开始发火，突然想到纸条，也要跑去看看。若纸条有效控制了火气，给自己一点任何形式的奖励，让自己高兴；如果看过纸条后没管用，还是发脾气了，也不要气馁，把这一张撕了，重新写一张，重新给自己鼓劲。看纸条这个仪式化的行为一直坚持下去，上面提醒自己的话经常在心里复习一下，坏脾气一定能被有效抑制。

3. 意念疏散。

当火气一下子起来时，先赶快把意念投注向自己身体内部，宛如立即把身边惹你生气的人丢弃掉，顾不上管他一样。集中注意力寻找一下身体哪部分被怒火弄得不舒服了，是胸口憋闷，还是脑袋隐痛，或是手臂颤抖，然后把意念集中到那个不舒服的地方，想象有一团纯净的气体或清清的水流，轻柔地包围那里，旋转按摩，并丝丝深入，把那里的浊气驱赶出去，可经由身体任何地方挥发到空中，身体越来越干净。这个过程最好伴有深呼吸，感觉纯净之气被吸入，然后长吁气，浊气被呼出去……一次驱散不完就再来一次，直到感觉自己变得干净、平静而松弛。

以上三条方法可以同时做，也可以只做一条。关键是坚持，一直坚持，给自己反复练习的机会。西方流传一句笑话：如何像卡耐基一样成功？答案是：实践，实践，再实践。套用这句话，完全可以说，如何成为一个不发怒的人？答案是：不怒，不怒，就不怒！在发脾气的时刻，没有比停止发脾气更重要的事情。

任何自我控制手段只有建立在强烈的自我改变意识上，才会有效。在和孩子的"较量"中，家长要时时记住，只要发火，就输了。家长若不和孩子斗狠比强，遇到事情有定力，有变通力，那么孩子学到的正是这些。

当然，必须承认的一点是，天下没脾气的人很少，正如天下没有私心的人几乎没有一样。所以也不要期待自己成为完美父母，不要有教育洁癖，否则会太焦虑。而过度焦虑对改善脾气并没有什么好处。大家都是凡人，偶尔发点脾气也正常。如同正常范围内的私心是健康的也是必须的，正常范围内的脾气也可以存在并可以被理解，关键是个"度"的问题。如果实在没忍住，脾气发作了，至少要守住两条底线：一是坚决不动手，只动嘴；二是赶快结束，不纠缠。不要非得讲什么理，明明白白开始的事，可以糊里糊涂结束，这并不影响以后的日子变得清朗。当我们变得越来越习惯于自我克制时，自我克制就变得越来越容易。

亚当斯密认为，具有最细腻敏锐的慈悲性格的人，自然也是最能够高度自我克制的人。[①]我们俗称的体贴、善解人意、感同身受、有同理心等等——这些

① (英) 亚当·斯密,《道德情操论》,谢宗林译,
中央编译出版社, 2010年4月第1版, 183页。

简单的词汇不简单，它标注着人性可靠的宽度和高度。人若不固执于自己的想法，多站在他人的角度看问题；若善于从生活中发现美好，而不总是着眼于些许的不如意，脾气可能就会小得多。

孩子逆反，说明他有独立思考能力和选择的勇气，这总比事事听命于家长、没主见好得多。孩子成绩不理想，但他身体健康，心地单纯善良，这该多么令人欣慰。钱包被小偷偷了，要庆幸银行的存款没被人骗走；挨老板一顿训，就去庆幸自己好歹有工作有薪水。迈脚出门，平直的马路已铺到脚下；轻轻点击电脑鼠标，世界就展现在眼前……太多太多的恩惠藏在我们看不见的地方。如果日子充满感恩，你投送出去的心情都将回报给你；为孩子营造一个健康的成长氛围，家长自己更受滋养。

"身是菩提树，心如明镜台，时时勤拂拭，不使惹尘埃。"——这是自勉境界。"菩提本无树，明镜亦非台，本来无一物，何处惹尘埃。"——这是超脱境界。对于一个超然的灵魂来说，有什么事会让他烦恼到失态呢？境界的升华不可能轻松地一步登天，而需要一点点去修行。当我们能对一人一事给出豁达和宽容时，已不知不觉中开始对世界抱有无怨的情怀。没有脾气的胸腔，才能装满教育正能量。

2

母爱是个逐渐分离的过程

> 强烈的母爱不是对孩子恒久的占有，而是一场得体的
> 退出。母爱的第一个任务是和孩子亲密，呵护孩子成
> 长；第二个任务是和孩子分离，促进孩子独立。

　　在我小时候生活的大院中，有个叫小四的男孩。小四家有3个女孩，只有他这一个男孩，他妈妈极其宠他。他妈妈是文盲，在我的印象中有些窝囊，似乎很少和人说话，每天只是买菜做饭。听说自从小四长大，开始谈婚论嫁后，他妈妈一下变得非常强势。先是不同意小四自己谈的两个对象，小四不听她的，她就喝药上吊，闹得十分凶。后来小四终于妥协，和他妈妈相中的一个女孩结婚，他妈妈对媳妇很快由爱得要命变成恨得要命。除了挑拨小四夫妻关系，还常常找各种借口把小四扣留在自己这里，不让他回自己的家。小四硬要回去，他妈妈就经常找个理由跟过来，晚上也住在小四家。当时小四住在一间小平房里，只有一盘小炕，他妈妈就和儿子、媳妇挤在一个小炕上睡觉。小四的孩子出生后，他妈妈更找出各种理由不让小四和媳妇在一起。在孩子两岁多时，有一天，小四失踪了，只给媳妇留了一张六个字的纸条："我走了，不用找。"二十多年过去了，小四再没出现，没有人知道他是死是活。他妈妈在他失踪几年后

去世。真难想象她在去世前，心里会想些什么。每每想到小四，那个我们童年的玩伴，想到他小时候天真无邪的淘气样，以及25岁时决绝的离去，我都惆怅万分，叹息母爱可能是一座宫殿，也可能是一间牢狱。

在这里我不想对小四的妈妈进行人性的、伦理的分析，只想用这个极端的故事引出一个既普通、又非常重要、却常被忽略的教养守则：母子间的感情应该是绵长而饱满的，但对孩子生活的参与程度必须递减。强烈的母爱不是对孩子恒久的占有，而是一场得体的退出。母爱的第一个任务是和孩子亲密，呵护孩子成长；第二个任务是和孩子分离，促进孩子独立。母子一场，是生命中最深厚的缘分，深情只在这渐行渐远中才趋于真实。若母亲把顺序做反了，就是在做一件反自然的事，既让孩子童年贫瘠，又让孩子的成年生活窒息。

本文谈及的"母亲"，泛指"父母双亲"，只在某些段落独指妈妈这个性别角色，相信读者能自行甄别这一点。

曾有一位初中生的妈妈向我咨询，她的困惑是感觉和已上初中的儿子越来越陌生。儿子一回家就把自己房间门关上，她想多了解儿子，进儿子房间不敲门，事实上是为了查岗而搞突然袭击。儿子对此表示很不高兴，抗议过几次，妈妈不听，儿子就在自己房间的门上贴了一张"闲人莫入"。当妈的感觉很受伤，她觉得自己努力去爱孩子了，却成了儿子眼中的"闲人"，心里备感失落。她说，我现在会按他的要求敲门后再进入，可是心里还是担心，这样万一孩子做点什么事真的就一点也不知道了，那我以后还怎么帮助他，怎么教育他？

持有这样思维方式的父母，他们习惯于把自己的功能扩大化，不习惯随着孩子的成长调整自己的行为界限。上幼儿园的孩子独自在某个房间时，确实需要父母不时地过来关照一下，而一个初中生需要这样的关照吗？从这位母亲的话中可以看到，她的担心不过是孩子"万一"做的那个事情，这个"万一之事"可能是什么呢？玩游戏？和女同学聊天？上黄色网站？手淫？不管什么事，哪一种是需要突然推门进来解决的呢？

喜欢越界的父母总是表现出对孩子的极度关心，事无巨细地关心，其实他眼里没有孩子，他只是变相地表达了对孩子的不信任和不尊重。尽管都是打着"关爱"和"教育"的旗号，但传递的总是令人厌烦的气息，孩子不会从中体会到爱和教育，只能体会到被侵犯。

有自尊的父母不会刻意去抓孩子的什么把柄，也会羞于面对孩子的窘迫。他要呵护孩子的面子，也不肯降低自己的修养，这样的心境在父母和孩子间自然营造出合理的距离，开始得体地分离。

所谓"分离"，并不是慢慢放弃对孩子的关爱，而是慢慢调整关爱的方式。没有哪个母亲会明确地知道应该从哪年哪月哪天哪件事上开始和孩子"分离"，就像她不会发现孩子哪年哪月哪天比她长得还高一样。成长变化伴随着孩子的每一天，分离也伴随始终。从孩子脱离母体开始，整个成长过程就是不断的脱离：脱离乳房独自吃饭，脱离怀抱独立行走，脱离监护单独外出，脱离供养自己赚钱，脱离支配发展自我，脱离家庭组建另一个家庭——父母从第一亲密者的角色中退出，让位给孩子的伴侣和他自己的孩子，由"当事人"变成"局外人"，最后是父母走完人生旅程，彻底退出孩子的生活。

我们甚至可以这样理解，成长和分离是对同一件事情的主次描述，成长说的是孩子的变化，分离说的是围绕这种变化父母所做的角色重要性的调整。父母对孩子生活的参与程度逐步递减，角色范围一点点缩小，这样才能给孩子的生活腾挪出空间。在健全的母子关系中，这是非常正常的心理的调整。例如在女儿幼小时，几乎所有的爸爸怀抱着可爱的女儿时，都会泛起醋意，想着将来哪个毛头小子敢来抢走我的女儿，打断他的腿！可当女儿20年后出落得亭亭玉立，和一个小伙子牵手亲密时，被冷落一旁的当爹的却会满是欣慰，欣慰于女儿长大成人，有了自己的生活，有人代替自己去爱女儿，自己可以少操心了。

哲学家弗洛姆是对母子关系解析得最好的思想家之一，他认为："母爱的真正本质是关心孩子的成长，也就是说，希望孩子与自己分离。这里体现了母爱与性爱的根本区别。在性爱中，本是分离的两个人成为一体；在母爱中，本是一体的两个人分离为二。母亲必须容忍分离，而且必须希望和支持孩子与她分离。正是在这一阶段上，母爱成为一个至为困难的任务，它要求无私，要求能够给予一切，而且除了所爱者的幸福以外一无所求。也正是在这一阶段上，许多母亲未能完成母爱的任务。自恋、盛气凌人、占有欲使妇女只有在孩子尚小时才能成为一个爱孩子的母亲，爱幼小的孩子其实再容易不过了。而检验一个母亲是否真正具有爱的能力，就看她是否愿意分离，并且在分离后继续爱着。"①

不懂得分离的父母，即使孩子成年、结婚，也要努力保留住对孩子的控制。他们往往喜欢一边事无巨细地包办，一边抱怨孩子的无能。这样的家长，其潜意识并不想让孩子独立，他要让自己在孩子的生活中显得重要，于是会有意无意地制造孩子的不重要感。与其说他极爱孩子，不如说他极爱那种对孩子的全面把控，这种控制给他带来的成就感和强大感，让他对自己满意。

有位年轻妈妈告诉我说，她的父母一直对她管得多管得严。比如她从小热爱阅读，爱看古典小说、历史书籍，却常常遭到父母的白眼和阻拦。他们希望她只看课本，认为看"闲书"没用。到她现在成家且有了孩子，假期中偶然拿起本小说看看，她父亲都会批评说，怎么不看专业书？看小说有啥用？这位读者说，虽然知道父母爱她，但和父母相处的感觉却是"觉得简直是生活在地狱里"！

没有被包办的人可能很难想象被过度包办的痛苦。我曾收到一封读者来信，写信人也是一个年轻女子，最后的签名是"一个绝望的人"。她在信中陈述了她妈妈无止境的包办带给她的痛苦，并把她曾给妈妈写的一封信一并发给我，问我要不要发给她妈妈。信是这样写的：

> 从小到大，无论什么事你总是冲在我前面，那些我应该自己去做，或者我应该学着去做的事情，你全部包办了，却又总是挑剔我，说我自理能力很差，甚至在别人面前说我这个做不好那个不会干。这导致

---

① （美）弗洛姆，《为自己的人》，三联书店，孙依依译，1988年11月北京第1版，271-272页。

我做什么都没自信，结果确实是什么也做不好，于是你就更有理由冲在我前面。你一直用这样极其残忍甚至残酷的方式对待我，我怎么可能不自卑？怎么可能有自理能力？怎么能学会和别人打交道？你为什么老是要冲到我前面？后果只有两种：要么，我终于有一天不堪忍受，自杀了。要么，将来你老了，先我而去了，留下我一个人，不会烧饭，不会自己买衣服，不会讨价还价，不会和人打交道，不会保护自己……最后悲惨地死去。总之，你是在往绝路上赶我！（原信中，女孩在此处用了二十多个感叹号！）

·

父母如果固执地霸占孩子的生命空间，孩子的世界只能狭小，甚至残缺。前面那位被降为"闲人"的妈妈其实应该感到庆幸，因为她的孩子尚小，且会反抗，敢于公开拒绝家长对他自由的侵犯，说明孩子体内的"自我"还比较强大，他的世界还比较完整。而这个女孩子敢于鼓起勇气写出这样一封信，也是出于自救的本能，所以我赞成她把这封信发给妈妈。如果孩子对家长的操控完全麻木了，丧失了对"自我"边界的守卫，受到的伤害也许是致命的。

有一次我听一位心理专家谈到一个刚做妈妈的年轻女子自杀的案例，他称这个女子小周。小周工作稳定，丈夫体面，家境殷实，父母对她也很好，又刚有了一个健康可爱的孩子，没有人能想出来她为什么会自杀。最后，大家都归因为产后抑郁，即这是个纯生理问题。但心理专家不这样认为，他间接认识小周的一个好友，对她的家庭生活细节有所了解，他的判断是，产后抑郁只是压死骆驼的最后一根稻草，根本上，小周是死于父母的过度包办。

小周有一对极其喜欢包办的父母，从小到大的包办自不必说，上大学时她想报考离家很远的学校，父母不同意，强迫她报考了离家只有两小时火车车程的另一个城市的一所大学。在专业选择上，小周当时对心理学很感兴趣，父母说学金融吧，这方面我们有路子，可以给你找人安排工作。小周当时极不情愿，父母就软硬兼施地给她做思想工作，最后迫使小周就范。小周上大学后周末不愿回家，妈妈就每周乘火车去一趟女儿的学校，除了带一大包吃的用的，还要带去洗好的衣服床单等，然后再带一大包脏衣服回家。毕业后工作是爸爸给找的，对象是父母帮助确定的，新房的所有家具，哪怕是一个废纸篓都是妈妈给买来的，没有小周自己插手的余地。她结婚后，虽然家里锅碗瓢盆一应俱全，却几乎没开过伙，都是在父母家吃。两年后孩子出生，母亲更以一个过来人的身份，包办了婴儿的一切。不管小周干什么，妈妈都会说，看你笨手笨脚的，我来吧。小周经常像个局外人似的看着妈妈给小孩穿衣、换尿布、洗澡，自己可做的唯一的事就是哺乳，其余几乎没有插手的余地。小周一直睡眠不好，有了孩子后，半夜要起来喂几次奶，妈妈觉得女儿太辛苦，就不让小周晚上给孩子哺乳，代之以自己晚上起来几次给孩子喂牛奶。满月后，干脆把婴儿抱到自己房间，说反正将来这个孩子是由我来带，从现在开始让他习惯和姥姥睡在一起。小孩过完百日后，小周快要上班了，妈妈要小周干脆给孩子断奶，一心一意去工作。小周在自己的孩子面前彻底变成了旁观者、局外人。就在要去上班的前一天，这个刚做了妈妈的年轻人打开窗户，从高楼上跳了下去。

不忍心谴责小周父母，只想用这个悲伤的例子提醒家长，泛滥的母爱和泛滥的洪水一样，已不是河床里奔流的能量，而是破坏力和灾难了。真爱孩子的父母不会一味放纵自己的感觉，懂得适时约束自己。自我满足感上欠缺一些，也许才是对孩子更好的疼爱。

我小时候看过一个故事，某天某县官在衙门办案，堂上跪了两妇人，中间放一个不懂事的幼儿。两个妇人都声称孩子是自己的，自己才是亲妈，对方是假冒的。县官思忖片刻，对两位妇人说，既然没有人能说清楚孩子到底是谁的，这样吧，你俩抢吧，谁抢到就是谁的。两个妇人同时扑向孩子，孩子立即杀猪般地大哭起来。一个小孩子怎么能受得了两个成人的撕扯，这样抢夺下去会揪断孩子的胳膊或腿，甚至会要了孩子的命。一个妇人很快表现出不忍，放手了，得到孩子的妇人脸上露出胜利的微笑。县官看看这两人，一拍惊堂木，立即断定孩子是先放手妇人的，让衙役把抢到孩子的妇人拿下，众人无不对此表示赞同和钦佩。

死活不放手的母亲，不能说她不爱孩子，但比起占有欲来，她更爱后者。

2013年，媒体报道一位妈妈陪儿子睡到19岁，甚至孩子上大学到另一个城市后，妈妈辞职到大学附近租房子来陪儿子，理由是儿子离不开她。人们对这位妈妈多有批评，网上甚至有人猜测这位妈妈是否有乱伦倾向，或至少是"精神乱伦"。

乱伦之说我倒不十分相信，这个问题上，我赞成心理学家阿德勒对类似问题的观点：俄狄浦斯情结是由于教育错误所造成的人工产品。我们不需要假设由遗传得来的乱伦本能，也不必想象，这种变态的本源和性有什么关联。[①]所以我宁可相信这位妈妈的做法，是由于教育上的蒙昧和人性中的自私所致。而且这种蒙昧和学历无关，在当代生活背景下，它是自然天性退化的后果。

现在越来越明显的一个社会问题是，父母在孩子年幼时不肯和孩子亲近，把孩子扔给老人或保姆，理由是要赚更多的钱，给孩子创造更好的生活条件。或者是迷信某种冷酷的"育儿经"，比如"挫折教育"、"孩子不能多抱"、"哭声免疫法"等育儿邪教，故意不和孩子亲近，任由幼小的孩子哭泣悲伤，美其名曰培养独立性。这些错误认识使母子间丧失早期的亲密接触机会，没有建立起畅通的理解渠道，彼此理解就变得困难。待孩子成年后，父母往往是一方面对当初冷落孩子的做法感到后悔，有强烈的补偿心理，生硬地要塞给孩子很多东西；另一方面又有讨债心理，希望孩子回报自己的付出，听话并且和自己亲近。而孩子又不可能配合得很好，于是摩擦不断。颠倒的亲密顺序，让母子双方都感觉困惑。

母亲如果只是单方面发展自己的专业知识和职业前途，而不发展作为母亲的智慧，那么她在对孩子的控制上，可能不亚于开始提到的小四的母亲。

有一次我参加一个旅游团，团里有一对母子，母亲是大学教授，已退休。儿子是独生子，当时已36岁，有份不错的工作，尚未结婚，也没有女朋友。两人都修养良好，母子关系看起来很融洽，走到哪里都形影不离。但在十几天的旅行中，大家慢慢发现，教授对儿子管得实在太多，像管一个七八岁的小孩子。

① （奥）A.阿德勒，《自卑与超越》，黄光国译，
作家出版社，1986年9月第1版，111页。

从吃饭到买纪念品，什么事都要干涉一下，儿子总是很听话，母亲让干啥就干啥，整个人也显得有些幼稚。有一天晚上我们十几个人在一起喝啤酒，一边聊天一边唱歌，十分愉快。教授不喝酒，也不喜欢听歌，和大家聊了一会儿说累了，要早些回房间睡觉，然后一边起身一边很自然地喊儿子"咱们走吧"。她儿子很明显当时并不想回房间，还想再喝一会儿，但他似乎并不敢提出这个要求，有些犹豫。看他这样，我们几个人忍不住替他求情，希望教授自己先回房间，让儿子再玩一会儿。教授淡淡一笑，轻柔却不容置疑地说：我知道他酒量，可以了，今天不能再喝了，走吧，早点回去休息。儿子尴尬地冲我们笑笑，无可奈何地站起身，乖乖地跟着妈妈走了。大家虽然都没再说什么，但我相信每个人心里都很遗憾，也很感叹。妈妈不允许儿子独立，儿子就只能永远做小男孩，哪个成年女人愿意和一个小男孩结婚呢？

阿德勒还在他的书中举过一个例子，一个75岁农妇，她的儿子在50岁的时候还与她住在一起。两人同时得了肺炎，母亲活下来了，儿子却死了。当母亲得知儿子的死讯时，悲伤地说："我早就知道我没法把这个孩子带大的。"这位母亲觉得自己要对孩子的一生负责，从来没打算使他成为独立的社会人。我们开始明白，如果母亲未能扩展她的孩子与其他人的联系，未能引导他与生活中其他人平等地合作，那么她犯了多么严重的错误！①

现在社会上有一种"啃老"现象，不少年轻人大学毕业后不去找工作，或是结婚了还事事依赖父母，不仅经济上不能独立，心理上也离不开奶嘴。批评者的矛头总是指向年轻人，认为他们之所以"啃老"，是出于懒惰和不思进取，甚至有人提议要通过立法来禁止"啃老"。这种把所有的责任都推给子女的做法并不公平。孤立地对年轻人进行道德否定，使人们无法看清问题的真正根源，也无法找到解决的出路。

自己会走路的人，谁愿意被人天天搀着走？如果能自立，谁愿意一直被父

①（奥）A.阿德勒，《自卑与超越》，黄光国译，
作家出版社，1986年9月第1版，109页。

母供养？"啃老族"在本该蓬勃发展的年龄却出现意志瘫痪，这种状态和他们的成长史脱不了干系。我接触过一些"啃老"的年轻人，他们的成长总是惊人的相似，那就是父母很少有分离意识，一直包办，不肯让孩子独立；与此同时，又一直对孩子的种种不能独立充满指责和鄙视。孩子在不知所措中慢慢变得惰性十足并且厚脸皮，最终罹患自尊缺乏症和精神侏儒症。

"出于爱收回展开的手，并且作为赠予者保持着羞愧之心，这乃是最艰难的事了。"[1]这道难题在当代社会中，更有赖于通过文化进化获得良好的第二禀性而完成。

防止过度干扰孩子的生活，除了树立相关意识，另一个重要办法是母亲应该发展自己的事业和爱好，把自己的生活打理好。

全心全意关爱孩子，并不意味着需要丢失自己。爱孩子的妈妈也可以穿得漂亮，吃得优雅，玩得愉快。如果一个母亲除了工作或家务没有其他爱好，没有朋友，不爱逛街、不爱看书、不打麻将，不懂时尚，那么很可能她的唯一爱好就是全面参与孩子的生活，这会使得分离变得分外困难。不愿分离的妈妈往往会以一个苦情妈妈的形象出现，从年轻到老都活得苦兮兮的，这会让孩子难过和歉疚，对他的成长和幸福并没有好处。所以，不要做苦行僧式的妈妈，要做享受人生的妈妈。只有妈妈活得幸福快乐，孩子才能真正幸福快乐。

作为已成年的子女，为避免父母对自己的过度包办，参加工作后就应尽量独立生活，成家后更应该避免和父母住在一起。不要对父母心存依赖，也不要被"孝"或"不孝"的绳索捆住。要坚定地拒绝父母跨界，但要温和地抵抗。遇到父母无端的干涉时，最好的办法当然是好好和父母沟通，如果无法沟通，就一笑了之，说句"妈妈你说得对，我知道了"，然后让父母的话左耳朵进右耳朵出，自己该怎样干还怎样干，坚持进行"非暴力抵抗"。忍不住时，偶尔顶撞

---

[1]（德）尼采，《查拉图斯特拉如是说》，上海人民出版社，2009年4月第1版，101页。

父母一句、吵一架，不是什么问题，但尽量不顶撞，不吵架。自己要牢记的是：父母没有恶意，只是做事不妥，天下没有完美父母，我的父母也可以有缺点。这样想来，自己的心就拓宽了。

爱包办的父母，最初遇到孩子的"独立战争"时，会悲伤和不适，但从一个较长的时间段来看，肯定是欣慰的，毕竟绝大多数父母都希望自己的孩子生活得幸福。如果他们看到你离开他们也过得不错，就会慢慢适应这种变化，并慢慢悟到母爱是个逐渐分离的过程这个道理。

最后，以黎巴嫩诗人纪伯伦的一首诗作为本文的结束，这首诗值得每个母亲去传诵和牢记。

《你的孩子》[1]

你的孩子不属于你

他们是生命的渴望

是生命自己的儿女

经由你生　与你相守

却有自己独立的轨迹

给他们爱而不是你的意志

孩子有自己的见地

给他一个栖身的家

不要把他的精神关闭

他们的灵魂属于明日世界

①尹建莉译。

你无从闯入　梦中寻访也将被拒

让自己变得像个孩子
不要让孩子成为你的复制
昨天已经过去
生命向前奔涌
无法回头　川流不息

你是生命之弓　孩子是生命之矢
幸福而谦卑地弯身吧
把羽箭般的孩子射向远方
送往无际的未来
爱——是孩子的飞翔
也是你强健沉稳的姿态

3

做个"不讲道理"的家长

> 天下没有不懂事的孩子，如果要孩子懂道理，家长首先
> 要做得有道理，做得有道理，比说得有道理重要得多。

"讲道理"是很多家长喜欢的一种教育方式，一直以来被正面推崇。但人们也往往发现讲道理对于很多孩子来说没用，越喜欢讲道理的家长，他的孩子往往越不听话。

有位家长说她7岁的女儿特别逆反，不让做什么就偏去做，她经常苦口婆心地给孩子讲道理，孩子却不听，惹得家长常发脾气。她知道打骂孩子不对，但不知该怎么办。我让她举个孩子如何不听话的例子，她讲了这样一件事。

她家住公寓楼五层，没有电梯，走楼梯上下。最近女儿特别喜欢这样下楼：一条胳膊搭到楼梯扶手上，胳膊用力脚不用力地向下溜。妈妈不允许孩子这样做，说楼梯扶手平时没人擦，那样会把衣服弄脏磨坏。但再一次下楼时，孩子又那样，屡说屡犯，家长终于失去耐心，大发脾气。孩子当着家长的面不敢那样做了，却找各种机会偷偷地那样下楼，衣服袖子下面经常是脏脏的。陈述完事情后，家长用失望的口气加一句：我那孩子，天生就不如别的孩子懂事，我其实挺尊重她的，不知给她讲了多少道理，可她好像一句也不听。

我对家长说，你既然已经发现讲道理没用，那至少说明在这件事上，讲道理是不对的，发现不对，就应该立即停止。家长一脸迷惑，情绪上略有抵触地问我，讲道理不对吗？那该怎么教育她呢？

我说，很简单，回家找两块抹布，你和孩子一人一块，自上而下把楼梯扶手擦干净，既做了公益，又满足了孩子手脚并用下楼的乐趣，试一下，看看效果如何。家长一听，恍然大悟，对啊，这么简单，我怎么没想到呢！我怎么就光想着给她讲道理呢？

这位家长之所以没想到，应该在于她一直以来只注意了自己如何说得"有道理"，没去想自己做得多么没道理。就这件事，孩子不过是想变个花样走楼梯，家长却不体恤孩子，这么微小的一点童趣都不给孩子，对这么简单的尝试都不能容忍，这和家长所说的给孩子"尊重"就完全不搭界。天下没有不懂事的孩子，如果要孩子懂道理，家长首先要做得有道理，做得有道理，比说得有道理重要得多。

教育家杜威认为，教育并不是一件"告诉"和被告知的事情，而是一个主动的和建设性的过程，这个原理几乎在理论上无人不承认，而在实践中又无人不违反。要使儿童"明白道理"，不要仅仅把道理告诉儿童，必须要首先让儿童有机会在实践中获得连续不断的经验。[①]

我曾看到一则新闻，广州番禺张中良夫妇收养了10个孤儿，孩子做错事，张中良与妻子不会责骂他们，也不讲大道理，而是让孩子们通过体验，来完成对一个道理的认识。比如，有一次，张中良让家中的小女儿慕恩带着眼睛看不见的姐姐美春出去玩，不知为何慕恩将美春一个人丢在了外面，独自回来了。张中良知道后并没有多说什么，只是让小慕恩做了一个体验：用毛巾蒙住慕恩的眼睛，让她自己在外面走一段路。从此以后，慕恩变得特别懂事。这一个细节，足以让我们对张中良夫妇更加敬佩，他们也许没学过教育学、心理学，对教育

[①]（美）杜威，《民主主义与教育》，王承绪译，人民教育出版社，2001年5月第2版，46页。

的理解却那样透彻，没有对孩子的真爱，是不可能有这份悟性的。

"行不言之教"是传诵千古的经典教育方法，理论上人们都认可，可遇到问题时，大多数人的第一个念头总是如何劝说孩子，如何给孩子讲道理。比如我经常收到这样的来信：年轻父母们详细陈述了老人带孩子如何包办溺爱，导致孩子有许多毛病，后面提出的问题却是："这种情况下，我如何给孩子讲道理，让孩子改正缺点？"也有不少家长，他的孩子遭遇了学校老师的冷暴力，导致孩子厌学。家长不去想办法向学校反映，解决老师的问题，也不去做任何和老师沟通的努力，却来问我"如何给孩子做思想工作，让孩子不再厌学"——这样奇怪的逻辑经常遇到，明明是成年人做得不对，伤害了孩子，却把改造的矛头对准孩子，指望动动嘴皮子，说点什么，就可以改善孩子的状态，这怎么可能呢？

人们对"讲道理"的偏好往往源于思维惯性。从小在家庭、学校接受太多"大道理"教育的人，往往会成为讲道理爱好者。在他们的经验和认识中，教育者和受教育者的关系，就是告知与被告知的关系；所谓教育，就是"明白人"对"不明白人"说话。所以他们对孩子表示负责和爱，就是大事小事都要告诉他们如何做。不过，这种单边主义思维方式，最容易让人陷入教育困境中。

一位家长说他在没孩子时，很瞧不上那些打孩子的人，觉得成人靠武力征服孩子，真是无能。他自己有了儿子后，遇到问题，总是耐心地跟孩子讲道理。但是，随着孩子慢慢长大，他发现自己奉行的"以理服人"越来越行不通了。孩子经常很固执逆反，不管家长怎么说，就是不听。所以他开始怀疑自己做得对不对，周围又不时地有人对他说，教育男孩子就要粗野一些，只要告诉他什么是对的什么是错的，想让他做什么事，没什么好商量的，必须服从，不行就动用武力。所以，有两次他和孩子发生冲突，真的没能控制住，对孩子动了手。到这时，他才发现自己黔驴技穷，也堕落为自己曾经不齿的那类家长了。

这位家长的做法很有代表性，不少家长，包括很多学校老师，面对孩子的一些问题时，经常脱不了这样的套路：先讲道理，讲道理不行就去批评，再不行就通过发脾气来征服。或者在孩子的感情上做文章，比如陈述我为你付出多少辛苦，你却这样不懂事……以此来"感化"孩子。

思想家卢梭说过，3种对孩子不但无益反而有害的教育方法是：讲道理、发脾气、刻意感动。[①]这句重要的提醒已存世百年，可这3种办法恰是很多家长身体力行，运用最纯熟的。每当我在不同场合引用卢梭这句话时，总是会引起别人的疑问和困惑：如果讲道理孩子不听，除了生气或感化他，还有什么方法呢？难道不要教育他吗？

把"讲道理"当成教育，这几乎是"问题家长"的通病。

当然要教育孩子，但以大道理压人，强迫孩子接受来自家长口头的"道理"，这是在使蛮力，是思维懒惰和粗糙的表现，不但无助于问题的解决，反而会使问题之扣越系越复杂，越系越死。教育是门艺术，讲究的是简单和精巧。改变"讲道理"的思维定式，变通一下，效果可能会好得多。

有位妈妈，从孩子一岁半时，开始每晚给孩子刷牙，可小家伙怎么都不配合，任凭妈妈讲多少道理都没用，刷牙成了天天必打的战争，总是弄得双方都不愉快。后来，这位妈妈想了一个办法，孩子有一个很喜欢的小熊玩具，妈妈在晚上要刷牙前跟孩子说："宝贝，小熊这么长时间没刷牙，牙疼了，长龋齿了，你帮它刷刷牙好吗？"孩子很乐意地接过妈妈准备好的牙刷帮小熊刷起来。给小熊刷完牙后，妈妈表扬孩子刷得好，并说："小熊真乖，给它刷牙它配合得真好。"然后问孩子："宝宝想不想让小熊看看你也很乖，也会好好配合妈妈刷牙？"孩子高兴地说好，史无前例地配合妈妈刷牙。这样几天下来，孩子再也不厌烦刷牙了。

还有一位家长，说他4岁的孩子有两个毛病，一是不听话，一是爱哭。问我怎么办。我让他举出最近的一个不听话的例子。

他说孩子这几天总是在晚上临睡觉前要下楼玩，无论家长怎么给他讲外面

[①]（法）卢梭，《忏悔录》，黎星等译，人民文学出版社，1992年6月第1版，254页。

天黑了，小朋友都回家了，明天再玩之类的话，孩子都不听，就是哭着要下楼。

我说，你说的两个毛病其实是一个，可以一起解决。从今天开始，一切事情尽量听孩子的。如果他临睡前想下楼，你就辛苦点，抱他下楼，他想在楼下待多长时间，就待多长时间，在其他事情上也采取类似的做法。家长有些吃惊，很顾虑的样子，但回去还是按着我说的做了，结果让他意想不到。

他后来告诉我，当天孩子在临睡前又要下楼，家长没说什么，愉快地给他穿好衣服，带他下去。外面很黑，冷风嗖嗖的，楼下空无一人，他刚把孩子放地上，孩子就要他抱着回家。家长故意说既然下来了，多待一会儿吧，孩子说什么也不肯多待，说想回家睡觉。回家后，孩子一下变得很听话，让刷牙就刷牙，让脱衣服就脱衣服。此后其他的一些小事上，家长也都少说多做，尽可能倾听孩子的意见，结果孩子哭闹大大减少。

两千多年前的荀子把有效教育和无效教育区分为"君子之学"和"小人之学"。"君子之学"是从耳朵进来，进入心中，传遍全身，影响到行为；而"小人之学"则是从耳朵进来，从嘴巴出去，只走了4寸长，所以难以影响到整个人。用思想家卢梭的话来说就是，"冷冰冰的理论，只能影响我们的见解，而不能决定我们的行为；它可以使我们相信它，但不能使我们按照它去行动，它所揭示的是我们该怎样想，而不是我们应该怎样做"[1]。

现代心理学研究证实了东西方先哲们的观点：从讲道理到接受道理，中间的距离可能很远。一个人能否接纳别人的观点，首先取决于情绪，其次取决于对方的行为，最后才是对方的语言——成年人尚且如此，何况孩子。

孩子有时候确实会有些令人不可理喻的想法，给家长带来麻烦。遇到这种情况，除了想办法和孩子沟通，也要站在孩子的角度感觉一下他的想法和愿望，

[1]（法）卢梭，《爱弥儿》，李平沤译，人民教育出版社，
2001年5月第2版，476页。

不要轻易下论断，说孩子"不听话"。家长当然可以直接给孩子讲一些正确的道理，但如果孩子不听，就应该考虑换一种说法。实践证明，想要孩子接受一个观点，从情绪上入手最容易，通过问答的方式，调动孩子去思考，刺激他天性中善良的一面。这样的方法屡试不爽。

有位妈妈说在儿子3岁前，她上卫生间不注意关门，孩子经常跟进来。后来她觉得孩子越来越懂事了，让他看到自己蹲马桶的样子不好，就不再允许孩子跟进来，孩子不听，非跟进来不可。妈妈很耐心地给孩子讲道理，总没什么效果，妈妈只好强行把门闩上，孩子每次都在外面拍打着门，哭得声嘶力竭，有一次甚至哭吐了。从此，孩子的注意力都放在妈妈去卫生间这件事上，即使他正和姥姥玩着，或正在看电视，妈妈想悄悄地溜进卫生间时，他不知为什么总能发现，会马上丢下正做的事，冲过来高喊"不让妈妈上厕所"。这位妈妈非常发愁，每天上厕所成了一件警察抓小偷的较量，感觉真是累人。

我对她说，既然前面已讲过道理，没用，就不要再讲，换一种方法，用问问题的方式来给孩子做思想工作，效果也许更好。我建议她问孩子三个问题。

第一个问题："你不让妈妈去卫生间，那你觉得妈妈尿裤子里好还是尿马桶里好？"大多数孩子第一问就可解决问题，他们会很快判断出来，尿裤子不好。孩子一旦给出这个答案，多半不会再阻拦妈妈去卫生间。个别孩子，因为和家长为这事拧巴了挺长一段时间，可能会故意别扭着回答，说尿裤子好，那么接下来家长问第二个问题。

"你喜欢妈妈高兴，还是喜欢妈妈不高兴？"一般情况下，孩子肯定会选择喜欢妈妈高兴。就像父母本能地会爱孩子，孩子也会本能地爱父母，愿意讨好父母，所以在这个问题中，几乎很少有孩子会选择要妈妈不高兴。这样问的目的，是引导孩子对第一个问题重新做一下选择。如果孩子重新做出正确选择，要真诚地表示出愉快，肯定孩子非常懂事。然后让孩子在外面等着，并给他一个期待，让他看看一会儿妈妈出来后，是高兴的还是不高兴的。

对一个幼儿来说，只要有一两次，他体会到正确选择的快乐，看到妈妈因为自己的选择而高兴，正面心理得到强化，问题多半就解决了。万一你的孩子实在是特别，到这里还不行，固执地选择要妈妈不高兴，那继续问第三个问题。

"你希望妈妈只是今天不高兴，还是明天也不高兴？"我几乎不相信哪个幼儿会继续选择让妈妈不高兴，只要他选择了明天要妈妈高兴，事情就又可以回到第一个问题上，按前面的套路来解决。最意外的是孩子继续选择明天也不让妈妈高兴，妈妈在第二天可以接着问同一个问题：妈妈今天因为不能正常上卫生间不高兴了，你希望明天妈妈高兴吗——家长问话的态度拿捏好，要平和而真诚。夸张的口气会误导孩子，让他以为这只是个游戏，故意做出错误的选择，以延长游戏时间；当然更不能表示出生气，那样会让孩子觉得自己坏，刺激其负面心理。只要孩子感觉妈妈内心没有恨意，他绝不可能一直要妈妈不高兴。

这位妈妈后来告诉我，她问到第二问，问题就解决了，很有效。

工作中我见过一些"屡教不改"的孩子，确实让人感觉棘手。但如果深入了解一下他们的家庭生活，总会发现根源在于家长的固执。许多家长，可以为孩子付出生命，却不肯在孩子面前放下自己的想法，不管大事小事，一旦孩子的想法和他的不一样，就会毫不犹豫地去劝说孩子服从，让弱小的孩子举起想法的白旗。如果有人告诉他说要改变的是家长自己，他会觉得被冒犯、被挑衅，非常生气。他们爱自己的想法超过爱孩子，而孩子在这样一次又一次的"投降"中，心理逐渐被打垮，如果没有阅读或其他思想导师扶植其精神之树成长，思想就会逐渐萎缩或变态，思维方式慢慢变得畸形。

这样家庭中长大的孩子，会首先丧失倾听的兴趣，发展出超过常人的防御心理，同时产生"道理免疫力"，哪怕这个道理本身很有道理，他也本能地排斥，严重的甚至会发生道德免疫力；其次，独立意识丧失，不能对一件事进行诚实、深入的思考，失去正常判断力，思维流于肤浅和平庸；第三，心态变得苛刻，对理解他人没有兴趣，兴趣只在如何用自己的观点征服对方，占据上风——这样的人生活中常见，他们和"他人"几乎没有共同认可的观点，几乎从来不能在一件事上持有相同的看法。

有人说不要滥用药品，他就说生病了还是要吃药的，不能一概而论；有人说孩子不能打、要尊重，他就说孩子和孩子不一样，有的孩子是需要打的；甚至有人说60岁以上妇女不适宜穿高跟鞋，容易扭伤或摔倒，他也会发表自己的见解，说不穿高跟鞋的老人也有摔倒扭伤的……我老家管这种偏爱抬杠的人叫作"杠房出生的"。表面看，这些人说话总是一分为二，又全面又客观，其实他们只有两种观点：你的观点，我的观点。并且前者总是错误，后者总是正确。"杠房出生的人"其实思辨力特别弱，原因是他们的能量不能用于真诚的思辨上，主要用于不停地反抗别人的话语上，一生也往往在这种无端的消耗中庸碌地度过。而这样一种心理，如果不自知，会通过言传身教，产生代代相传的恶习。

做"不讲道理"的家长，并非完全否定言语的必要性，而是强调口头教育的适度性和行为教育的重要性。这里另有3条建议。

第一，"讲道理"一定不要口是心非。

想给孩子讲点什么道理，必须首先确认这"道理"你自己也相信。我在工作中经常遇到心口不一的家长，比如有的家长明明自己对孩子的考试分数斤斤计较，向我讨教的问题却是：孩子考试成绩不好时，如何给孩子做思想工作，让他不要在意分数？

把"如何说"仅仅理解为一种说话技巧，这是一些人在教育上始终不得要领的重要原因之一。就像文字所到之处是一个人的思考所到之处一样，语言所到之处，也应该是一个人观念所到之处。与其向别人讨要说话技巧，不如静下心来想想，我自己到底是怎么想的？

第二，避免向孩子灌输庸俗价值观。

生活中可以经常看到这种情况，一些家长自己站位不高，却热衷于向孩子传达一些并不高明的见解，甚至是一些庸俗的人生经验。比如有的家长暗示孩子不必在学习上帮助别的同学，给别人讲题既浪费时间，又容易被别人超过。

生活就是竞争，别人走得靠前了，你就落后了。孩子从这些所谓的人生道理上，学会了小钻营、小算计，却学不到大胸襟、大情怀。这样的"讲道理"，实际上是在降低孩子的视野和胸襟，束缚限制了他的发展。

教育的真正准备是完善自己，想要给孩子讲出能让他飞翔的道理，家长自己就要具有蓝天的胸怀和高度。如果感觉自己的高度不够，不知道该如何说，什么也不说总比胡说好得多。

第三，切不可把"不讲道理"做成"不讲理"。

有一些家长确实很少对孩子讲道理，他们很直接，三句话不对就把孩子骂一顿或打一顿，这就不是我们这里所说的"不讲道理"，而是不讲理了。更有些家长，对孩子简单粗暴，却在事后美化自己的行为。例如，打了孩子，然后又深情地讲"孩子，我为什么打你"，通过煽情来为自己的行为找遮羞布。这简直是强盗逻辑，矫情得十分了得，是更深层面的不讲理。

"讲道理"是下策，发脾气是下下策，发脾气加虚伪是下下下策。

总之，教条不重要，教养才重要。卢梭说过，事事讲一番道理，是心胸狭窄的人的一种癖好。有气魄的人是有另外一种语言的，他通过这种语言，能说服人心，作出行动。[①]想让孩子懂道理，家长就要口头少讲道理，行为符合道理，这样孩子才能明白道理——像绕口令了——这就是教育的道理。

①（法）卢梭，《爱弥儿》，李平沤译，人民教育出版社，
2001年5月第2版，473页。

4

唠叨是把小刀子

> 从一大堆沙子上抓走一把，不影响沙堆大小；抓去两把，也不影响；抓去三把，还看不出什么变化……一把一把抓下去，大沙堆一定会变成小沙堆，巨大的反差形成得那样悄无声息。唠叨也是这样，说一句没事，说两句也没事，天天说似乎也没什么，但伤害早已悄悄发生。

家庭生活中，并不是说话多就叫唠叨。称得上"唠叨"的，是那些随口而出的、不断重复的、总给人带来负面情绪的话语，既没用又不中听。最简单如这样一幕：奶奶带着刚学会走路的小孙子在一块空地上玩，孩子一迈步，奶奶就在旁边连声说"慢点慢点，别摔跤"。请设身处地想一想，这样的话对一个刚学走路的幼儿有意义吗？学走路摔跤是问题吗？奶奶的话，会让孩子走得更好，还是仅仅降低孩子的迈步信心，并给孩子带来羞愧？

唠叨的特点是负面、无效、重复，这些特点被加到被唠叨者身上，就是自我体验不断被干扰，心理不断受阻。所以我们会观察到一种现象，一个人在什么事上被唠叨得越多，往往这方面做得越差。例如有的孩子原本有音乐方面的天才和兴趣，这天才和兴趣被家长注意到，就希望能培养出一些成就来，于是购置钢琴、聘请老师，开始天天把学钢琴的事当成教育大事来抓，并为此开始不断批评和管制孩子，几年唠叨下来，孩子对钢琴既无兴趣，技法又平庸，学钢琴成为大人和孩子都痛苦的一件事。

唠叨的人总以为别人需要他这几句话，其实只是他自己需要。自己当食与饮的东西，到了别人那里实际上是残渣污水。

大约2007年的一天，我乘火车从北京到天津，两城间的D字头动车刚开通，那也是我第一次乘坐这种列车，感觉很新鲜。旁边是一位姥姥和妈妈带着一个八九岁的小男孩。小男孩可能也是第一次乘这样的火车，或是平生第一次坐火车，对车上的一切都充满好奇，从一上来就想动动各种东西。前后调节一下坐椅、弄一下窗帘、打开靠背上的小桌子，等等。但不管他干什么，妈妈和姥姥全部是阻拦和训斥，不停地说"你动那个干吗？别动！""这有什么好看的？乖乖坐着！"火车启动后，小男孩终于安静地坐了一会儿，好奇地看着窗外，看了一会儿，扭过头问妈妈，怎么他觉得不是火车在走，是外面的树在往后移。妈妈一脸不耐烦地说："行了行了，那是你看花眼了，整天就你问题多。"男孩沮丧地把头转向窗外。过了片刻，男孩说想上厕所，姥姥一脸怀疑地说，你不是刚在车站上过了吗？怎么又要上？小男孩说他就是想上，妈妈不满地站起来，"你整天就是这样捣鼓人，我都不能安稳地多坐一会儿。"男孩说我自己去，你不用去。妈妈说："你自己怎么能行，你又没上过这样的厕所，门你都打不开。"男孩说我能打开，妈妈一脸不屑，"你觉得你自己啥都能干呢。"边说边站起来，在前头走，男孩无可奈何地后面跟着。从厕所回来时，妈妈对姥姥说，我就知道他没有尿，他是想看看这厕所什么样，厕所有什么好看的？男孩嘟哝着辩解说，我看看和飞机上的一样不一样嘛。妈妈和姥姥都白孩子一眼，嗔怪地说"就你事多"，孩子灰溜溜地坐下了。在半个小时的车程中，妈妈和姥姥的嘴一直没闲着，絮絮叨叨，却几乎没说一句有用的话。

唠叨没有恶意，却是一种恶习，是对"控制"的不知不觉的上瘾。上面这个男孩的妈妈和姥姥一定希望男孩聪明好学，却不知道她们的唠叨是多么伤害孩子。

人当然不是脆弱到不能接受一点废话，每个人都有自我排毒本能，会自动化解唠叨带来的不适。就像扎一根小刺或割一个小伤口，只是痛一下，无关紧要，很快就自动愈合了。人最怕的是经常性的唠叨，负面影响在深远的岁月中慢慢呈现，发生的过程几乎感觉不到，但对一个生命的抑制作用是肯定的。它如同一把小刀子，会一点点削去一个人体内的正面生长力量，如好奇心、自信心、责任感、判断力等。

我又想起一桩火车上见识的事情。那次是从呼和浩特到北京，路程要13个小时，我坐的是夜车，买了卧铺车厢的上铺，下铺是一位妈妈带着一个小男孩。

孩子也是对一切都很好奇，一上来，就去翻窗户边挂的旅客意见本。他妈妈说，你又不认字，翻那干什么？确认了自己是哪个铺后，孩子就去翻动铺上的被子和枕头。妈妈说，别动那个，现在又不睡觉。孩子对窗边小座椅好奇，跑过去坐上又下来，看椅座自己弹回去，然后又坐上又下来，让椅座又弹回去，非常快乐的样子。妈妈说，要坐就乖乖地坐着，别老弄那个椅子，你不嫌烦啊？孩子仰头看看层叠的床铺，想踩着梯子到上面的铺位看一下，妈妈一把把孩子拉下来，那是别人的，你不能上去！

小男孩一刻都闲不下来，但几乎不管孩子干什么，妈妈都要随口阻拦一下。

我和孩子打招呼，问他几岁了，孩子忽然变得扭捏羞涩不肯说，和刚才的莽撞判若两人。妈妈又说，你看这孩子，这么没礼貌，快告诉阿姨你几岁了。孩子还是不肯说。我担心妈妈又逼孩子，马上对孩子说，你先别说出来，让阿姨猜猜你几岁了。

我看孩子5岁左右，故意先猜他2岁，再猜他7岁，离谱的猜测把孩子逗得嘿嘿笑起来，然后我又猜他3岁、6岁，一点点地接近他的年龄，引得孩子一次次地发笑，说"不对！"待我终于猜出他5岁时，孩子又兴奋又羞涩地说了句"对了！"宛如他自己猜中了谜语，高兴地在地上蹦跳两下。他妈妈又笑着白孩子一眼说，别蹦了，坐下吧，小心摔倒。

我委婉地对这位妈妈说，她的孩子非常可爱，不必总这样说他。这位妈妈也许没在意我说什么，表现出不以为然。

在我和他妈妈说话时，小男孩故意过来拍我一下，然后跑回妈妈那里，看我的反应。他是想引起我的注意，于是我尽量和他多说话。但孩子的交流能力不强，我说的话他似乎经常听不懂，或是心不在焉，不注意听，很少正常回答。他的兴趣只是"招惹"我，引起我的注意，然后观察我的表情。我尽量回应他，让他感觉到我的友好，能看得出，孩子越来越放松，越来越愉快。

后来我感觉困了，跟他说阿姨要睡觉了，说了晚安，我爬到了上铺。孩子看我到了上面，也想跟着上去，妈妈又阻止。我说，让孩子上来看看吧。然后告诉孩子上来时一定要抓紧，不要掉下去，并提醒他妈妈护着他。孩子非常高兴地上来了，很新鲜地在上铺东张西望，问我这是什么那是什么，我一一告诉他。很快，妈妈要求他下来，我也告诉孩子说，阿姨要睡觉了，明天早上你再上来玩好不好？小家伙没说什么，下去了。

我刚躺下几分钟，头被拍了一下，原来是小男孩踩着梯子又上来了。我抬头对他笑笑。他诡异地一笑，没说什么，下去了。我闭上眼睛不到三分钟，头顶又被拍一下，又是这孩子。他调皮地笑笑，赶快又下去了。再过一会儿，头顶又被拍了一下。我装作睡着了，没再理他。这个过程一直伴随着他妈妈的训斥声，她三番五次地警告孩子，不许再偷偷爬上去，不许打扰阿姨睡觉。

正常的5岁儿童能准确感觉别人的态度和需求，会适时地调整自己的行为，这个孩子这方面似乎有所欠缺，既胆怯又挑衅，既鲁莽又畏缩。

孩子认识世界的过程，是心理秩序建立的过程。在这个过程中，如果他的一切行为总是被阻拦，被负面评价，他就会时时处于茫然失措中。小小的人，既要发展自己，又要反抗外部压力，然后又要不断屈服，经常处于这种纠结中，本该正常建立的心理秩序就会被打乱，心理功能在某种程度上开始失效，无法对外界事物做出正常的反应，给人的感觉就是没分寸感、鲁莽或傻乎乎的。

这个孩子尚小，还非常单纯天真，如果他妈妈能减少唠叨，以不危险、不过度打扰他人为底线，给孩子充分自由，真正把孩子当作一个"人"来尊重，孩子就会慢慢变得更懂事可爱。

唠叨有很多种表现，不管形式如何，都会让孩子产生负面反应。不仅是心理方面，甚至有可能表现在生理方面。

有位家长给我讲了她观察到的一件事。她1岁8个月的女儿小宁因肺炎住院，入院时，病房里已有一个同龄的男孩因为相同的疾病住了几天。两天之后，小宁的病情就大为好转，第5天就出院了，但同病房男孩前后住院已有一周多，病还是不好。这位奶奶羡慕小宁好得这么快，对孙子说，你看人家，好得多快，你总也好不了。接下来又唠叨她每天都要不停地对男孩说的话：你不乖，你不听话，不好好吃饭，身体不好，你的病就总是好不了……男孩仿佛在用自己的表现印证奶奶的这些话，真的就不乖，不听话，任何治疗都反抗，不好好吃饭。

小宁入院后的第二天，又进来一个稍大一点的孩子，也是肺炎，父母轮流陪床。令人莫名其妙的是，爸爸陪床时懒懒散散的，孩子总是看起来没什么问题，还不时和爸爸一起玩或听爸爸讲故事。每逢妈妈来陪床，就出状况。妈妈总是从一进门就不停地忙，每两分钟给孩子量一次体温，只要超过37.5度，就开始紧张，一个劲地说，烧起来了烧起来了，不停地念叨。孩子也像配合似的，体温量一次高一点。妈妈越量越焦虑，完了完了，快到39度了，又要发高烧，这可怎么办啊！孩子几乎回回有回应，体温越来越高，开始发抖，甚至抽风。

这位家长观察到的这两个孩子的情况，也许有偶然的因素。但在孩子生病住院时，家长这样唠叨肯定无助于孩子康复，只能让孩子不快，客观上确实会降低孩子的免疫力。

唠叨家长扮演的都是监工或碎嘴婆婆的角色，能意识到自己扮演了这样的角色，是件非常困难的事。我自己也曾进入这样的角色，却一直不自知，如果不是孩子表示不满，肯定还要一直继续下去。

从圆圆上小学开始，每次她考试出了错，我总是说"错在什么地方，现在知道了吧"。这个确实有效果，让她对分数不是很计较，而是把注意力放到会不会的问题上，所以总能够在考试后及时查找答案，弥补不足，养成踏实的学习习惯。为此我觉得这句话很有效，很得意，一直没觉得有什么不妥。圆圆从小学到初中、高中，大大小小数不清的考试，几乎哪一次都会有错误，所以我这话就跟着说了无数次。直到她上了高中，一次考试后，我又这样说，她生气了。"你这句话都说了多少次了，最烦你这句话了，以后不要再说了！"我大吃一惊，一时不能接受，甚至有些委屈。事后静下来想一想，确实是，我是多么低估她的自我认识能力啊。如果我这句话是被她接受的、有效的，那么她早就知道该如何做，我早不必说了；如果她不接受，不这样做，我说多少遍都没用，那也没必要再说了。一直重复一句废话，除了让孩子烦，给孩子压力，有什么用呢？

家长如何发现自己爱唠叨？经常看看孩子的反应，如果孩子常常为你的某些言语或指令不愉快，那就要注意了。

也许有人会说，圆圆在考试方面不需要你操心，你当然可以很容易地停止唠叨，但如果孩子有某个坏毛病，总也不改正，难道还不说吗？确实，这几乎是所有一直坚持唠叨的家长的共同难题，他们虽然意识到自己说得有些多，但无法停下来，孩子不改变，唠叨不停止。

嘴巴有两个功能，吃和说，控制好这两件事都不易，需要努力克制自己的欲望。如何减少唠叨，在这个问题上，我有三条观点。

第一，孩子的某个或某些缺点，是不是真的不能容忍？家长要反思的是，你要的是一个完美儿童，还是可以有些缺点的孩子？是不是对孩子要求有些高了？如果你认为每个人都可以有些不足，可不可以接纳孩子的这些不足，允许他在某些方面表现不佳而不去唠叨？

第二，如果的确有一个问题需要改善，可是说了很多遍，孩子还是依旧，那么再用"说"或"提醒"的办法肯定是不行的。很可能孩子的坏习惯，正是被"说"得太多了，小缺点固化成了大缺点，临时的缺点强调成了恒久的缺点。最好的做法是改变策略，换种说法或以某种行动，不动声色地帮孩子矫正。关于这一点可看本书《只要办法对，四两拨千斤》。

第三，实在没有好办法，那就什么也不做。知道自己的有限性，不再去做力所不能的事。每个人都有自我完善的本能，相信随着孩子年龄增长，他会自己想办法修复自身的问题。问题交给时间，交给孩子自己，也许是最聪明的办法，不唠叨至少给孩子提供了一个最适宜的改善环境。比如我们很多人小时候不知"礼貌"为何物，也不太讲卫生，长大了，照样做得样样得体。

卢梭说："当上帝希望人做什么事情的时候，他是不会吩咐另一个人去告诉那个人的，他要自己去告诉那个人，他要把他所希望的事情记在那个人的心里。"[①]我国民间也有这样的说法，"妈妈最好用一只手来爱孩子，爸爸最好用半张嘴来爱孩子"，即父母少包办，少唠叨，才是最好的。

唠叨问题不仅容易发生在家庭，也会发生在幼儿园及中小学校园。当下我国的"校园唠叨"非常严重，简直成了校园灾难。一些中小学校在管理方面制定了繁琐的规章制度，施行了太多没必要的"纪律教育"，可其中大部分东西经不起推敲，画蛇添足，教师操作得很辛苦，功能却只是压抑和扰乱学生，不能让他们从过往的经验中获得有益的成分，只让孩子们烦躁，茫然无措，行为反而没章法。

一位在学校担任大队辅导员的小学老师告诉我，她所在的学校是市里一所比较有名气的小学，对学生管制甚严，几乎每个细节都要管到，否则就显得老师或学校不负责任。除了主要的教学生活有统一标准外，细小的事情也必须管到位，孩子们在学校很少有自由活动的时间，更没有自主做事的机会。比如每天上操都要把学生排列得整整齐齐，横看竖看斜看都成直线，孩子们天天做操的过程，都是被大喇叭吆来喝去，极其耗时的过程。还比如，如果有上级领导来检查工作，必须由指定的学生来回答领导的问话，且教师要把学生的回答提前写好，并要求学生一字不差地背会。总之，孩子们所做每一件事情都要老师

---

① （法）卢梭，《爱弥儿》，人民教育出版社，2001年5月第2版，
289页。

反复指导，严格监督。学校所有的工作看起来似乎都尽善尽美，经常受到教委的表扬，还经常有人来参观。这所学校的老师非常累，但学生状态其实并不好，问题儿童非常多，学校的一些设施经常被破坏，学生和学生、学生和老师发生冲突的事时有发生。

有一天，这位辅导员要找几个学生把一叠宣传标语贴到楼道里。按往常的习惯，应该是她领着学生一张张地贴，如何贴，都是由她来指挥。这天，她突发奇想，认为这么简单的事应该交给孩子们自己去做。于是叫来几个四年级的学生，告诉孩子们这些标语一共有三种，要分别贴在一到四层的走廊中。因为学校是个"回"字形的楼，她还特意告诉孩子们要把东南西北四个方向的每一面墙都贴上标语。结果，她过一会儿出去察看时，大吃一惊。学生们完全不知道自己在干什么，胡乱张贴，不仅选的墙面位置不合适，而且把内容相同的几张标语挨着贴到一起，还上下左右乱贴，没有任何章法。本来准备贴满四层楼的标语，刚贴了两层就用完了。凡贴过标语的地方，墙面乱七八糟，不堪忍受。辅导员说当时她很生气，把那几个学生叫来，问他们为什么这样贴，几个学生面面相觑，竟然不知哪里做错了。

这位辅导员陈述的情况我也遇到过，我知道，这不能怪学生们，他们在做这件事时，不是故意不想做好，他们仅仅能用手去做，无力用大脑去做。一直被当作机器操纵，到没人操纵时当然要失灵。

我曾参观过一所民办学校，学生的表现和上面提到的情况形成反差。该校校长是一位理想教育的践行者，他奉行的是自由教育的理念，最重要的举措就是减少校园管制，为孩子们尽可能创设自在感，不让他们觉得时时被监督、被教训。这所崇尚自由的学校反而没有闹哄哄的感觉，孩子们呈现的是既活泼又安静的一种状态。我注意到一个细节，教学楼大厅四周有一圈橱窗，里面放置了许多精美的工艺品，有琉璃、瓷器、绢人等，所有的东西都开放陈列，橱柜没有玻璃，每个东西伸手可及，但没有一个孩子会去碰触任何一样东西。我问学校老师，不担心这些工艺品被孩子们损坏吗？她说几乎没发生过这样的事。

我们一定有这样的常识，从一大堆沙子上抓走一把，不影响沙堆大小；抓去两把，也不影响；抓去三把，还看不出什么变化……一把一把抓下去，大沙堆一定会变成小沙堆，巨大的反差形成得那样悄无声息。唠叨也是这样，说一句没事，说两句也没事，天天说似乎也没什么，但伤害早已悄悄发生。它像一把小刀子一样，慢慢切割着孩子，不经意间一点点地把孩子的自觉意识、快乐情绪，以及想象力、创造力都切碎了，破坏了。想来，唠叨真是教育中最隐秘又极其悲哀的一个错误。

5

如何培养好习惯

> 培养习惯的原则应该是"顺应自然，适当推动"这八
> 个字。

教育有责任培养儿童某些良好的习惯，其前提是，我们必须知道什么叫"好习惯"。

判断一种习惯的价值，可以从三个方面考虑：它是小习惯还是大习惯，是外部习惯还是内部习惯，是别人的习惯还是自己的习惯。

比如，有两个孩子，一个依家长的要求，严格遵守作息时间，每天按时按点坐到书桌前，开始写作业，心里却总是惦记着看电视或玩一个游戏，不时地走神，心里痛恨作业，但也不敢离开书桌。另一个孩子可以自由安排时间，有时先玩游戏，有时先写作业；如果玩的时间太长，挤占了写作业时间，只好熬夜写作业，或某一天因为着急，把作业写得潦草。总的来说，不管怎样，都能正常完成作业，在学习和玩耍中不断调整自己，大体做到学习玩耍两不误，不用家长操心。

前者的这种"学习习惯"就是外部小习惯，同时也是别人的习惯。一旦外部控制不存在，这个习惯就立即消失；并且由于孩子自己的习惯没有形成，所以

会出现失控现象，陷入糟糕的状态。后者表面上看，他的生活似乎不太有规律，有些乱，习惯不好，事实上他形成了一个适合他自己的内部习惯，这个习惯使得他独立，对自己负责任，即使外部条件和环境有什么变化，也能基本适应，所以他养成的是大习惯。

最理想的当然是大习惯和小习惯吻合，事实是大多数人都在用一生的时间努力进行这样的调整，不过大多数人也做不到让这二者完全吻合。

研究一些杰出人物的成长史，他们并不是从小被要求形成什么"好习惯"，相反，他们都有宽容的父母，甚至成年后他们大多数在生活小事上是不拘小节的，但他们往往有很好的直觉和判断力，对某些事物有浓厚的兴趣，变通力强，懂得取舍，把力量用在最值得用的地方。世上很少有做得面面俱到的人，能得诺贝尔经济学奖的人不一定能准确地记录家庭财务账，杰出的文学家可能做不了小学数学题。我们可以照着理想去培养孩子，但不能照着理想直接去硬性要求。

习惯对于一个人确实重要，更重要的是我们要明白，我们正在着力培养的是孩子的什么习惯。曾有一位初中生的父亲给我写信，说他的儿子学习很好，爱阅读，缺点是太懒，不肯干家务。他其实只要求孩子每天把自己的屋子收拾干净，被子叠整齐了，自己的衣服自己洗。做父亲的认为这样可以培养孩子爱劳动的好习惯，而孩子在学习之余完全有时间和能力去做这点事。但孩子要么不做，要么胡乱应付，为此父子间总是发生冲突。

我反问这位父亲，你的目的是要把孩子培养成五星级酒店的客房服务员吗？否则何必为此整天纠结？孩子的时间有限，学习之余本来已没有多少时间，还要阅读，还需要玩耍，他能把自己成长中的主要任务安排得当，就已经很好，何必要求他那样面面俱到呢？屋子凌乱一些，衣服由妈妈交给洗衣机来洗，让孩子有学习有娱乐有闲暇，轻松愉快地成长。一个身心健康的孩子，用得着担心他将来不会收拾屋子或不会洗衣服吗？

杜威指出，人们在对"习惯"的理解中有一种错误，"把习惯等同于机械的和外部的动作模式，而忽视智力的和道德的态度"。事实上"习惯的重要性并不止于习惯的执行和动作的方面，习惯还在于培养理智和情感的倾向，以及增加动作的轻松、经济和效率"。[①]儿童不需要早早形成一种可识见、可总结的习惯，不要先制定出一个"习惯"的框子，然后强制孩子用行为去填充。儿童事事都听命于一个成天教导他的权威，疲于应付，他的能量无法聚集，且越来越不会动脑筋了。一个凡事都令家长满意的"听话"孩子，他习惯性的服从到头来也往往成为他人生发展最大的绊脚石。

一切培养习惯的行为都要首先顺应儿童的天性，让他在愉悦感中去慢慢形成。习惯既是一种表达人与人之间差异的相对的行为，又有其普世适用的绝对的价值标准。真正的好习惯，或者说最大的好习惯，是孩子有能力也有兴趣安排自己的一切事务。生命是一个宏大工程，精美的装饰只有在大构造完善的前提下才能最终实现，小习惯的价值必须依附大习惯的价值而存在。要养成学习的习惯，而不是在规定时间内做出学习样子的习惯；要养成好的生活习惯，而不是在教条中刻板地重复某些行为的习惯；要养成好的品行习惯，而不是见什么人说什么话的世故习惯……面对一个有无穷可能的孩子，成年人应该有敬畏感，不要以为自己吃的盐多，就具有了指点孩子一切的能力。

在生活中，成年人确实显得比孩子聪明；可在天地间，比成年人更聪明的是自然。儿童是自然交到成人手上的精灵，他是带着灵性而来的，要让他灵性不灭，就要遵循自然大法，不能做反自然、反天性的事。

培养习惯的原则应该是"顺应自然，适当推动"这八个字。前四个字是培养者应有的心理基础，看不见却非常重要，决定行为的大方向；后四个字是具体做法。可从以下几个方面来理解和实现：

第一，不要把"养成好习惯"这句话挂在口头上，不要在细节上和孩子纠缠。

[①]（美）杜威，《民主主义与教育》，王承绪译，
人民教育出版社，2001年5月第2版，56—57页。

"养成"必须是件自然发生的事，许多好习惯往往不容易总结，甚至不会被意识到。家长在这方面不需要太有作为，对孩子体恤些、宽容些、信任些，允许他做得不好，不过分指导和控制，让他有机会慢慢练习和调整自己。一个孩子能健康自然地发展，他其实就是在养成好习惯。他越是意识不到自己在形成一种习惯，这种习惯越是自然地生发在他身上，成为他牢不可分的一部分。像卢梭说的那样：儿童应该自由成长，对他们来说，最好的习惯就是没有习惯。

第二，家长要从孩子所有的坏习惯中看到自己的坏习惯，然后加以改善。

教育家杜威在他的书中讲过一个故事，一个四五岁的孩子，他母亲三番五次地喊他回家，但他没有什么反应。别人问他是否听到了母亲的喊声，他郑重其事地回答说："啊，听到了，可是她并没有拼命地喊我啊！"①由此可见，如果家长自己用有问题的习惯对待孩子，儿童也只能发展出有问题的习惯。几乎所有行动慢吞吞的孩子背后，都有个心急火燎、动作麻利的家长；所有不爱吃饭的孩子背后，都有个喜欢一勺接一勺往孩子嘴里喂饭的家长；所有不自觉学习的孩子背后，都有个对作业和分数过分计较的家长……如果想培养孩子的好习惯，先打量一下自己有没有坏习惯。

第三，欲强化某个好习惯，要用正面的或暗示的方法，杜绝批评和责罚。

儿童特别容易受到暗示，也珍惜成人的赞美，他从中体会到好习惯的乐趣，好习惯就开始成为他真正的一部分了。还比如前面提到的马虎问题，当孩子出现马虎时，给予宽容和理解，一笑了之，什么也不说，或最多简单地提醒一句，让他以后细心一些。当孩子表现认真细致时，表达出你的喜悦和欣赏；只有孩子内心没有压力，轻松面对学业，不为自己作业或考试中的小过失感到羞愧和恐惧，不为成绩的优劣患得患失，把注意力放在发现问题和解决问题上，他才能体会到学习的乐趣，产生主动学习的愿望。而凡主动学习的过程，都是一个人

①（美）杜威《我们怎样思维·经验与教育》，
人民教育出版社，2005年1月第2版，姜文闵译，
57页。

克服低级错误、使思维和动作精细化和准确化的过程，失误才能转化为正面经验，精准度才能慢慢提高，马虎才会越来越少。

总之，不要让孩子在某事上有被否定感，而要让他体会到成就感和荣誉感。好情绪中，事情才会往良性循环的方向走，坏情绪只能让事情陷入恶性循环。用令孩子不快的坏方法来清除坏习惯，几乎都会失败，会制造出更大的坏习惯。

如果孩子在学习或玩耍方面已形成了一种坏习惯，矫正的方法除了上面几种，最重要的是耐心等待。

时常听到有家长说，我以前做得不好，让孩子形成一个坏习惯，可现在如果我不管，他会变得更差。确实，如果孩子已养成一个坏习惯，家长如果不再管，事情似乎一下进入了更糟糕的状态。其实这是孩子在开始调整自己的心理秩序，他要去收拾这个烂摊子，只能让情况暂时变得更乱些。

正像我们的屋子，如果开始为了表面的整齐，胡乱往柜子里塞东西，整齐的表面下其实是个烂摊子。到需要整理时，就得把柜子里的东西都拿出来堆在床上、椅子上和地上，家里显得更乱了。只要不焦躁，一点点去做，经过一段时间的整理归类，屋子终会变得内外井然有序。收拾好一间屋只需要几小时，最多几天，而孩子心理秩序的调整可能需要很长时间，几个月，甚至几年、十几年。病来如山倒，病去如抽丝，坏毛病也是病，必须假以时日慢慢修复。家长如果不从根本上改变自己的认识，用"忍耐"的心态来对待孩子的调整，很可能忍不了几天就又要去唠叨或管控孩子，那么孩子的自我调整会立即中止，心态会陷入更差的地步，甚至会完全失去自我调整的力量。只有用不焦虑不蔑视的心态全然接纳，把信任还给孩子，他才会慢慢获得改善的力量。十年树木百年树人，谁能把眼光放到10年，20年后，谁才是教育的胜出者。

第四，家长要有始终统一的言行，尤其要做出榜样，多身教，少言传。

在培养孩子好习惯上，家长最有作为的办法是做个好示范，一直坚持，并且从不为此和孩子发生冲突。

以杜绝垃圾食品为例，有的家长自己不会给孩子买市场上售卖的垃圾食品，但遇到别人热情地给孩子递来的油炸、膨化或染色食品时，往往因为碍于面子，不好意思拒绝，就让孩子接受了。有的是一家人自己意见不统一，奶奶给买了垃圾食品，妈妈不让吃，奶奶又背后偷偷给孩子吃。还有家长既往家里买垃圾食品，又不让孩子多吃，或自己吃而不让孩子吃。这些分裂行为都会弄得孩子不知所措，更有可能激起他对垃圾食品的兴趣。

我有一位朋友做得非常好，她认为一个人的口味是从小培养出来的，认真给孩子料理一日三餐，从不把垃圾食品带回家，也从不让孩子吃外面的东西。她平时为人随和，但遇到有人往她孩子手上递这些东西时，却一概拒绝，哪怕得罪人也不肯通融一次。为了避免孩子看到这些小食品而眼红，她对孩子说，这些东西既没营养又有害，咱们看都不看它一眼！说这话时，口气里表示出很同情那些乱吃东西的人，让孩子觉得吃那些东西真是不幸。所以她的孩子后来再遇到有人给递上小食品时，不但不要，甚至眼睛都闭上了。这位家长还做得非常好的一点是培养孩子的运动习惯，她从孩子能和她一起运动时，就坚持天天带孩子跑步或打球，遇到刮风下雨天，她会在家里把餐桌搬到相对宽敞的客厅，和孩子打乒乓球。这位家长和她丈夫个子都比较矮，但她的孩子却长得高高大大，结实匀称。这应该和她一直用统一的言行、良好的榜样来培养孩子的饮食及运动习惯有关。

一个生命对另一个生命表达关爱的方式，首先应该是尊重，而不是改造。再亲密的关系都必须建立在两者各自独立的基础上，这样才能在习惯的养成上取得进步，在生命与生命之间达成和谐。如果我们站在江边只是为了等一只船的到来，体会的往往是"过尽千帆皆不是"的失落，如果沏一壶茶摇一柄蒲扇，坐在江边欣赏那波光粼粼，看到的就是"斜晖脉脉水悠悠"的美景。"处无为之事，行不言之教"，是中国传统的教育大法，也是培养孩子好习惯的最高宗旨。

6

求完美是最不完美的做法

> 在完美期待中成长的孩子，天性被过度驯化，其作为
> 独立的"自我"无法正常舒展，却耗散太多的精力去
> 适应他人的要求。
>
> 不求完美，这不是一种懈怠，而是一种勇气。人必先
> 征服自己的自卑和虚荣，才有力量面对生命中的种种
> 不完美。

我们都听说过一个寓言故事。一个穷渔夫的老婆，利用一条贵为王子的小金鱼的报恩机会，不停地索取，先是要来不漏水的木盆，然后要来好衣服、好家具，接下来要豪宅以及成群的仆人和一辈子花不完的钱，小金鱼都给了她。她成为贵妇，却还是不满足，最后竟索要当女王。小金鱼被惊呆了，震怒了，不再理她，默默游走了。已成为贵妇的她一瞬间发现自己又变回渔夫的老婆，眼前摆着一个漏水的破木盆和一堆要洗的脏衣服。

每个看寓言的人都会嘲笑渔夫老婆的贪婪，但在教育孩子这件事上，很多人却不曾意识到自己正是充当了"渔夫老婆"这么个角色。

2012年，媒体报道了一个姓郭的年轻中国女孩自杀的事件，引起人们的讨论。小郭青春靓丽，是大学里的最佳毕业生，华尔街的白领，世界顶级名校麻省理工学院MBA，游学走访35个国家，在学业、商业、艺术、体育等方面都表现出色，甚至成为某知名教育培训机构的形象代表……她的死令人震惊，这样一个优秀的女孩子，没有理由自杀啊，为什么？

人们对她的自杀原因有种种猜测，但那些原因，也许只是压死骆驼的最后一根稻草，根本的原因，藏在她自己写下的这些文字中："我非常精确地按照父母的旨意在26岁生日那天办完了我中西合璧的婚礼，并开始准备完美的28岁在顶尖商学院生小孩的计划。生活到这个时候，虽然很辛苦，但一直都是所谓的完美。然而，关上门回到家里，问题却非常深刻。"据媒体报道，小郭的父母都能力非凡，对女儿一直要求甚高，所以我们可以想象小郭是如何一步步走进死胡同的——当一个人一直被要求完美，连哪年结婚、哪年在什么地方生孩子这样不可预期的人生大事都要按父母的"旨意"精确完成，她如何能和不完美的自己相处？她被驯化到只是为"优秀"、"成功"活着，家门外得到的赞誉和回家关上门自己的感觉，无法统一到一个身躯里，这种分裂的痛苦，让她选择以决绝的方式结束自己的生命。

小郭最后留下的文字是："一切都不管了，我再也不要被人唾弃地以他人的标准去循规蹈矩地爬了。"她的自我评价之低，外人无法想象，"被人唾弃"、"循规蹈矩地爬"，她对自己何等地不满意！

这是个悲剧，我们可以理解她父母的悲伤，同情他们的不幸，但一个年轻而美好的生命一步步走上绝望的悬崖，却让我们不能不反思这种家庭影响的失误。

教育的目标是要尽可能让一个孩子优秀，但教育最要提防的是求完美心理。

"求完美"之所以是一种破坏性的教育行为，在于它是一种反自然行为。大自然原本赋予每个孩子以成长的正能量，只要生长条件正常，都会正常表达，健康成长。在完美期待中成长的孩子，天性被过度驯化，其作为独立的"自我"

无法正常舒展，却耗散太多的精力去适应他人的要求。几乎是从刚刚懂事，他们就有一个宿敌——"邻家的孩子"——聪明懂事性格开朗，有礼貌习惯好，功课门门都出色，既会弹琴画画，又会下棋打球，既懂得如何花钱，又懂得如何节俭，上名校，事业有成，孝顺父母，婚姻美满……"邻家的孩子"作为标杆只是衬出了他的不完美，让他自惭形秽，内心冲突不断，正常心理秩序被破坏，气场混乱，负能量越积越多。

一个内心积淀太多负能量的人，最终也许会取得世俗意义上的"成功"，在别人看来也许很完美，但其内心世界则不柔和不自在，是僵硬的、冲突的，较少体会到生活的幸福。像小郭一样，会经常感觉活得"很辛苦"。但哪怕是这表面的光鲜，也只属于少数人，更多的，负能量太多的孩子不但不能获得世俗意义上的"成功"，作为自然人的属性也被严重破坏，成为人们眼中的窝囊废。

站在教育的出发点上，没有一个家长会承认自己要培养完美小孩；在话语层面上，所有的人都会赞成"宽容"、"接纳"等理念。但在实际生活中，不少人却很少接纳孩子的"毛病"，见不得孩子身上的"缺点"。孩子活泼，他认为不够安静；孩子安静，他嫌缺少运动；孩子喜欢到外面运动，他又要求他坐下来画画；孩子喜欢画画，他希望孩子也喜欢唱歌；孩子喜欢唱歌，他要求他游泳也不能差；孩子音体美样样行，他还希望孩子功课好；孩子功课好，他要求孩子学会做家务……如果家长不知自己是否求完美，读到这里请扪心自问，我允许过孩子哪些方面的不足？

就在我写这篇文章时，我在微博中发了一条不要对孩子"求完美"的建议。有位家长在后面留言说："我从不要求女儿完美，真正困扰我的是怎么让孩子不要对自己要求完美。女儿3岁，做错事不敢和我说，怕我生气不喜欢她，有时做错事我说她，她就哭着让我别说了。"

这位家长没有意识到他自己正是"求完美"代表，我们完全可以从他的留言中推断，他对孩子何等的不宽容。才3岁的孩子，有什么事可以称之为"错事"

呢？打坏东西是错吗？说句脏话是错吗？把牛奶洒在地毯上是错吗？不吃某种蔬菜是错吗？……如果不是平时家长处处挑剔，不原谅孩子的任何过失，并经常用喜不喜欢来威胁孩子，这么小的孩子，怎么会对家长的爱忧心忡忡？怎么会经常意识到自己做了"错事"，并哭着求家长不要再说呢？

很多家长之所以像这位家长一样，不知不觉中陷入"渔夫老婆"的思维困境，是因为他们往往是从一开始就以某种社会标准来要求孩子，而孩子在这样的标准面前，显得那样不合格，于是家长拿出规矩、目标、批评、惩戒等这些概念和手段，对孩子进行规范。

求完美的潜台词是：你必须完美，我不接纳你的任何不足和过错。所以伴随求完美的，必定是事无巨细的要求和完美的目标，以及为实现这些"要求"和"目标"而派生出来的繁琐苛刻的家庭法则。这种情况特别容易发生在强势父母身上。

"求完美家长"和"强势家长"几乎是同义词，这样的家长，他们主要关心自己要培养怎样一个人，不断以成年人的强势改造孩子，较少关心或根本不关心孩子作为自然人的天性和需求——破坏就这样形成了。过度求完美，是教育中的欲望癌症，会演变出一系列问题。所以我们可以注意到这样一个事实：孩子的无力感总是和父母的强势呈正比，父母越强势，孩子越懦弱。

"求完美"不仅发生在家庭中，也同样会发生在学校里，"渔夫老婆"现象同样会发生在一些教师身上。

有位家长说她一直对8岁的儿子很满意，在生活方面，孩子很自立，早上闹钟叫醒，自己会做早点，平时看到父母忙，还会帮着干家务。学习上不用家长操心，成绩一直很好。课余时间爱阅读，爱玩游戏，且性格开朗，礼貌懂事，在学校和同学关系也不错。

但是有一天，孩子的老师找家长谈话，说虽然家长对孩子非常用心，可是孩子在学校并不是家长以为的那样，孩子应该更加出色才对。

家长很吃惊，忙问孩子有什么问题，老师说这孩子上课好像没有激情，对一些简单的问题毫无兴趣，对于一些难度大的问题又积极得不行。现在的课堂作业比较多，下课了老师要求同学们做完作业再出去玩，他儿子却一下课就往外跑，回来又发现作业没做完，然后就慌慌张张地赶作业，写得不认真，不是发自内心去做，好像是做给老师看的。而且这孩子好像能猜透老师的心理，知道老师有时候表扬他的目的是什么。总之，老师觉得这孩子很聪明，却不是一个踏踏实实的人，很浮躁，希望家长配合，给孩子一些挫折。

在一个天性纯美又聪慧的孩子面前，这样的老师的智商显得多么相形见绌，所谓"不踏实"、"浮躁"的大帽子，不过是老师潜意识中企图压抑孩子个性的借口而已。即使一个孩子真的有某些小问题，但他能做到在家里、学校里都不用父母和老师操心，并且懂得尽力配合老师，这已经是多么难能可贵！为什么还要求他"应该更加出色"，并且为了这个目的而要人为地给孩子一些"挫折"呢？

不少学校老师会对某个比较出色的学生说这样一句话："因为你平时表现很好，所以才对你有更严格要求，这是为了你更加出色。"我们相信大多数说这句话的老师没有主观恶意，他是想扬鞭策马，让孩子更完美。但"更加出色"的期许实质上是一种贪婪，是得寸进尺。不必做太多的分析，只要反过来想一想，某单位领导对一个工作十分努力的员工这样说话行不行，或是配偶的一方对另一方这样说话行不行？

孔子说："中庸之为德也，其至矣乎！"即中庸这种道德应该是最高的。用这句话来确立一个恒常的教育标准即：孩子不需要做得更好，在大部分事情上做到"大致齐"就已经很好。

人是有灵性的生物，之所以成为万物主宰，就在于它的独立性和丰富性。每个人带着不同的性格、爱好和使命来到世界上，而且所有的人都能量有限，只能在某一个或某几个方面做得好，面面俱到地撒花椒盐，反而到头来在所有的事情上都平庸无奇。

如果陈景润的爹对他说，你不能光是数学好，活在世上还要会和人交往，报个口才训练班吧；赵本山的爸对他说，你光会逗别人笑那能当饭吃吗，还是把心思放到功课上吧；牛顿的妈对他说，仅仅功课好那是书呆子，从今天开始练习做家务，每天必须洗一次碗……这世界是不是很灰暗？不要说你的孩子成不了陈景润、赵本山、牛顿，你不是上帝怎么知道几十年后的事？但你真的可以代表上帝赐福给自己的孩子，办法就是用赏识的目光滋养他，而不是用求完美的眼光挑剔他。

有人说，所谓天堂，是一个有着美国式房屋、中国食物、英国警察、德国汽车、法国艺术的地方——世上不可能有天堂，世上也不可能有完美的孩子。不完美是构成完美生命的一部分，它是平衡力，是潜力。老子说"大盈若冲，其用不穷"，盈，即完满，冲，即缺憾。也就是说，有缺憾才是真正的完善，才有永续发展的动力。

当代家长文化程度普遍较高，它意味着家庭生活首先给了孩子良好的教育。但也可能意味着一些问题。越是文化程度高的家长，越可能对孩子的教育非常认真；越是认真，则越是细腻。过分"细腻"，就有可能开始苛刻，不知不觉陷入"求完美"的泥淖。

这种情况也曾发生在我自己身上。尽管我在和女儿的相处中能经常提醒自己不求完美，对孩子很宽容，但事后也会发现，我更容易在一些浅表的事件上对她做到宽容，而在一些较深入的问题上，也会不小心走入求完美的误区。

圆圆像很多女孩子一样，自小就很爱美，几乎从她懂事起，对于自己买什么衣服、怎样穿就有主张。这当然是我有意培养的一个方面，我认为女孩子应该学会如何穿衣服，所以我从她两三岁起，就尽量把选择衣服的自主权交给她。那么小的孩子当然是乱选，她可能仅仅因为喜欢一颗纽扣或一个局部小图案，就去选一件整体设计庸俗的裙子。在衣服搭配上，更没概念，经常是即兴乱穿。我会给她一些建议，但不强求，她愿意听就听，不愿意听就随她的便。圆圆长大后看小时候一些穿着艳俗或衣服乱搭的照片，会吃惊地责怪我说：我当时穿成这样，你怎么就好意思把我领出去呢！

圆圆从上中学后，对衣服的选择已有了很好的判断。我们一起逛商场时，如果我发现她特别喜欢哪件衣服，而我恰好不喜欢这件，为了不影响她的选择，我会找借口走开，对她说："你先在这里看，妈妈到那边看看有没有适合我的衣服。"这个时候这样做，不是出于接纳幼稚，而是出于自知之明。第一我不是那个掌握了绝对穿衣秘诀的人，第二衣服好不好看，在某种程度上完全是因人而异的，哪怕是最顶级的服装设计师，他们对同一款衣服的评价有时也大相径庭。我不需要事事让她都按我的道道来，尽管在自我感觉中，我的想法是最好的。

圆圆现在很会穿衣服，很有品位。如果我在她小时候一次都不允许她买难看的衣服，如果我的审美标准总在战胜她幼稚的喜好，她可能到现在也没有这方面的感觉。

但还就是在买衣服这件事上，我也会在另外的层面上犯错。而我知道这个错误，则是在圆圆上大学后。

有一次，我们随便聊天，聊到她初中三年有诸多不快，学校老师有很多问题时，圆圆告诉我，其实我和她爸爸当时的错误，除了把她送进这个寄宿制学校外，总因为她想把衣服穿得更好些而批评她虚荣，也非常伤害她。她讲到当时的一些细节，说着说着，居然哭起来。这让我大吃一惊。

潜意识中，我也很庸俗地认为中学生不可以爱美，我一直认为中学生穿着舒适大气就行，没必要买超过需要的衣服，更不必在乎品牌。所以当她上初中后，表现出对穿着很在意，想多买几件衣服，甚至希望买一些品牌服装或名牌运动鞋时，我断然拒绝了。

我一直对虚荣有所警戒，觉得虚荣最坑人。当时并没有细腻地体察孩子的感受，完全站在自我角度上判断她的要求，把"买名牌"和"爱慕虚荣"等同起来，武断地认定她这是虚荣的苗头，一点点也不能要，不但没给她买，还三番五次地批评她"虚荣"，给她讲一通大道理，让她无话可说。圆圆后来又给我提过几次这样的要求，我都上纲上线地这样解决了。

我清楚地记得圆圆读初中时，突然变得话少多了。我开始只是以为她进入青春期，心理越来越成熟内敛了。后来发现不是这么回事，感觉孩子内心很苦闷，并且这种苦闷慢慢表现在学习、性情等很多方面，比如成绩下降、爱发脾气等。当时我知道学校方面在一些事情上做得比较差劲，把圆圆的状态全归咎于学校。我努力用自己的方式一边和学校斗争，一边努力保护着孩子。我的保护当然是有效的，而且初中三年很快过去，她读高中时，遇到的老师大多非常好，所以圆圆的状态恢复得越来越好。我为圆圆后来的表现而备感欣慰，却从没意识到在她灰暗的初中三年，自己也参与了对她的伤害。

圆圆一直是个心地纯洁、性情平和的孩子，从小不爱哭，整天笑。而这时，她都上大学了，居然会为初中时的一件"小事"流下眼泪。我的第一反应是惊讶，不肯承认。慢慢冷静下来，真诚反思，才开始意识到自己当年确实是错了。

一个开始进入青春期的女孩子，本能地想要穿更好看的衣服，让自己更漂亮可爱，这是多么正常的一件事啊。而且她当时上的是一所收费较高的寄宿制学校，班里同学的家境都比较好，不少孩子都穿戴着名牌，和同学朝夕相处，怎么可能没有一点模仿之心？退一步说，即使孩子真有些虚荣，我又为什么不允许她有呢？哪怕我现在成年了，对虚荣多有警惕，其实也不能百分之百祛除虚荣。我自己都做不到的事，为什么要求我的孩子做到呢？

这件事给我带来的懊悔，随着圆圆的成长，随着我的研究和反思的深入，越来越强烈。真难想象，一个十一二岁的小孩子，在学校备受一些老师的不公正对待后，又需要用多大的努力来消化我的强权。我为什么对孩子那样没有信任？为什么对人性那样没有信心？难道多买几件好衣服，孩子就虚荣了？而我当时对她犯下的错误似乎还不止这一件。她刚10岁，就被我们愚蠢地抛到这所寄宿制学校。学校挂着某优质公立中学分校的金字招牌，却在很多方面做得粗暴又势利，给了孩子很多伤害，我却给她原本灰暗的初中岁月雪上加霜……想到她当时的小模样，想到她小小的心中装满的委屈和痛苦，想到她持续好久的沉默和消极，我内心都隐隐作痛，恨不能时光倒流，好去修改曾经的过失。

这样的时刻，最能安慰我的，居然也是这样的念头：我作为母亲也可以有缺点，不要企望去做"完美母亲"。这个念头，让我的懊悔减轻好多。我不想活在懊悔中，最重要的是如何做好当下。

在我写这篇文章时，圆圆已是20出头的大姑娘，性格开朗，气质出众，刚从美国一所著名的常春藤盟校硕士毕业，我和她爸爸去参加了她的毕业典礼。上午参加完在中心广场举办的学校毕业典礼后，下午在一个小教堂参加她所在学院的毕业典礼。学院的毕业典礼其中有一个环节，是给一些优秀毕业生颁发奖项。每个上台领奖的学生都会得到热烈的掌声，也一定给他们在场的父母带来无限的欣慰。我一直期待着圆圆会上台领一个什么奖，但没有，她像大多数人一样，领过硕士学位证后就一直在下面坐着。必须承认，我在那一瞬间有些遗憾。但在典礼结束，走出小教堂时，我就意识到自己的问题。

圆圆能来这里读书，顺利毕业，已经是多么可贵的一件事。她出国后还学会了自己做饭，把自己的生活也安排得很好——这些已经该让我多么欣慰多么自豪了啊，在一个优秀学生会聚的地方，为什么我还要在乎她在这里是不是得了什么奖呢？我为自己的贪得无厌而惭愧万分。事实上，也就是惭愧感出现时，我的幸福感才更加饱满。

这种对"求完美"越来越清晰的认识和警惕，最大化地消解了我和孩子相处时的负面情绪，我们的相处进入了一个新的、更美好的时期。比如她偶尔耍小脾气、因贪玩误了正事等等，我以前会或多或少有不愉快或有所担忧，现在则完全用正面的情绪看待这些事。并不是说这些缺点是好的，而是觉得，有缺点，这是多么真实、多么令人踏实的一种情况，如果她再连这些缺点都没有，那也许才是令人不安的。放下"求完美"心理，一切都显得更加完美。

不求完美，这不是一种懈怠，而是一种勇气。人必先征服自己的自卑和虚荣，才有力量面对生命中的种种不完美。

不仅在教育上，在一切人与人的相处中，包括和自己的相处，求完美都是一种思维缺陷，凡求完美，必有伤害，接纳不完美才是一种完美行为。

接纳配偶的不完美，彼此幸福又放松；接纳朋友的不完美，获得尊重和真诚；接纳自己的不完美，让自己自信而心理平衡……我们都羡慕一些人的潇洒，不论遇到什么，都可以微笑面对，坦然地说一句：没什么大不了的……这样一种潇洒，不可能凭空产生，它必须有一种生长基础，那就是从童年时代起，他从成年人那里学会了正面看待一切事情，他是有容量的，因而他的天地分外宽广、分外和谐。他的生命可能会有风浪和波折，却不会出现"渔夫老婆"的失控和溃败，而始终像一位女王一样具有主宰的力量，活得优雅、尊贵而幸福。

绕开宣传陷阱

1

关于"自闭症"这件事

现在有一种趋势,儿童出现某种心理问题或行为问题时,人们不再有耐心去思考孩子的个性差异或教育生态环境,而是直接把这些问题推给医疗,所以围绕孩子大脑和意识的疾病越来越多。

活泼亢奋的得了多动症,内向孤僻的得了自闭症,迟迟不说话的得了语迟症,说话太多是威廉姆斯综合症,不好好吃饭是进食障碍症,吃得太多是嗜食症,动作不协调是感觉统合失调症,经常说脏话的得了秽语综合症,霸道或懦弱的孩子有社交障碍症,不敢和生人说话是选择性缄默症,上网太多的患了网瘾,玩具不离手则是患了恋物癖……疾病的名单会很长,几乎儿童成长中所有的情况——只要它不被成年人满意——最后都会进入医疗，成为一种需要医生治疗干涉的病症。

尤其"多动症"和"自闭症"，因其事关儿童整体行为状态，涉及点多，目前成为最大的两种流行病。

关于"多动症"，我已在另一本书中探讨过这个问题①。这几年以来，"多动症"在中国媒体上的宣传越来越少，在人们的概念中逐渐淡化。我相信它的生命周期本该这样，虚假的东西没有生命力。很多儿童不必因为淘气或注意力不集中而轻易被扣上"多动症"的帽子。他们虽然有缺点，却没有病。这一简单概念的确立，对他们的人生影响深远。

但这并不意味着孩子们能逃过"有病"的厄运，"多动症"之后，取而代之的是"自闭症"。此病的宣传、阐释、诊断及治疗等，与"多动症"如出一辙，但较之"多动症"，更加来势汹汹。虽进入中国时间不长，但其宣传声势之大，发病率上升之快，发病人数之多，病人范围之广，前所未有。

没有谁会否认"自闭症"这样一种先天缺陷存在的可能。因为人类的任何器官都可能存在先天缺陷，大脑也不例外。除了像唐氏综合症等这样有明确基因缺陷的先天残疾，智力正常但语言功能低下，交流功能障碍的情况肯定也有。但不管什么先天缺陷，发生率都不会高到离谱。如果说某种先天疾病突然莫名其妙地成为大面积爆发的流行病，那一定是某种外部原因促成的。

①尹建莉，《好妈妈胜过好老师》，作家出版社，2009年1月第1版，《"儿童多动症"是个谎言》。当时的写作背景是，2008年前后几年间，"多动症"宣传铺天盖地而来，全中国突然冒出那么多大脑有病的儿童。甚至我接触到的朋友的孩子、亲戚的孩子及学生，也纷纷被诊断出"多动症"。这些孩子明明什么问题都没有，我能清楚地看到他们身上所谓的"问题"，要么来自成人的错误评价，要么来自家庭不得法的教养方式。家长不去反思自己的问题，却把孩子送到医生那里。"有病"的定义不但掩盖了问题根源，更会置孩子和家长于万劫不复之地，于是开始关注这个问题。2009年我的著作《好妈妈胜过好老师》出版，其中收录了《"儿童多动症"是个谎言》这篇文章，随着书的畅销，读到这篇文章的人越来越多，我开始不断收到家长们写给我的感谢信，说他们怎样发现了自己教育中的失误，怎样从"多动症"的梦魇中一下醒来，这些来信令我无比欣慰。虽然也受到一些攻击和漫骂，却也让我更关注教育与医疗这两个领域的关系。

一、"自闭症"宣传中的水分及其悖论

当下，尽管不同渠道公布的"自闭症"发病率五花八门，相差甚远，总体调调是越来越高，某些媒体甚至陈述为"爆发式增长"，比癌症、艾滋病、糖尿病患者的总人数还多——这就是说，如果你在生活中见到过一个癌症或糖尿病患者，就应该见过一个以上自闭症患者——敢这样报道的媒体当然不会进行这样的对比分析，它要抓眼球，就不需要深入和理性。所以在白血病发病率大约是十万分之二三的情况下，某些媒体和某些相关机构完全无视常识，把"自闭症"的发病率炒到1%，甚至更高。同时强调患儿越来越多，多到自闭症康复机构不够用了，政府和公众应该给予支持，多建康复机构……新闻学中最重要的一条铁律是"真实"，但在"自闭症"宣传中，处处可见道听途说。

事实是迄今为止，我国尚没有权威的儿童自闭症流行病学数据报告，没有任何人、任何机构对此有过大规模调研和统计。所以尽管是如此吓人的高发病率，却几乎看不到权威机构或权威学者站出来说话。

美国电影《雨人》，中国大陆电影《海洋天堂》和中国台湾纪录片《遥远星球的孩子》是目前中国公众了解自闭症的主要来源，几年来，甚至媒体宣传也一直在用这几部电影说事。社会心理学有一条原理：一切煽动性的宣传，瞄准情绪比瞄准理性效果好得多。而电影是煽情最好的载体，剧本可以随意编写，镜头可以任意取舍和切割。影片把"自闭症"患者描绘为一群宛如被上帝特别圈点过的异类，他们天生孤僻冷漠，不善交流，却在某方面有极高的天才，社会交往能力低下，使别人不理解他们，常令他们不知所措，生活艰难。从2008年开始，每年的4月2号是"国际自闭症日"，到了这一天，很多人，尤其演艺界的一些明星会大声呼吁关爱自闭症患者，这当然是出于人们的善良和博爱。但如

果你问他这到底是怎样的一种病，人们基本上都是用这几部电影说事。

所以"雨人"、"星星的孩子"现在成为自闭症患者的代名词——美丽、遥远、不凡——这作为传播形象很迷人，很有感染力，但和实际情况相去甚远。

实际情况是，现在被广泛诊断为"自闭症"的孩子就是一群普通孩子，倘若再经历长期康复，最终大多数人将成为智力和心理的双料低能者，只有极少数孩子能比较正常地融入普通生活。而在某些方面表现出特异天赋的，凤毛麟角，并不具有代表性，如同失去双臂后学会用脚弹钢琴、在"中国达人秀"中夺冠的刘伟，他是个奇迹，但不能代表所有失去双臂的人的乐器演奏水平一样。

除了以上传播与事实的不符，更多的是诉求间的自相矛盾。常见的诉求有下面几点，被各类宣传引用，奇怪的是其中显而易见的虚假和悖论居然一直被忽略：

自闭症是一种先天疾病，是基因或大脑某种生理出了问题。

自闭症和后天教育及成长环境完全没有关系。

自闭症必须早筛查、早诊断、早治疗。

自闭症目前无法治疗，患者往往终身精神残疾。

自闭症患者经常受到歧视，要反歧视，呼吁关爱这个群体……

在这些诉求中，有一点首先值得澄清：宣传总把"自闭症"成因和教育问题剥离得干干净净，确定它是纯生理疾病，是基因的问题。事实是，到目前为止，全球医学界尚未对自闭症病因病理形成统一定论，它是如何发生的，哪里出了问题，谁都不知道。当然一直不断有人拿出"最新研究成果"，用基因或其他生理指标来说事，但没有一个得到公认。即"自闭症"诊断和常规医学诊断不同，常规医学诊断必须依病人的生理变异事实来下结论，"自闭症"诊断却是纯主观判断。当一个医生认定某个儿童是"自闭症"患者时，他并不知道儿童哪个器官或哪个生理指标出了问题，只是依据"核心症状"或"诊断量表"进行综合判断。

这就说到"症状"及"量表"的问题。

目前公认的"自闭症核心症状"是：社会交往障碍、语言交流障碍、兴趣狭窄和刻板重复的行为方式。诊断量表主要围绕这几个方面设计。

量表中的各项评分标准没有一项生化指标，全部是行为判断。这些行为，即所谓的"症状"，用教育学或心理学全部可以解释，不过是儿童个体差异，或是儿童遇到环境困扰后不同程度的扭曲表现。换句话说，任何儿童，尤其是早期遭遇错误对待的儿童，都有可能符合量表中的大部分症状。

用这样的事实，重新解读上面的几条宣传诉求，更会发现一串悖论：

既然不知道是什么基因出了问题，如何断定一定是基因出了问题？

病因和病理都不清楚，如何诊断？没有准确的诊断，哪儿来的筛查？又哪儿来的发病率？

每种轻微"自闭症"症状都会表现在有某种心理障碍儿童身上，较严重"自闭症"症状和儿童精神病症状高度吻合，医生是如何鉴别两种情况的，如何区别哪个是先天，哪个是后天？

医生有能力诊断，为什么不负责治病？治病为什么要去自闭症康复机构？

说到自闭症康复机构，又是一连串不可思议。

首先，依其举办性质来说，它是教育机构，而非医疗机构，所以工作人员是"老师"，不是"医生"。

其次，现在举办自闭症康复机构的门槛非常低，既无行业标准，又无从业人员资格准入制度，不管你以前是从事什么职业的，都可以申请到执照，不少自闭症康复机构就是患儿家长自己办的。由此，我们不能不产生一个疑问：这么一个"世界级疑难杂症"，康复机构的人怎么就有办法对付呢？

康复机构当然可以解释说，训练方法采用的是国内或国外专业人士编制的课程，课程内容很强大，有康复功能。那么还有一个问题需要解释：假使他们所采用的康复训练可改善基因缺陷，既有效又容易学到手，为什么经过常年康复的孩子，最终大部分都成为确定无疑的精神残障者呢？包括那些最积极举办自闭症康复机构的患儿家长，他们的孩子的最终状况有说服力吗？早诊断早治疗，倾家荡产去康复一个来自遥远星球的天才，最后就是让他进入残疾人行列？

2013年4月，中国最有影响力的CCTV电视台一档名为《开讲啦》的电视节目，邀请到一位女嘉宾开讲。她是一位"自闭症"患儿的妈妈，最早在中国开办自闭症康复机构，是该领域在中国的知名人物。她在孩子5个月时出国留学，2年以后回国，发现孩子不会喊妈妈，然后孩子被确定为自闭症。现在她的孩子已成年，智力表现为永久残障。一位年轻人提问，您的孩子患自闭症，有没有可能是早期母子分离所致？这位女士果断地说不是，因为"自闭症的基因图都可以画出来，是多因素致病"。

她的回答也许给人一种印象，即自闭症的研究已进入生物学的层面，病症的秘密已被揭开，或即将被揭开。事实是时至今日，从来没有人能确定哪种生物因素会致病，自闭症基因图也从没有人画出来。所以我们只能猜测，她所说的"基因图可以画出来"是指现在宣传中说的自闭症谱系示意图，答案更是和学生的提问驴唇不对马嘴。这就需要我们知道所谓的"自闭症谱系"是个什么东西。

"谱系"一般指一个演化系统。系统间的要素彼此有承接、关联和影响。好比"肺癌谱系"应该是有关人种、地域、遗传、生活方式、基因等这些方面的立体构成。而"自闭症谱系"（ASD）却是根据典型自闭症的核心症状进行扩展，把所有和"典型症状"沾边的情况都包括进来形成的一个平面范围。相当于依据肺癌标准，把肺结核、肺炎、气管炎、感冒、咽炎、咳嗽等等都归入"肺癌谱系"。即"自闭症谱系"不是一个生物学或遗传学意义上的概念，而是对一个划分范畴的统称。

例如所谓的"阿斯伯格综合征"或"高功能自闭症"，其真实含义是"疑似自闭症"或"轻度自闭症"，是谱系中的重要组成。现在有报道说，爱因斯坦、牛顿等科学家被怀疑是高功能自闭症患者——如果真是这样，超高的"发病率"倒是合理。没错，按这样的逻辑，倘若真有人定义一种"肺癌谱系"，人人都将是肺癌患者，肺癌"发病率"确实高，谁没感冒咳嗽过？可这样的"谱系"概念，除了千万倍地放大"发病率"，制造恐慌，有什么价值呢？

退一步，即使关于基因致病的猜测是对的，发病率越来越高的论断也没来由。

自然为人类做的一切设计，都是向着交流和融合进行。人类最古老的奋斗，就是与其他人合而为一，在进化中力图保存自己的基因，这是亘古不变的需求。并且精神病学研究早已有这样的理论：先天生理上的差异，不会导致一个人采取变态的生活方式。大脑是一个可以接收文化软件的硬件系统，具有强大的适应性，进化程度越高，语言和合作功能越强大，相应地，这些方面的基因表现会越来越健康，而不是越来越病态。换句话说，假设自闭症真是基因所致，那么发展的趋势必定不是患儿更多，而是越来越少。用基因来解释"自闭症"越来越多，显然大方向就不对，基因不会让自己水往低处流。

总之，那么多的诉求，只要摆到一起综合地看一看，就会发现疑点重重。那么接下来的问题就是，"自闭症"到底是怎么回事？一个如此扑朔迷离的事，背后真相是什么？是什么在左右着当下发生的一切？

为了搞清楚这件事，请允许我在以下的内容中分步骤进行解读。

二、"自闭症"孩子怎么了？

说到"自闭症"的事，很多人首先会问，到底有没有"自闭症"这个病，它到底是一种先天疾病还是后天疾病？关于有没有的问题，我放到后面解答。这里先说说先天后天的问题。

我想，正确的答案应该是：有先天，也有后天——人体的任何器官都有可能出现先天残障，如先天盲聋、先天心脏病、先天肢体残缺等等。大脑是人体器官的一部分，也不例外，所以不能否认先天"自闭"的可能性。即在排除所有成长环境问题后，可能有人天生就这样：听力正常，但语言功能低下；智力正常，但交流能力极其低下。

这样的人有多少，没有人能提供可信的统计。但我们可以相信它较之其他类别的残疾，不会太高也不会太低。不信的话，从我们自己的大脑中搜索一下，或问问身边的人，见过几个"自闭症"，答案即可知晓。

世上不可能突然冒出很多6个脚趾头的孩子，也不可能凭空出现很多"自闭症"儿童。如果说现在真的出现较多有交流障碍的孩子，它要提醒的是，当下，我们在对待孩子的问题上也许存在某种普遍性的误区。

教育学和心理学研究早已发现，几乎所有严重的儿童心理障碍，都是亲子关系联结不良的后果。而导致亲子关系联结不良的两个重要原因，一是儿童早期和母亲接触机会的匮乏，二是家庭教养方式，尤其是父母教养态度的不得法。

儿童和世界的第一个联结通道由母亲来建立。母乳不仅提供肌体成长能量，也提供心理成长能量。母亲的怀抱、气息、声音等等，所有的陪伴都是孩子的心理奶水。幼年丧母、母亲严重精神障碍等不可抗拒原因会损伤孩子心理。与此同时，一位自身再优秀的母亲，如果她在孩子幼小时忽略了和孩子相处的重要性，把孩子全部托付给老人或保姆，亲子关系淡薄；或长期用教条刻板的方式对待孩子，孩子也会出现心理营养不良——这正是现代社会生活中，一些父母健全，甚至家境优裕的孩子出现心理问题的重要原因之一。

生命最初的几年是人生的黄金期，几乎奠定了一生的发展基础。母亲在这个关键时期缺席了，或一直以反自然的方式和孩子相处，孩子的生命必定会出现巨大遗憾。我们从很多"自闭症"儿童家长的自我陈述中可以看到，他们大多在孩子婴幼儿期去忙事业，到孩子大一些，出现行为异常时，才后悔莫及。也有人把自己的童年心理创伤投射到和孩子的相处中，无意中扭曲了亲子关系。

早期经历的影响到底有多大，有人做过这样的实验：把一只成年狗的一只眼睛蒙半个月，去掉眼罩后，这只眼的视力很快能恢复到从前的水平。但把刚出生的、双目视力正常的小狗的一只眼睛蒙上，半个月后去掉眼罩，小狗这只眼几近失明。经过长时间恢复，虽然有了视觉，但视力低下，出现永久残疾。

这种生理现象和心理发育现象几乎完全一致。心理学家通过实验研究发现，从小被隔离长大的猴子，它们大脑皮质神经元连接稀疏，行为神经质，走路蹒跚不稳，甚至叫声都不正常。成年后，永远处在猴子社会阶层的最下端。

母爱的匮乏不仅损害心理，也损害智力。罗马尼亚在二次大战后人口锐减，政府规定每个育龄妇女至少要生四个孩子。因很多人家养不起这么多孩子，政府建了国家教养院，六万多名婴儿一出生便住进教养院，统一由保育员照顾。结果是教养院不但没培养出补充人口数量的国民，却批量生产出一批问题儿童。这些出生时检查正常的孩子，最后绝大部分变成精神残障者，他们独自坐在角落，不停地前后摇晃，撞墙等各种自残，对陌生人没有恐惧感，不会对话，智商低下。

儿童对物质的东西要得其实不多，只要有基本保障就可，对母爱的需求却很高，必须充分。倘若母爱打折了，即使锦衣玉食、仆役成群，心理发育也会打折。犹如一棵树长得好不好，不在于种在皇宫还是种在乡野，在于根须所触的土壤和枝叶所承受的阳光是否给了足够的滋养。温暖的陪伴，是母爱最基本的任务，也是最高的境界。

母亲如果没有亲自哺喂自己的孩子，如果在孩子幼年时期没有充分陪伴孩子，她和孩子间建立的心理联结就会稀疏。血缘只能让她关心孩子，很难让她充分地疼爱孩子，如果再加上一些个性方面的不足，比如做母亲的性格过于强势，或兴趣点在别处，理解孩子对于她来说更难。一位在某自闭症康复机构做过几个月义工的大学生对我说，他惊讶地发现，很多把孩子送来康复的家长，他们和孩子间的关系表现得奇怪，和他原来想象的情形差异很大，大多数家长和孩子并不亲近，甚至有些妈妈抱孩子的表情动作都很生硬。

我相信，这些妈妈一定很想充分地去爱孩子，或者比常人更愿意去理解孩子，只是她们没有获得这样的力量和通道，她们身上的母爱没有被充分激活，她们自身也是反自然行为的受害者。

当然，并不是早期缺少母爱的孩子一定会得"自闭症"，正像即便癌症高发区也是发病的少不发病的多一样。除去个体差异，还要取决于其他外部条件。一般说来，在母爱缺席的情况下，如果父爱健全，或家里其他人能够很好地进行爱的补偿，孩子也不会出现太大问题，因为人有天然的自我疗愈本能，这就是为什么很多从小缺少母爱的孩子，也可以正常成长的原因。

生命中单一的缺憾不会让一个人心理残障，变态心理往往是多因素共同作用的一个后果，关键因素有下面这些：

1. 孩子在婴幼儿期，尤其3岁前，和母亲、父亲接触很少，孩子托付给老人或保姆带。

2. 工具过多地介入生活，如过度使用电视、电子产品、婴儿车等，孩子缺少语言及情感的交流环境。

3. 在吃饭、睡觉、大便等日常生活问题上教条，对孩子进行过度训练。

4. 家长对孩子包办太多，几乎事事代劳或处处指令。

5. 对孩子限制太多，总是否定孩子的想法和做法。

6. 监护人脾气暴躁，经常打骂孩子或用冷暴力惩罚孩子。

7. 夫妻感情长期不和，家庭气氛长期压抑。

8. 直接监护人性格强势，凡事不容他人质疑。

9. 家中少书或无书，很少有亲子阅读时光，孩子没养成阅读习惯。

10. 孩子长期缺少玩伴，成长环境过于单调。

以上情况，很多家庭或多或少都有一些，只要不严重，对孩子影响并不大。只有这些因素叠加多、程度深，才会构成"创伤性成长环境"。在典型创伤性成长环境下生活的孩子，尤其那些天资聪慧、生性敏感的孩子，心理不断受阻，又无法建立自我成长通道，结果只能是"自闭"或其他形式的精神分裂——这就是"自闭症"的成因。

但并不是有了"成因"就一定会导致孩子心理残疾，就像人生病了不一定都会要命一样。回溯一下人类以往的情况，一代又一代儿童的家庭成长环境远不如现在好，却从未出现过大规模的心理流行病，这是因为人有本能的自我愈合能力。父母可以在某些事上做得不好，只要不是一直错上加错就可以。

就当下"自闭症"儿童来说，家长们早期的失职或失误本不是最严重的问题，后期误入歧途才最可怕。其实，在孩子的问题刚被发现时，年龄往往还小，有充足的解决时间，正确的办法应该是尽快把正常母爱和正常生活环境还给孩子，那么孩子会进行自我修复，慢慢变得和其他孩子一样完好。可惜的是，很多家长意识不到孩子的问题和早期生活经历之间的关系，急急忙忙带着孩子往医院走，从一个小过失，走向一个大错误。

三、盲人摸象的医疗诊断及"贴标签"的危害

我十分尊重医生这个职业，但在"自闭症"这件事上，显然是医疗错误地介入了教育。医生有能力帮人们解决肌体病痛，并不意味着他有能力帮人们解决意识问题。

把孩子的心理和精神发育问题交给医生看，根本思路是错的，宛如把打鱼的事交给种地的人来做，其中的错误和风险可想而知。医生面对儿童的"症状"时，专业思维使其很少和早期教育联系，往往会孤立地、片断地从大脑生理病变来找原因。换句话说，医生之所以敢于诊断一个孩子是"自闭症"，在于他不懂教育，无法从一个孩子的成长经历来纵深地看问题。

当然，一个孩子的早期成长事实，很难探究。它是一个家庭内部的秘密，是一段过往的历史，甚至是一种被无意改写的记忆。诊断通常都是父母在陈述，医生不可能深入探查他们生活中的点滴。甚至有些父母在陈述儿童问题时，会有意无意地美化自己的行为。同时，智力和情感没有得到正常开启的孩子，他活在封闭和混乱中，自己也无力主动去和外界沟通，无力去陈述为什么。这样，

病态表现和早期教育就被完全割裂开来，仿佛启蒙阶段的负面遭遇都不存在，有病的标签就很容易被贴到孩子身上。

孩子不开口说话，这在"自闭症"的诊断中是一个重要症状。这个问题其实很好解释。儿童开口说话本来就有早有晚，有的一岁就开口说话，有的两三岁甚至四五岁才开口。原因有几种：一是个体差异；二是儿童早期生活缺陷使交流功能启动迟缓；三是因为家长经常强迫孩子说话，引起孩子逆反和心理障碍。

不管哪种情况，只要孩子听力正常，发声系统没有异常情况，都不需要用人力进行过度干涉，或者说，即使"干涉"，也需要对症下药，办法很简单，就是多和孩子进行语言及情感交流，关键是要让孩子心理轻松，有自信，待说话的身心条件成熟了，瓜熟蒂落，自然会开口。反之，在孩子说话条件还不成熟、或者他心理上有障碍不想说时，就把他划到"有病"的人堆里，对他进行反天性反自然的训练，那样只能雪上加霜。

比如某个本该三岁半才开口说话的小孩，如果家长在他2岁时看到别的小朋友都会说话了，自己的孩子还不会说，就开始着急。到孩子两岁半，别的小朋友都会背唐诗了，自己的孩子仅会说几个单词，这就更让他们焦虑。到3岁时，别的孩子都开始认字了，自己的孩子还说不出完整的句子，家长就按捺不住，开始带孩子去跑医院。这个医院查不出问题，再找另一家医院，耳鼻喉查不出问题就查大脑，大脑查不出问题就去找心理医生……家长的焦虑、各种痛苦的检查、治疗和强制训练，让孩子深深地为自己不会开口说话而自卑和痛苦，那么孩子不但不能如期在三岁半开口说话，甚至4岁也不能开口说话。

一个孩子，当他在语言准备不充足的情况下，和他人的口头交流愿望会比较低；交流上的不顺畅又导致他总是不被人理解，情绪无法疏导，所以容易表现出脾气大或冷漠。而"治疗"对情绪的打击，更让孩子的心理机制在挫败中难以正常展开，出现更多的问题——在这样关键的时刻，如果成人还不能意识到正是"治疗"本身在伤害孩子，把孩子的不正常行为误读为有病，将其投入长期的治疗中，那么孩子的"病态"将一步步被稳定，用一个确实有病的后果，证明诊断的正确和治疗的必要性——这种悲剧被隐藏得如此之深，孩子自己不知道，爱孩子的父母不知道，医生不知道，社会上绝大多数的人不知道。大家看到的确实是一个不正常的孩子，于是所有人都确信，这个孩子先天有"自闭症"，需要不断地被治疗和康复。

至于其他症状，诸如不听指令、没有目光交流等等"自闭症"症状，它们和说话问题一样，都可以从教育学或心理学中找到答案，也可以找到解决方案。但医生的思维方式，让他不会往这里想。

盲人摸着一条象腿，真诚地说大象长得像根柱子，并不是他想撒谎，而是他的认识只能到这里。这也正是为什么医生只能"诊断"，无力治疗的根本原因。

现在又有人呼吁，自闭症筛查要从一岁半开始。这真是可笑！无法化验、无任何确切证据的"筛查"如何做？难道医生都有火眼金睛？按现有的自闭症诊断标准来对号入座，哪个一岁半的孩子能逃脱有病的厄运呢？

在一些自闭症论坛，经常会看到奇葩对话，几乎孩子的每一种情况都是"症状"，比如：

> 提问：我的孩子两岁，每次进电梯总是要乱按楼层按钮，不让按不行，讲道理听不进去，告诉他我家楼层他还乱按，是不是自闭症啊？
>
> 回答：还有没有别的症状，比如喜欢往高处爬，不知危险？
>
> 问者：有啊。
>
> 答者：那你赶快带孩子去医院看看吧，像自闭症。

可以想象，这些信息，会给年轻的家长造成多少恐慌。一位科学家说过，"认识模糊的地带，妖术最容易流行。"中外历史上妖术大流行总有类似的手段。先制造恐慌，吓唬人，然后再做神秘解释。

曾看过一个笑话：某专家为了证明螃蟹的听觉器官在腿上，提了只螃蟹放到桌上，并冲它大吼，螃蟹很快就跑。然后捉回来再冲它吼，又跑。最后专家把螃蟹的腿都切下来，又对着螃蟹大喊，螃蟹果然一动不动。一只一只试验下来，都这样……得出结论：螃蟹的听觉器官确实在腿上。

早诊断、早治疗，倾家荡产去康复，最后领个残疾证——这种逻辑困境没有人去关注！

有的家长可能会心怀这样的想法：假如孩子真是自闭症，我现在带他去看医生，至少没耽误了他，因为很多信息都在说，自闭症要及早治疗；假如孩子不是自闭症，我带他看了医生被误诊也没事，有人还被误诊成癌症呢，误诊又不会死人，以后知道没事不就没事了——这样的想法是错误的。"贴标签"对儿童来说影响极为深刻，一个有唱歌天赋的孩子很有可能妈妈说一句你唱歌不行，以后永远不再唱歌；一个被反复定义为小偷的孩子，比一般人更容易成为小偷。标签就是烙印，打下了，就很难彻底清除。心理学史上有名的"斯坦福大学监狱实验"[1]就是对外界定义如何深刻影响一个人自我认知的佐证。小孩被定义为自闭症后，自我翻盘的机会几乎没有。

四、"康复训练"是严重的二次伤害

当年有人讽刺"大跃进"是"情况不明决心大，心中无底办法多"。这句话用来描述现在的"自闭症"康复市场，真是再恰当不过。

[1]斯坦福大学心理学教授津巴多于1971年做过的一个著名实验。该实验让一些自愿参加实验的学生用抛硬币的方式，随机分成两组，一组扮演犯人一组扮演警察，然后让他们分别穿上囚服和警服，进入监狱环境，像真正的囚犯和警察那样开始不同的角色扮演。仅仅几天的时间，这些大学生就开始对扮演身份和真实身份产生幻觉，各自开始向扮演的身份靠近，犯人越来越像犯人，警察越来越像警察，社会病理学症状出现。这个实验原打算坚持较长时间，但由于情况越来越严重，"警官"和"犯人"双方心理扭曲都很严重，不得不半途停下来。这个实验证明：外部定义，即"贴标签"对人的心理影响极为深刻。

2014年的自闭症宣传日中，某大型门户网站发了一组自闭症患者的图片，其中有一位患者的情况是这样介绍的：

> 1986年出生的陈峤，今年10月就满28岁了。在陈峤小的时候，他能流利地背出唐诗三百首，但6岁那年，他在北京某医院被诊断为自闭症，现在已经难以表述一个完整的句子。

设想这个已28岁的成年人，如果他没有被"早诊断，早康复"，情况会比现在更糟吗？

说到这里，就有必要解读一下当前"自闭症"康复机构普遍采用的训练方法。

现在自闭症康复机构使用的训练方法，比如来自美国的ABA课程，或国内某些人发明的课程，基本设计思路建立在条件反射机制上，即对需要习得的技能进行步骤分解和重复强化，以达成某种外部行为规范。训练方式不管一对一还是一对多，都是单向指令的，非双向交流的。教师是主导者，是指令人，学生是被动方、被指令人。这种训练模式，和竞技运动或表演训练属于一类，交流内容简单，目标外显，缺乏智力因素和趣味性，所以也很难唤起孩子们的情绪认同。

缺少双向交流和情绪认同的训练，在成人来说是在"康复"孩子，可对孩子来说，则是在经历精神和肉体两方面漫长的折磨。儿童像花苞一样有生长的潜力，却比一朵花要丰富细腻得多。所有愉悦的情绪都会转化为促进潜能生长的正能量，所有痛苦的感觉都会转化成压抑正常生长的负能量。在强制训练之下，他们可能会习得一些简单的生活技巧，却丧失了更多的正常交流机会，内心会越来越空洞，变成缺少情感的空躯壳，面对世界时更加冷漠，更加逃避，更无法适应繁复的外部生活。

生活即教育，是美国教育家杜威提出的最著名的教育观点，它奠定了现代教育的思想基础。自闭症儿童缺的是什么？是情感，是交流能力，是适应生活的能力！用脱离生活的程式化的指令模式去训练他们，怎么能达到唤起感情，提高生活能力，学会表达和交流的目的呢？

无论有人拿出多少理论来说明此类康复的"科学性"，我只想请大家把自己代入这些孩子的角色，设身处地地体会一下。一个幼小的孩子，不能玩耍，没有玩伴，被一天数小时地投入到枯燥的训练中，在老师的指挥下，去做一些莫名其妙的事，比如用镊子一颗颗地去夹一碗豆子，或被要求一遍遍地发某个音，并要体会声带震颤，哪怕是开关水龙头也要按步骤来做，不可以胡乱开关……这是多么莫名其妙又痛苦的经历啊，孩子哪里有自我心理调理的机会？如何能有效整合对世界的认识？如何能不更加抵触交流？初入训练机构的孩子大多抵触老师的指令，不听话，是不是事实？在这样的强迫训练下，即使孩子最后变得听话了，难道他就学会了合作？即使他开口发出了"妈妈"这个声音，他又如何体会这两个字代表的情感和内涵呢？

在精神和肉体的双重约束之下，孩子的情志怎么可能被激发出来？且不说行为和交流已出现障碍的孩子，就是完全正常的孩子，经历过那样的长期康复，心理也会出现严重障碍！

康复结果有目共睹，长年接受"康复训练"的孩子确实表现出一些较低的生活能力，学会了做一些低于他们年龄智商的简单小手工或小技能，却成为了确定无疑的精神残疾人。康复机构或家长，总把孩子这点简单的小技能称作"康复成果"，可这是成果吗？是不是称为"残存能力"更准确些？贴标签已把孩子开除出正常行列，"康复训练"则是对儿童的严重的二次伤害，彻底把孩子打垮。

我们都有一个基本常识，当皮肤不小心受伤时，治愈的办法是给伤口创造一个清洁、无打扰的环境，并慢慢等待，这个伤口多半能很快自行愈合；如果天天去揭开伤口进行研究，天天清痂，天天上药，为了搞明白伤口恢复情况，还要经常切一块组织下来研究，那么这伤口不但迁延不愈，溃烂面积越来越大，最后很可能变成一块癌肿。这个道理并不深奥，关键是我们能否设身处地地站到孩子的位置上体会一下。更何况，还有更疯狂的"康复"行为。

2014年7月，媒体出现这样的报道《女博士以暴制暴治疗自闭儿童 10人回归正常》，文章说这位女博士曾学过儿科医学，后又获得某师范大学博士学位，有"国家二级心理咨询师资格"，开办康复机构，专门收治自闭症及智障儿童。收了近千人，采取"厌恶疗法"，以毒攻毒，以暴制暴，治好10名。具体做法是，有些孩子喜欢咬手，她就亲自去咬孩子的手；有些孩子喜欢撞墙，她就抱着孩子的头去撞墙；有些孩子怕高，她则把孩子吊在树上让他"恐高"；有的孩子打人，她就让一伙孩子去打这一个孩子……报道中居然有这样的结论："采取另类的'暴力'施教，拯救了一个又一个孩子和家庭。"配发的照片是：4个老师在地上摁着一个孩子，拨开孩子的嘴，强行往里面塞饭；两个老师把一个正大哭的孩子往树上吊……这样的报道，这些照片，看着都不止是心酸，应该是愤怒了，却被多家媒体转载。

任何事，只要有炒作就有市场。这几年对"网瘾"的炒作，让开办"戒网瘾学校"的人赚得盆满钵满，却残害了许多孩子；自闭症的疯狂炒作，也必然会出现很多女博士这样的机构，这背后，是多少孩子身心两方面的伤痕累累！

天下没有完美家长和完美家庭，几乎每个人都是带着某种心理创伤长大的。家庭中一般的"创伤性成长环境"本不影响孩子的正常成长，是医疗诊断把孩子推到悬崖边，继而被错误的康复训练推下悬崖。

五、"自闭症"大爆发的背后推手

"自闭症"宣传特别强调的一点，就是它和教育无关，是纯生理疾病。这样的宣传事出有因。

教育学和社会心理学研究的对象是人的心理和智力问题，终极目的是要解决人的社会化问题。"自闭症"若想另立门户，就必须把它说成是纯生理问题，绝对地和教育割离开来，才能形成研究、诊断、治疗的庞大市场。

从现有资料看，"自闭症（Autism）"概念由美国学者Kanner于上个世纪40年代提出，距今已有七十多年。当时正是西方当代心理学大发展的时期，各种新概念很多，所以他的这个概念被淹没，并没有受到人们的关注。只是在近十几年，才被重新翻出来，开始流行。

现在能查到的关于Kanner的资料较少，他在心理学史上没有太多痕迹。事实上，Kanner当时提出"自闭症"时，指出该病来源于父母亲在情感方面的冷漠和教养过分形式化。但今天，人们只采用了这个名称，却完全否定了他关于疾病来源的说法，把它改写为纯生理疾病。

教育问题演变为纯生理疾病，这会吸引许多人，原因是有的人找到市场，有的人找到事业，有的人找到安慰。

略有相关常识的人都知道，无论哪个国家，医药市场都是一块庞大的蛋糕，经济越发达，蛋糕份额越大。某种疾病或药品一旦列入公费医疗报销项目，就类似于获得了"公务员"身份，基本上衣食无忧了。因市场而创造疾病，这在经济发达国家已不是秘密。在"自闭症"或"多动症"最流行的欧美国家，相关疾病的康复训练及用药已进入政府报销范畴。药品的大量使用为药厂带来丰厚收入，药厂为政府大量纳税，相关研究项目不仅能从政府申请到大笔科研经费，更能从制药企业得到丰厚的赞助，名利双收。公立中小学，凡有多动症或自闭症儿童教育项目，就能从政府那儿要到更多的钱。一些相关公益机构能从各类慈善团体及社会上获得大量捐款。总之，"病症"让社会各方形成多赢关系。

在中国，继"多动症"之后，"自闭症"医疗及康复市场已大规模形成。全国很多医院都开设了儿童心理科，"自闭症"成为重要诊疗项目。自闭症康复机构纷纷成立，在百度输入"自闭症康复机构"几个字，即可出现几十万条信息。自闭症的概念进入中国不过十多年时间，居然有那么多人可以解决这个"世界级疑难杂症"。稍有点名气的康复机构收费很高，却人满为患，需要排队等候。

平时在网上随意浏览，屏幕上会不时地蹦出自闭症治疗广告——想象一下这背后是多么惊人的患者数字，多么巨大的利益数字！与此同时，一些人还在向政府喊话，希望政府也能给予政策、经济上的支持；一些慈善基金会或个人也在向康复机构慷慨解囊。

儿童是弱势人群，无力诉求和抗争，最容易成为被侵害对象，家长最容易成为被利用人群。如一度流行的"戒网瘾学校"、"网瘾电击疗法"，是典型的混乱过渡期的罪恶产物，却形成市场规模，举办者之多，获利之丰，残害少年儿童之重，触目惊心。这种混乱，在当下"自闭症"治疗及康复市场是否被复制，理当引起警惕。

再从家长来说。孩子被诊断为"自闭症"肯定令家长痛苦不已，但有多少人面对孩子的问题时，追问过自己，我做得够不够，好不好，对不对？凡那些从不怀疑自己有什么过失的父母，当他们找不到进入孩子内心的路径时，本能地会怀疑孩子有什么生理问题，很容易就会去寻找医疗。当父母确认一个孩子是天生带"病"而来时，他也就下意识地避开了走进孩子内心的那条路。

世上确有极少数的孩子，先天有精神或智力残疾，那是大自然的过错。而让"自闭症"的发病率达到1%以上，则是人的过错。不得不说，在这一错误上，一些家长也扮演了推波助澜的角色。

"天生有病"是一间避难所，收容了孩子的痛苦经历，也给了家长面子和教育失败的借口。我接触过不少问题儿童家长，深有体验的是，要家长承认自己的过失，是件特别困难的事，尤其是社会角色出众的家长。可能由于他们一直自身表现出色，所以非常自信，如果有人指出孩子的问题可能来源于家长，他们往往非常抗拒，觉得被伤害，甚至会极为愤怒。

我当然理解他们的痛苦和无助，以及付出辛苦却没有收获的绝望和委屈，但一些家长过激的反应，以及对"自闭症"是无法治疗的先天疾病概念的积极维护，还是让我有些惊讶。假如孩子被诊断得了白血病，有人告诉他这是误诊，可能是家庭生活方式带来的不良症状，并且为他指出省钱省力无痛苦的康复方向，他会生气吗？最多是不信，总不至于生气，甚至去攻击建议人吧——不是他们不爱孩子，也不是他们素质不高，而是他们太害怕否定自己！

目前中国，约一半自闭症康复机构是患儿家长自己创办的，这有些像一个人谢顶了，就去开一个治脱发的门诊一样。当然有"久病成医"这回事，谢顶者如果能让自己满头生发，就是力证。问题是，他们的孩子康复了吗？答案基本是否定的。如果自己的孩子都不能康复，凭什么去康复别人的孩子呢？

我不能说这些开办康复机构的家长有主观恶意，相信他们最初的动机是想给孩子做点什么，或至少抱团取暖。但我要批评他们在这件事上的一意孤行。他们所信奉的"康复"到底是良药还是毒药，3个月5个月看不出后果，3年5年还看不到吗？一个孩子身上看不到，从很多孩子身上还看不到吗？

六、回归自然是最好的治疗

心理康复的最重要思路，应该是如何把充满爱和自由的成长环境还给孩子，而不是把孩子当动物来驯化或当机器人来控制。

心理学家A. 阿德勒指出，真正的心理学不会用针扎小孩看他蹦得有多高，不会搔痒看他笑得有多乐。心理学的任务，必须从他的整个生活方式入手，而不是只去治疗一个病症或单一方面问题。

改善儿童心理障碍，必须是件比较个性化的事，必须细腻地研究和体察孩子的心理和情绪，一点点扶植他们内心的正面生长力量。所以最好从家庭做起，解铃还须系铃人。很多成功案例可以证明，家庭是最好的学校，亲情是最好的老师。具体做法，其实不难，简单陈述就是多陪伴、少限制。

2013年，我为美国作者Thomas Sowell所著的《语迟的孩子》中国版写了推荐序言。这本书作者的儿子在该说话时迟迟不会说话，辗转于多家医院后，被诊断为"语迟症"或"自闭症"。作者是一名经济学家，他虽然不懂医学也不懂教育学，凭直觉认为孩子很正常，拒绝给孩子贴上有病的标签，拒绝把孩子送进特殊教育班级或学校，选择让孩子回归正常的群体，同时用关爱陪伴孩子——就是这样"不作为"，效果反而超过了那些积极的、复杂的治疗和训练，他的儿子最终成长得健康出色。由此他开始关注那些因迟迟不说话而被医生诊断为有病的孩子，成立了家庭交流小组，很多人带着有"病"的孩子加入进来。当家长的目光不再忧心忡忡，而是以平常心、爱心和充分的时间陪伴孩子时，这些孩子却发生了天翻地覆的变化。作者和小组成员都被自己获得的意外成功震惊了，这促使这位经济学家把自己遇到的事情写出来。同时作者也在书中揭露了美国的"自闭症"黑幕，指出医疗和研究经费方面的利益、甚至名誉，是高发病率的背后推手。

就在我为这本书写推荐序言时，正好收到国内一位妈妈的来信。她的孩子也一度因为不说话被诊断为"自闭症"，她虽然拒绝了这个标签，不相信她的孩子有自闭症，却对孩子迟迟不开口说话忧心忡忡，把孩子送进一个语言训练机构进行训练。但效果让她失望，孩子虽然学会了一些发音，在说话方面略有进步，可整个人却越来越萎靡，眼神越来越呆滞，即便说话本身，也常常出现倒退现象。后来，一位朋友对她说，你总在孩子面前表示出对他说话的忧虑，孩子心理负担是不是越来越重了？这样训练，孩子是不是反而更不敢说话了？朋友一句话，点醒了妈妈，对于身处困境的妈妈，有拨云见日的感觉。她突然意识到自己在孩子的说话问题上，给了孩子太多错误的暗示，让他小小的心背负了太多压力。是啊，再聪明的孩子，在这样日复一日的暗示和压力下，自卑的根肯定是越扎越深，状态怎么可能不是越来越差呢？

这位妈妈突然醒悟了，她为自己以前的行为感到后怕，开始大量阅读教育书籍，同时中止了对孩子的各种训练，不再逼迫孩子说话，每天只是和孩子一起快乐地玩耍，给他读故事，随意地和孩子聊天，好像孩子不说话这事从未发生过。他们渐渐地忘记了所谓的问题，而孩子的进步却就此慢慢显现出来，话语能力在停滞了好长时间后，突然飞速发展，性情也越来越开朗活泼。这位妈妈给我写信的时间，是在孩子刚刚通过小学入学前的各项测试之后。测试结果显示，孩子一切都正常，甚至在识字和计算上表现出色，语言交流毫无困难，完全符合入学条件。

不同国度的父母，面对不开口说话的孩子，当他们从带着焦虑、积极地带孩子辗转于医院和治疗机构，转向放平心态，不给孩子贴标签，中止对孩子伤害性的治疗，努力提高家庭生活中亲子相处的质量时，却不约而同地收获到意外惊喜。

现在有人提倡校园"融合教育"，即让"自闭症"儿童和正常儿童在一起上学，淡化其疾病问题，平等友好地对待他。实践证明，它确实在一些孩子身上取得了很好的效果。2013年，央视报道了台湾"融合教育"的成果，患"自闭症"的孩子进入融合教育的学校，状态转好，令人刮目相看。不过，同一年，媒体也报道了这样的事情：北京、深圳等地有自闭症儿童入读普通小学，结果弄得班级鸡犬不宁，孩子们甚至在人身安全上都受到"自闭症"同学的威胁，家长联合要求让这几个儿童退学或离开这个班级，引爆社会舆论，人们纷纷指责这些家长没有爱心。

如此这般，一个疑问就出来了：北京深圳这两所小学也把"自闭症"儿童和普通孩子放一起上学，也是"融合教育"呀，为什么就不行呢？这就说到了"融合教育"的精髓。仅仅把一个心理有"病"的孩子送进一所普通全日制学校，这只是做了皮毛，撕下他身上的"有病"标签，才是开通了融合的渠道。

人类积累的修养早已告诉我们，对待残疾人最礼貌的态度就是忘却他的残疾，平等相待，而不是处处暗示你有缺陷，口口声声告诉人家我要关爱你。"融合教育"的精髓是：没有例外的孩子，只有正常的孩子。所以没有例外的对待，只有正常的对待。其本质是一个撕标签动作——孩子，你没有任何问题，在同学眼里，在老师眼里，你和任何其他同学一样，都是普通而正常的孩子。

我听一位小学校长讲过这样一件事。她曾参加国外某小学一个重要活动，活动甚至邀请了市里的政要。在发言环节中，除了政要、校长和老师，还有学生。她注意到作为学生代表发言的，是一个坐着轮椅的残疾孩子，就想这个孩子背后一定有感人故事。庆祝结束后，她和这位小学生的校长攀谈起来，问及为什么要选择这位学生发言，那位校长有些不解地回答说，因为他是学校里的学生啊。

这位校长也许没有"融合教育"这个词，但他做到了，他奉行的正是教育中最朴素的平等原则，不矫情不虚伪，美好又不着痕迹，这样的教育是全世界儿童都需要的。环境中没有异样的眼光，孩子才能正常成长。

教育学和生物学早就证明，未成熟的生命总是有强大的自我发展、自我成长的潜力和本能。虽然生命成长的路途总有这样那样的差异，但只要没有过分的外力阻碍，得天地恩泽之滋养，仰日月光辉之照耀，一个生命总会正常成长。尤其对于一个有某种心理障碍的孩子来说，没有比爱、自由和尊重更好的康复办法。哪怕什么也不做，也强过胡乱"康复"。

七、我的观点陈述

为了不引起歧义，我把前面表述的观点再进行简单的梳理，同时也对一些需要解释的问题做出进一步陈述。

1. 世上是否真有"自闭症"这种病？

这个问题有几种答案。

（1）如果指大脑某种生理构成先天异常、某个基因异常，致使语言功能或其他交流功能严重障碍，表现出"自闭症"症状，如唐氏综合症，这肯定有，但必定极少，发生率和其他先天残障的发生率相比，不会有太大出入，不会成为流行病。

（2）如果指早期心理创伤导致的语言及交流障碍，这种情况古今中外一直有，情况比较普遍，程度各不相同，所谓"自闭症"只是对此类老问题笼统的新命名。对这类心理问题当然也可以有其他命名，完全不需要神秘化。由于它是后天成长环境所致，所以教育可以大有作为，正确的心理治疗可以极大地改善状态。

（3）如果指当下宣传中以及医疗诊断中的"自闭症"——该病为先天生理疾病，和成长环境无关，发病率越来越高，预后不良——这是夸张地把儿童某种行为障碍或发育中特有现象定义为心理癌症，是人造病，也是本文要批判的。

2. 教育工作者不是医生，有资格谈自闭症吗？

这样的质疑，缘于一个固执的心理前提："自闭症"是纯生理问题，医生是可以诊断治疗的。对此，本文前面已有说明，此处不再赘述。一些"自闭症"传播者攻击像我一样对此提出质疑的教育工作者的说辞就是：你不是医生，不懂医学，所以不能谈自闭症。哥白尼难道要精通宗教事务才可以谈日心说吗？

世上无论什么专业，科学思维都是相通的。我谈"自闭症"无关专业，如果一定要提到"专业"问题，那就是我作为一名教育工作者，无法容忍"医疗鸦片"越来越疯狂地侵害无辜的孩子。专业素养让我能看清楚这一切，职业责任感让我无法袖手旁观。

3. 如何解释同一个家庭的孩子，甚至是双胞胎，会出现有的患病有的健康？

一个人的成长往往是"细节决定命运"，哪怕是同一个家庭的孩子，也有不同的成长细节。正是早期一些不一样的经历，造成了他们不一样的人生。除了父母态度感情上的差异，其他一些小事也有可能形成根本性的影响。

比如一对双胞胎姐妹，出生时一样健康，仅是妹妹耳朵有些炎症。耳炎虽不是大病，但炎症带来不适，不断的治疗又带来痛苦，那么姐妹俩对世界的初始感觉就完全不一样，情绪也不一样。一个爱笑一个爱哭；一个乖巧一个烦躁。父母如果对此不能进行细腻的体察，只是不明白，性别和长相一样的双胞胎，差异怎么那么大，开始怀疑妹妹是否有精神发育方面的问题，又带着妹妹去医院检查神经和大脑，检查过程又给孩子带来种种痛苦，这家查不出来再到另一家，一次次把孩子投入诊疗的折磨中，而这时，姐姐却在家里自在地玩耍——那么姐妹俩的初始人生体验之不同，就是公主和囚犯境遇的差异。于是好的更好，差的更差。越来越显著的差异，导致父母看姐姐时满是欣慰，看妹妹时满是焦虑，更紧张地带着有问题的妹妹跑医院，直到确诊为自闭症，然后把妹妹投入长期的治疗和训练中，甚至把她委托给治疗师，长期和父母分离。最终，妹妹成为确定无疑的残疾人……姐妹俩的人生分水岭就这样形成了。人们看到的是双胞胎的巨大差异，几乎没有人能看到，她们的人生本可以一样精彩。

所以，一个孩子怎样，不能笼统地一概而论，必须回到成长细节上说话。儿童成长中的"蝴蝶效应"随时可能发生。

当然也不必担心，并不是随便什么错误就会产生蝴蝶效应，哪个家长没有过失？一只蝴蝶翅膀扇起的微风能变异为一场飓风，需要长期的、一连串错误的推动。而使一连串错误不断发生的，是成人固执的观念，对孩子一错再错的对待。

4. 为什么男孩子"得病"的多？

男孩女孩天赋性情不一样，大自然早已为两性设计好各自的特征和长短项。当下的"自闭症"诊断标准基本上都是冲着男孩子的弱点去的，男孩更容易成为诊断模式下的牺牲品，成为高"发病率"人群。

事实是不光"自闭症"，现在很多事关儿童的评价标准都对男孩不利，比如我国当前的中小学考试评价、三好学生评比、班干部评选，等等，基本上都是女生优势设计。是男孩子病了弱了，还是我们成人偏了错了？这是现代社会生活中值得思考的宏大话题。

5. 自闭症天才现象如何解释

这很好解释，应该是下面三种情况。

一是人的天赋不同，并且能量有限。某个孩子确实在某方面具有非凡的潜能，把能量主要分配到他的天赋上时，在其他方面就会表现平庸，甚至表现得特别弱。比如一些科学家或一些杰出的艺术家，他们很多人在生活中非常低能，在人际交往方面缺少兴趣和能力，甚至行为怪异，只是因为他们成名了，这些故事才得以流传，并成为美谈。而更多的是天赋虽高，却没有成名的。我们能说他们都得了自闭症吗？他们需要治疗吗？如果有人用武大郎开店的思维方式，硬给他们冠上"高功能自闭症"或"阿斯伯格综合症"的帽子，然后去"康复"他们，这不荒唐吗？

二是生活中确实有极个别的孩子，虽然在早期启蒙阶段受到智力或情感的错误对待，但其天性中某一种潜能并未完全被破坏，侥幸得以存留，后来在某个因缘际会的情况下表达出来，如艺术的或计算的才能，令人刮目相看。这种情况，是因为人与生俱来有自我表达的潜力，有被认可的需求，当其他的出口都关闭后，某一个出口突然现出一个缝隙，于是引起局部喷发。但这种侥幸必定非常少，所以一旦出现，就会成为新闻。

三是从古到今，任何人群中都有某方面的天才，残疾人群当然也不例外，不管是精神残疾还是肢体残疾，其中个别人会在某方面表现出与众不同的天赋，况且现在被定义为"自闭症"的群体，他们本来就是正常人群。媒体或影视作品太热衷于宣传自闭症是天才，这确实能唤起公众的同情心，也符合大众审美需求，但与事实完全不符。事实是，任何有关"自闭症"人群的智力统计数据都表明，该群体智力水平偏低，极少有天才。这是因为一个人的情感得不到正常发育，智力通常也会受到影响。

以个别人的某个特征来描述庞大的群体面貌，这是一种非常幼稚的做法。炒作自闭症是天才，意欲把问题诗意化，制造一种特别的同情和敬意，让人觉得如果你没点儿奇才，都不配当"自闭症"患者，也不配得到轰轰烈烈的关爱。这种做法，其潜意识已暗含了对普通智力的不屑和对低下智力的歧视，它仅仅是让媒体和影视剧"有料"，让某些家长有面子，却掩盖了这个群体的真正困难，忽略了需要解决问题的核心。

6. 到底要不要带孩子去医院诊断"自闭症"

任何诊断都有误诊的可能，何况"自闭症"这样一种从生理上无从验证的问题。同时，既然儿童精神残疾或智力障碍的观察起点和康复终点都在教育系统里，所以在带孩子去医院前，家长应该先问问自己，找医生的目的是什么？

比如经常有家长向我咨询要不要带孩子去测智商，原因一般都是孩子学习成绩不好，老师建议家长带孩子去看医生。老师给出这样的建议，背后已潜藏了一个基本判断，这孩子智商可能有问题，请医生配合验证一下。一旦测出孩子低智商，老师的工作就变得更容易些，对各方面都好交代，更有可能建议孩子留级，班里少个拖后腿的。

且不说"智商"是个动态的现象，"测智商"的科学性本身就值得怀疑，即便能准确测出高低，测试结果对孩子或家长来说，意义和价值又在哪里呢？孩子知道自己是个低智商的人，这对他有半点积极意义吗？相较于知道自己是个智力正常的人，哪种认识有助于他的自我成长和发展？再说家长，在世上还没有发明"聪明药"之前，家长知道孩子智商正常如何，知道孩子低智商又将如何呢？

同理，动机决定手段，信仰决定态度。在要不要找医生诊断"自闭症"的问题上，家长们一定要想好了，为什么要去找医生，希望达到什么目的。带孩子去医院看精神科，本身已在表达某种潜台词。并且，孩子在交流上正不正常、成因如何，和孩子短暂接触的医生，其判断的准确性会超过家长吗？

在这里，我能够给出的提醒是，如果一定要带孩子去看医生，不要轻信一位医生的判断，哪怕他职称很高，资历很老。诊断必须由数位医生共同参与，若有儿童心理学家或教育学者参与，从后天成因上考量，则更好。如果医院不能组建这样的诊断小组，家长自己可以在找过心理医生后，再找教育学者从后天教育上找找问题根源。孩子的"自闭"如果被断定为后天成因，不是先天病，其实更具希望，为康复留出了更大的机会。

7. 如果家长在前面有养育方面的失误，孩子表现出"自闭症"状态，接下来该怎么办？

首先立即中止对孩子伤害性的康复，让孩子的生活和整个家庭生活恢复正常；然后寻找自己在育儿中的失误，把健康美好的教育还给孩子；同时不断调整自己的心态，耐心等待。

什么是健康美好的教育？包含着爱和自由的教育都是健康美好的教育，它是人类精神财富最具体的表达，也是永恒的教育定律。例如本书中呈现的所有正面教育细节和观点，就是对这一定律的注解。

并不是说我的书可以治疗"自闭症"，而是我书中沿用的经典教育思想给出了预防和康复的思路。

人类一切美好的思想和情感都是相通的，古今中外的人都一样，古今中外的教育也一样。3000年前长在乡野的一棵树需要的东西，和3000年后长在城市高楼下的一棵树需要的东西是一样的，基本养护原理是相同的。"自闭症"康复路径必须是：从家庭生活中做起，从细节改善做起。

说到细节，教育不在宏大的理论中，在每一种细节中，做好了细节，就做好了教育。细节是无穷的，也是有规律可循的，悟到了这些规律，就能处理好细节。具体地，我建议从这几个方面去做。

第一，多搜集优秀教育案例。案例看得多了，经验就积累得多，自己如何做，自然就容易找到感觉。

第二，精心阅读几本经典教育类书籍。不必读很多，读几本就可以，但这几本要反复读，反复比对自己的认识，努力优化自己的认识。哪些书是"经典教育著作"，这个问题见仁见智，简单的判断就是，能够穿越时间和国界的就是"经典"。我个人推荐卢梭的《爱弥儿》、弗洛姆的《为自己的人》、尼尔的《夏山学校》，以及苏霍姆林斯基、蒙台梭利、杜威等人的教育著作，相关信息在我的作品后面所附"参考文献"中可以找到。

第三，必要的情况下寻求专业人士帮助，以便家长从他者角度了解自己。当然，这需要家长有"认错"的心理，做好挨批评的准备。

总结以上几条，改善的根本办法，是家长要把功力用在自我心理调整上，亲子关系修缮上。这是个十分艰难的过程，家长可能会有很多迷惘和痛苦，但只要肯低下头来不断学习，不断改进，肯定会走出泥泞。"自闭症"从教育上来，必须要回到教育中去，在一个逻辑合理的关系链中，所有问题之结才能被一一解开。

事实上，生活中已有很多事例能证明正常生活对"自闭症"的疗愈效果。且不说回归正常会使普通儿童正常成长，甚至先天性愚儿这种非常明确的智力疾病，通过优质教育都能改善。

前几年电视上曾报道，我国马鞍山市有个男孩叫周游，是染色体异常导致的先天愚型患者。他妈妈坚持给他正常教育，经常和孩子一起玩，把他像一个正常孩子一样介绍给别人，还教他从小背古诗、讲故事，让他上正常幼儿园，而不是把他送到特殊教育幼儿园。这孩子后来的发展几乎接近正常人。虽然容貌有典型的病患缺陷，但说话、思维方式、爱好、情感等和一般人没什么两样，还进入由省政府主办的"江淮十大杰出青年"候选人名单。

孩子的康复程度和家长的信心呈完全正相关，你用何种眼光看待孩子，用何种方法对待孩子，决定了孩子将以何种状态面对世界。

8. 如何看待联合国设立"国际自闭症日"

当社会上有某种现象影响到公共生活时，人们经常会设立一个相关节日，以期提醒人们的关注。如艾滋病，因为它的第一传染渠道是后天不洁行为，为防止其扩大，需要设一个节日宣传预防，同时提醒人们接纳这些患者，共同帮助他们直面疾病。

我不清楚联合国设立"自闭症日"的动机和程序，也不清楚联合国对此病是否有明确的定义，所以这个问题要分两种情况来回答。

如果是因为关注到现在有心理障碍儿童确实高于以往时代，提醒人们注意儿童心理卫生，优化儿童成长环境，我相信它是有积极意义的，但对于致"病"原因的宣传一定要跟上，应让公众知晓什么原因会导致儿童心理障碍，以加强预防。

如果认可自闭症是先天的，无关教化，无法预防，设立的目的旨在提醒尊重这个群体，那么就没有意义。因为从尊重的角度来说，"自闭症"如果像宣传中说的那样，是天才，人们崇拜还来不及呢，怎么会不尊重呢？如果说承认这个群体确实是残疾人群体，也没必要专设一个关注日，因为现在社会已形成尊重一切残疾人的共识，哪一类残疾人不需要尊重呢？在对不幸的关爱上不必厚此薄彼。

事实是现在联合国的"自闭症日"不但没能唤起人们对儿童教养环境的关注，反而被利用，推高了自闭症的发生率，把一种极稀有现象变成普遍的疾病，它安慰了极少的人，却给很多人挖了陷阱，破坏了公共生活的和谐自然。但时至今日，联合国方面也没有就此进行澄清。所以依现有情况来看，设立这样一个关注日弊多利少，希望联合国方面能关注到这一点。

学者陈嘉映说过，科学似乎给我们提供了世界的真相，但在这幅从大爆炸到基因的严整画面中，没有哪里适合容纳我们的欢愉和悲苦，我们的道德诉求与艺术理想。

当孩子有某种问题时，家长如果不是马上领着孩子跑医院，而是自省一下，我给了他正常的家庭生活和正常的教育了吗？我真正理解了我的孩子了吗？问题的死扣也许就此开始松动。

世间一切问题，想要解决，必须找到问题根源；找到根源，问题就解决了一半。我参与矫治了一些孩子，凡家长积极配合的，都取得了良好的效果。并非我有什么过人之处，我仅仅是做了一点古往今来无数人做过的事情：通过促进家长教养方式的改善，还孩子一个正常的成长环境。我知道当下也有不少人在做这件事情，他们的工作同样让人看到，教育的力量是无形的，却是永恒而有力的。

大地上河流奔腾，草木繁盛，万事一体，万理同宗。人是自然的一分子，没有哪件事需要被神秘化。泛滥的"自闭症"不过是盲目的宣传、泛滥的诊断、不靠谱的康复合力膨化的时代病，它过分肆虐时，就该是特别警惕时。该是让大家看清它真面目的时候了！

2

美国心理学史上的幺蛾子

　　这是一个真实而有趣的故事，大约发生在19世纪90年代前后的美国。讲这个故事前，先说几句和故事有关的题外话，这是理解此故事的必需。

　　现在我们说"每个人都有多面性"——这样一个简单的判断没有人会觉得有问题，没有人会觉得这是个特异现象——本来嘛，人都可能在不同的场合表现出不同的状态和个性。比如很多小孩子在家很活泼，到外面却不敢说话；有的男人在外面像个绅士，回家却打老婆。看新闻报道时往往会发现，重大枪击案的凶手，邻居在描述他们时，总是说他平时看起来温文尔雅，不多言，不像凶手。

　　这些现象，依我们的常识及社会心理学都可以解释。人是复杂的，每个人在不同的场合都会表现出不同的面貌。事实是，人基本上都有性格上的多面性和内心冲突，只是不同的人程度不同而已。大多数人在这方面能取得基本的和谐一致，留给不同的人印象大致一样。少数人表现出巨大差异，有时像天使，有时像魔鬼，这种现象被称作"人格分裂"。孤立地看后一类人，他们身上的极端表现确实令人匪夷所思，但追究一下他们的童年经历，总会发现精神受虐迹象（注意，是"精神受虐"，可能包含肉体受虐，也可能不包含）。

说到精神受虐，请原谅，在这里还需要再简单补充一点心理学常识：为什么童年精神受虐的人在成年后会出现人格分裂。

就像自然为一粒种子早已设定好发芽、生根、长叶、开花、结果的生长秩序一样，自然也为人的心理设定了正常生长秩序。一粒种子的生长潜能必须在适度的阳光雨露下才能正常进行，若遇到旱、涝、冰雹等就无法正常完成生长；人也一样，如果在童年时期没有得到父母的关爱，被寄养，或父母早亡，或父母冷漠、严厉、粗暴等，生命没有得到爱、自由、尊重等这些必需的雨露阳光，心理秩序就会被打乱，不能正常展开，出现诸多逆生长和扭曲。成年后就会表现出逻辑思维混乱，价值观不成熟，往往怯懦、自闭和脾气暴躁等特征兼而有之——不幸福的童年把他变成一个内心严重不和谐的人，而人类自我基因保存的本能又要求其必须具有融入群体的能力，必须实现社会化。于是他内里的不和谐，与社会化过程中必须表达的要求开始互相纠缠，冲突不断，表现出较严重的"人格分裂"。

人格分裂问题自古以来就困扰着很多人，这些人不但自身经常处于痛苦纠结中，也常常给周围人带来不快，给大家制造麻烦。在实际生活中，人们遇到这种人，往往只会归因为"他就这样，性格不稳定"，仿佛他天生聋哑一样。

美国在18、19世纪是经济和政治迅速上升期，文化迷茫和精神迷乱也是其显著特征，神经官能症成为高发病，介于神经病和正常人之间的人格分裂问题，一直让人感到棘手。很多精神科医生和心理治疗师看不到此类心理和童年遭遇的因果关系，试图改善这些人的状况时，往往着眼于孤立的治疗——事实是直到现在，精神治疗和一百多年前比起来，也没有本质性的飞跃和改变，因为医学无法将治疗延伸进一个人的过往生活，而且很多医生也没有这样的追溯能力。究其原因，这是把种地的活儿交给养牛的人干，结果当然可想而知。

人是何等丰富的生物，"意识"这种既找不到血管又找不到细胞的东西，人类只能观察到它如何表达，无法控制它的发生。一个人的意识一旦形成了，再靠人力或药物来改善，非常困难，正如蒸好的馒头很难改成包子一样。

面对如何统一患者的分裂人格这个经久未决的难题，心理学家的思维偏向了去发现一块关于人的"新大陆"，以新的发现来解决老问题。犹如在长宽高的三维空间找不到路，有的人会设想存在着一个"四维空间"一样。在一个靠发现新大陆起家的国家，发现、探索和创新是其显著的特征。为人格分裂问题寻找一个人们做梦也想不到的解释，似乎也是件自然而然的事。

说到这里不得不佩服美国人的想象力，关于人的意识、精神等方面，他们创作出了不少令人惊讶的作品，有小说有电影。尤其好莱坞电影，依其介质在表现力方面的特殊性，再加上超凡的想象力，围绕神秘的大脑创造出了令人惊叹的故事。比如《盗梦空间》(Inception)，看完后，会让人产生幻觉，觉得现实与梦境真的能打通……这是后话，按下不表，书归正传，回到"多重人格"上来，让我们从一个故事开始观看这出闹剧。

1887年，一个叫波荣的传教士从罗德岛一家银行取了五百多美元现金，突然失踪，遍寻不见，报纸上登寻人启事亦无果。

与此同时，另一个城市出现了一个名叫布朗的人，没有人知道他的来历，只是看到他租了个小店，进点货，做起了小生意，与邻里相安无事。

2个月后，布朗突然对外求助，说他叫波荣，半夜突然被什么声音惊醒，惊恐地发现自己不知置身何处，对两个月以来发生的事一无所知，他能回忆起来的最后一件事是到银行取了五百多块钱。后经过其家人辨认，他确实就是失踪两个月的波荣。

波荣事件引起人们极大的兴趣，有心理学家对其进行研究，使用当时流行的催眠术对其进行催眠后，波荣变回了布朗，能讲出来这两个月间"布朗先生"的一些生活细节，醒来后，就又成了波荣，和布朗毫无关系。心理学家们对此十分感兴趣，试图解释波荣为何在那两个月中变成布朗，不过到头来一无所获。后来即使波荣再被催眠，对"布朗"的记忆也越来越淡，一年就完全忘记了布朗这回事，完全成了波荣。

"布朗"消失了，但这件事的影响才开始，它实在太有意思，太有吸引力
了。千古常识告诉我们，一个人就是一个人，波荣事件却显示，一个人有可能
是两个人。心理学家对此给出的猜测是，很可能波荣体内包含着两个互不相干
的人格，即他的一个肉身由两个意识各自独立的人共同寄居，只不过"波荣"
长期统治着躯体，"布朗"只在那2个月不知何故出现，暂时地站到了前面。

这样的解释挑战了人类对自身的了解，此前人们关于人的多面性、人格分
裂问题等就一直有探讨和猜测，如哲学家休谟为此提出了"知觉束"理论，认
为自我不是一个整体，而是由一组意识组成，身体只是把这一组意识捆到一起
而已。由于解释上的牵强，没有形成影响。

现在，波荣事件让心理学家、医生，包括哲学家等一直在寻找的答案到这
里似乎有了合理解释，于是人格分裂症开始被解释为一种与个性成长无关的、
与生俱来的、不知何由的特殊症状，开始流传，人们管这种症状叫"多重人格"
（Multiple Personality Disorder，后来改名为Dissociative Identity Disorder，也译成
"解离症"）。

当然，波荣事件也有其他解释，有的人认为他是癫痫发作，因为该病会让
人的意识在一段时间缺失；也有人认为波荣是个骗子，"布朗"不过是他为自己
的不辞而别编造的谎言；甚至有人认为这是一种人类不能认识的通灵现象，是灵
魂附体的一种……种种解释不一而足，但在当时心理学大发展的环境下，"多重
人格"这样看起来很科学的解释占了上风。

这件事本身直到今天也没有定论，天知道波荣事件到底是怎么回事，即使
全部陈述都是真实的，这种事情的发生必定极其稀少，几乎可以被视作一个传
奇，并没有公共意义。但对这件事的解释却被扩展开来，媒体对此表现出极大
兴趣，这样的报道总是能抓眼球，借助报纸，"多重人格"概念很快得到传播。

此后，此类报告开始不断出现，19世纪后期的五十多年间形成高峰。尽管情况和波荣事件差别很大，但都被归入同一类病症中。

例如一位心理学博士提供的一个案例：向他咨询的一位女士，平时充满焦虑，呆板拘束，被催眠过后，会变得像另外一个人，活泼、孩子气、自由自在。接下来博士继续为该女子治疗，她表现出更多的人格特征，好像多个人藏在一具身体里，"她们"既不知道彼此的存在，又要互相纠缠。例如，A人格把屋子收拾好了，B人格故意搞破坏，C人格刚从衣柜里拿套蓝色裙装穿上，D人格觉得不妥又换成红的。吸烟时，说自己本来是A人格，并不想吸烟，只不过是D人格强迫自己去吸的。这种人我们平时其实也见过，甚至我们自己有时也会这样，遇事没主见，犹豫不决，或为自己的不作为和堕落找借口——这些表现在博士的报告中被解释为"多重人格"症状，听起来虽然那样玄虚和不可思议，却是确凿无疑。

人们的关注重点都放到了"多重人格"的表现上，意欲从不可思议的现象上找到某种人类未知的东西，很少有人注意到，报告里不经意地提到，这位女士有过一个不幸的童年，儿时遭遇了较严重的精神虐待。

"多重人格"吸引了许多心理学家、医生和相关研究人员，他们纷纷把这个当作自己新的研究领域。原本患者寻找心理医生，是为了解脱人格分裂所承受的痛苦，医生面对前来咨询者身上那种扭曲的、看起来不可融合的现象又常常不知所措。现在，"多重人格"既提供了一个解释方向，又是一片没人占领的地盘，吸引心理医生和治疗师前来建立事业地盘，也是非常自然的。相关论文成百上千地生产出来，占领了许多学术期刊的版面，研讨会、学术交流会，学者们郑重其事地拿出他们的"最新发现"。

"多重人格"尤其受到很多心理疾病患者本人及其家属的欢迎，它是一间避难所，收容了许多人的痛苦、变态和失意，给了许多人面子和安慰。比如有些神经质的人，他太情绪化，刚画好一张画，一生气就全给涂抹坏了；或因为一点点小事就和别人大吵大闹。如果在以前，他会自责甚至自卑，别人看他也觉得不可理喻，甚至会瞧不上他。有了"多重人格"解释后，这种不可理喻的行为，就和个性的不成熟或情绪不稳定完全脱钩，被认为是"两个人"在一个身体里斗争，他是无辜的，只是无法同时掌控"两个人"而已。

巨大的推动力还源于各方利益。它解决了不少人的名利问题。

当事人上报纸、上电视，出名，由一个平凡心理疾病患者，摇身变成了一个与众不同的、具有某种超凡现象的不凡之人，令人刮目相看。相关研究被大大地扩展，成为很多人的一项事业，不少人热情而真诚地投入此项研究中，得到大笔课题经费。相关产业也出现了，催眠术由人们眼中的巫术变成了科学，好多人摇身变成心理治疗师，只要招牌挂出去，不怕没有人送钱上门。

最大的推手是电影和小说。

电影和小说一直在寻找有趣的素材，"多重人格"自然被迅速括入囊中，此类小说和电影风起云涌，非常多，仅现在能查到的比较有名的就有一百多部，它们对推广这一概念起到了功不可没的作用。

例如，在由小说改编成电影的《化身博士》（Dr. Jekyll and Mr. Hyde）中，一个人的身体里同时装有一位善良的医生与一位邪恶的杀人凶手，他们截然不同又盘根错节地交集在一起，凶杀案在发生，其中一种人格杀了人，另外一种人格却不知道是谁干的……

在《三面夏娃》（The three faces of Eve）中，一位女子身上有几种人格轮流"执政"，她一会儿羞涩忧郁，一会儿奔放挑逗，一会儿善良多情，一会儿冷酷无情，各种人格的智商测试也不一样，故事自然也跌宕起伏，令人印象深刻。尽管故事是编出来的，但所表现的"多重人格"现象和解释令人深信不疑，恍惚间确有其事。

"多重人格"的概念从心理治疗界蔓延到全社会，成了流行病。被确诊的人数越来越多，案例报告越来越多，并且"重"数也越来越多。从开始的双重人格，到3重人格，然后一路走高，4重、5重……10重，像比赛似的，越多越好，最多的报告为"16重人格"。

当时并不是没有人对此症提出异议，有人看出其中的荒谬，提出质疑和批评，认为多重人格现象是通过谣言传播的歇斯底里大流行，是由文化引发的谎言，通过被困扰的患者及其顺水推舟的医师之间互动起来的一种流行病，是美国特定文化下的产物。

但这些批评或质疑总会遭到多重人格支持者和不明真相者的猛烈抨击，被指斥为无知或用心不良。一方面批评者触及太多人的利益，另一方面媒体对此也没有兴趣，所以这样的声音总如投进洪水中的一块石头，转眼消失，自讨没趣。

不过，"真相"总是无情的，迟早要出来说话。

在"多重人格"泛滥、患者从社会各个角落中像草一样长出来时，一些无法自圆其说的、令人生疑的现象也慢慢被人们注意到。

比如有人发现，各地发出报告的往往是男性，患者往往是一些喜欢取悦他人的年轻女性，而且这些女性都有一个不幸福的童年，遭遇过虐待或性侵。另外，由于患者人数越来越多，描述的情况越来越离奇，一些骗子被揭出来，有的是患者骗了研究人员，有的是患者和心理治疗师合演双簧，骗名骗利。当然也有一些患者出来曝光，说他们是受了治疗师的暗示和引导才那样说那样表现的。

最棘手的是它开始挑战法律。一个人犯罪了，律师会想办法搞来心理学家的诊断，确认罪犯有A、B、C三种人格，律师会辩护说他犯罪时是A人格下所为，B、C两种人格都没参与，所以判决他坐牢是不公平的；罪犯也会坚称犯罪时的那个人，不是他自己，是隐藏在体内的一个他无法控制的"坏人"干的。这种情况，给特别讲究法治的美国带来很大困扰。

但是人们怎么能轻易抛弃他们坚信的东西？很多人一直试图发现多重人格的"发病机理"，以"科学"来证明它确有其事。这样的解释不少，但因为没有说服力，都热闹一阵后归于消停。

比如有人认为，因为人的大脑有两个半球，正常情况下，两半球是可以协调一致的，"多重人格"患者可能是每个半球各自为政，联系没有打通，互相没协调好。这种理论后来被推翻，掀翻这种假说的是一度流行的对癫痫病的防治办法。当时有的医生为防止癫痫患者大脑放电现象从一端扩散到另一端，使病情加重，施行外科手术，切除或分割患者胼胝体，人为把大脑的两个半球间隔开。做过这种手术的患者在生理功能上受到一定影响，但在人格上并未出现分裂情况。这一点，实验人员还在猴子身上做过多例实验，证明各自独立工作的两个大脑并不会造成精神或心理上的分裂。即使在生理功能方面，大脑半球被人为分离后，经过训练和适应，协调性也能慢慢得到改善和恢复。总之，在持续半个多世纪的研究高潮中，有假说、有争论，关于解剖和基因方面的猜测不断出现，但最后都不能形成确证，不了了之。

"多重人格"闹剧的结束没有一个明确的时间、地点。历经近100年的跨度，终因越演越怪诞，越演越无趣，一代又一代人慢慢演不下去，也看不下去，才慢慢终结。到上个世纪80年代，"多重人格"之说在美国已声名狼藉，学术界已无立足之地，仅是电影界个别人还感兴趣，把它当"聊斋"来拍。后来它还曾转战到欧洲和澳洲等国家热闹了一阵子，结局也同样是不了了之。1994年美国精神病学会重新修订心理障碍诊断手册，删除了原有的"多重人格"解释。而各国心理学界也将这一说法从教科书中剔出去，不予采纳。至此，它才完全画上句号。

不过，这样的电影和小说直到现在还在生产着，只是批量小了很多而已。虽然此类宣传中也经常说"多重人格"是真有其症，但相信的人已很少了，也形不成治疗。没有根基的东西注定没有生命力，这是自然淘汰法则。

这出闹剧之所以没来中国上演，只是因为没来得及，旧中国忙朝代更迭，新中国忙抓革命促生产，到20世纪80年代改革开放，打开国门和国际接轨时，这出戏正在缓缓拉上幕布，否则的话，一定会被搬上中国的舞台，观众应该不少，门票可能卖得比美国还好。

不过，类似的演出不会结束，反正意识不是人能搞清楚的，只要"查无此证"，就可以随便说。例如当下被严重泛化的"多动症"或"自闭症"，其产生、表现、解释、炒作、普及等各方面，和"多重人格"如出一辙。眼下也许没有哪个个体能证明这些事情的荒谬，但无论如何，时间终会证明——时间，是洞明一切的最伟大的君王，在冷眼旁观中，让所有的幺蛾子现出原形。

本章主要参考文献：

（奥）A.阿德勒，《自卑与超越》，黄光国译，作家出版社，1986年9月第1版。

（英）SUSNA BLACKMORE,《人的意识》，耿海燕、李奇等译，中国轻工业出版社，2008年1月第1版。

（美）亚伯·拉罕马斯洛，《动机与人格》，许金声等译，中国人民大学出版社，2007年4月第1版。

（美）杜·舒尔兹，S.E.舒尔兹，《现代心理学史》，叶浩生译，江苏教育出版社，2011年2月第2版。

（英）安迪·格林，《教育、全球化与民族国家》，朱旭东等译，教育科学出版社，2004年7月第1版。

（美）戴维·迈尔斯，《社会心理学》，侯玉波等译，人民邮电出版社，2006年1月第1版。

（美）托马斯·索维尔，《语迟的孩子》，顾鹏等译，湖北教育出版社，2013年11月第1版。

（美）杜威，《我们怎样思维·经验与教育》，姜文闵译，人民教育出版社，2005年1月第2版。

（美）弗洛姆，《为自己的人》，孙依依译，三联书店，1988年11月北京第1版。

（美）弗洛姆，《爱的艺术》，李健鸣译，上海译文出版社，2008年4月第1版。

（法）古斯塔夫·勒庞，《乌合之众》，冯克利译，中央编译出版社，2005年10月第1版。

（英）A.S.尼尔，《夏山学校》，王克难译，南海出版公司，2010年5月第2版。

后
记

这本书的交稿时间一再延宕，当我终于把全部书稿发给编辑时，有一种跑完马拉松的感觉，既轻松又疲惫。

本书创作历时5年，对于一本专业书籍的写作来说，这也许是个正常用时；但在当下这样一个快节奏的时代，在出版社的催促下，在很多读者通过各种渠道表达的期盼中，以及我自己的愿望里，本书的写作显得耗时太长。

一拖再拖的原因主要是内外两种。

从外部来说，尽管我对各种诱惑和打扰已做了最大的抵抗，但在这5年中，时间上一直捉襟见肘，经常无法静下心来投入写作。

从内部来说，因我的书要面对的读者十分广泛，如何把教育学和心理学理论转化为有趣的文字，把专业知识进行通俗而准确的呈现，并且紧贴现实，这是比较艰难的一件事，是耗时较长的主要原因。

本书的理论程度及理性程度比《好妈妈胜过好老师》更强，但"雅俗共赏"仍是追求的目标，案例写作仍是秉承的风格。

雅俗共赏是个平易的词，做起来却不易。在读者那里越精准流畅的文字，越需要写作者在背后下功夫。尤其是专业写作，想把一件简单的事写复杂了比较容易，想把一件复杂的事写简单了比较难。

在教育领域，虽然现在案例研究的价值还没有得到学术界的普遍认可，个案写作尚未得到足够的重视，我还是在本书中坚持了这种叙事风格。

我一直不喜欢用宏大话语来谈教育。宏大话语不一定都是站得高看得远，其实也常常出于思维的懒惰和粗糙。教育学应该是最接地气的一门学问，教育理论的价值应该体现在对实践的指导上，而不应该远离教育生活，更不能高高在上。案例写作的长处，在于个案既能反映差异化的东西，又具有某种理论内涵。可以说，每个典型案例都是一个理论加实践的强大的教育说明体。

法布尔是法国昆虫学家，为了观察昆虫，孤身一人在野外生活了40年，他所著的《昆虫记》不仅是一部研究昆虫的科学巨著，也是一部充满人文情怀、讴歌生命的诗篇。这部著作浩大深远，却通俗易懂，吸引了从学者到小朋友不同年龄、不同文化层次的人，形成了最广泛的阅读人群。但当时这部作品却被一些人贬低，认为《昆虫记》不过是一部简单的科普作品，算不上科学著作。法布尔为此说了一段话："一些人指责我的风格，说我不够严肃。不对！我的风格比干巴巴的教科书好得多。对这些人来说，如果有一页纸读起来不那么令人心智衰竭，他们就害怕，以为那样就不能阐述真理。要是我也使用他们的词汇，只会深感头脑含混不清。"①

学术的归宿不应该仅仅在书架上，应该在丰富的现实生活中。理论不是飘浮在事实之上的高贵的空气，而是潜藏在事情内部的规则和原理。通俗的表达不等于思想的浅陋，学问的本质应该是朴素、简单和明了。

感谢我的导师朱旭东先生对本书的推荐。继《好妈妈胜过好老师》之后，朱老师再一次对本书给出中肯的点评。朱老师工作繁忙，但他并不因为了解我的研究和写作，就轻易发言，而是一篇不落地坚持看完全部书稿，才谈他的看法。朱老师对学问的态度及为师的态度令人尊敬。

本书的写作及出版，得到数位老同学、老朋友不同形式的帮助，感谢张春媚、窦红梅、郭小利、高颖、郭瑞璋，感谢你们对我的无私帮助。尤其感谢好友王月鹏，你用文字表达的友情赏评，代表了老朋友们对我的支持和肯定，让我欣慰，也让我诚惶诚恐。谢谢你们递上的美酒，请允许我一饮而尽，生命因

①《清澈的理性》，上海教育出版社2005年1月第1版，240页。

你们的情谊更显得迷人。

感谢我的亲人，父母、姐姐哥哥们，先生和女儿，此生有你们相伴，与你们血肉相连，我是何等幸运。

感谢作家出版社，感谢所有的读者，感谢所有帮助过我的人。

愿每个孩子都有美好的童年，每个家长都有幸福的笑容。愿生活更加美好。

谢谢大家，祝福大家！

尹建莉

2014年夏于北京

最简单的路径，抵达最丰富的可能

王月鹏

有些路，仅仅靠经验是很难穿越和抵达的。

尹建莉的"好妈妈"教子理念，在千千万万家长中引起共鸣。如果说那是她的经验之谈，那么，她的经验是有"核"的。她从一个母亲的角度来写，但是理性思考的高度和宽度却是专家学者的，她把对女儿的情感，扩展成了关注更多孩子的情怀。

她创造了一个无法归类却被普遍接受和认同的文本，很多人注意到《好妈妈胜过好老师》这一本书所开创的市场奇迹，却在一定程度上忽略了这"奇迹"背后的巨大社会意义。在这样的一个时代，一本书启迪了千千万万的母亲，并且通过对母亲的影响，有力引导了她们对孩子的教育，无数个母亲的美好期望，必将支撑民族与未来的梦想。

我时常想象，作为一个清晰地看到种种教育弊端和观念误区，并且勇敢地说出来的人，尹建莉要独自经历和消化多少不为人知的东西？她曾经写诗，现在做教育研究，始终保持了一个诗人的纯粹品质，爱这个世界，爱这个世界上的一草一木，爱这个世界上的所有孩子，她用她的专业深情地表达着这份爱。

一个人如果只爱自己的孩子，不懂得爱惜万物，不会沉下心来静听花开花落的声音，那么这样的心灵是可疑的。在现实中，我们的太多泪水其实都为自己而流，有多少人是在为那些看似与己无关的更广大的物事而悲喜与牵挂？这关涉到一个人的灵魂底色与精神格局。

　　尹建莉的眼光是犀利的，表达却始终是温润的。她不仅仅质疑，不仅仅批判，所有言说最终都导向建设性的意见。她希望给迷茫中的家长找到一条路，一条可以付诸实施且有实效的路。所以在书中，在面对面交流时，她很少谈论高深的理论，更像一个站在你我他中间的传道者，具有日常的气息和正常人的体温。在大家习以为常的"失误"中，或在别人的麻木和理所当然中，她以自己的视角发现了一些不容忽视的问题，提醒家长注意。

　　我与尹建莉是多年的好友，时常在电话里聊聊各自的写作，对她的教育理念也有所了解，但读完她的《好妈妈胜过好老师》以及这本《最美的教育最简单》，我仍有相见恨晚之感，深深意识到自己在对女儿的教育中有太多疏忽，太多的细节问题被忽略了。而这些细节，极有可能影响孩子一生的性格和命运。

　　爱孩子不是问题，如何爱却是一个问题。尹建莉平时有一个观点：社会生活中，正确和美好的事情往往不复杂，凡事太复杂了一定有问题。所以在教育思想的传播中，她试图通过一条最简单的路径，引领家长们抵达最好的教育可能。

　　尹建莉总说自己是个幸运的人，包括作品的畅销，她也经常用"幸运"来归因。这当然是她的自谦，每个读过她作品的人，都可以看到这份"幸运"是由怎样的才华、学识和勇气共同成全的。如果一定要说公众对她作品的认可是她的幸运，那么这何尝不是读者的幸运，又何尝不是无数孩子的幸运？

　　爱是一门艺术。正确爱我们的孩子，即是正确对待我们的未来。

　　（本文作者王月鹏，著名青年散文家，中国作家协会会员）

主要参考文献

（美）杜威,《民主主义与教育》,王承绪译,人民教育出版社,2001年5月第2版。

（美）杜威,《我们怎样思维·经验与教育》,姜文闵译,人民教育出版社,2005年1月第2版。

（美）弗洛姆,《为自己的人》,孙依依译,三联书店,1988年11月北京第1版。

（美）弗洛姆,《爱的艺术》,李健鸣译,上海译文出版社,2008年4月第1版。

（美）戴维·迈尔斯,《社会心理学》,侯玉波等译,人民邮电出版社,2006年1月第1版。

（法）卢梭,《爱弥儿》,李平沤译,人民教育出版社,2001年5月第2版。

（法）卢梭,《社会契约论》,何兆武译,商务印书馆,2003年3月第3版。

（英）A.S.尼尔,《夏山学校》,王克难译,南海出版公司,2010年5月第2版。

（英）F.A.哈耶克,《致命的自负》,冯克利等译,中国社会科学出版社,2000年9月第1版。

（英）安迪·格林,《教育、全球化与民族国家》,朱旭东等译,教育科学出版社,2004年7月第1版。

（英）SUSNA BLACKMORE《人的意识》,耿海燕、李奇等译,中国轻工业出版社,2008年1月第1版。

（意）蒙台梭利,《蒙台梭利幼儿教育科学方法》,任代文等译,人民教育出版社,2001年5月第2版。

（苏）苏霍姆林斯基,《给教师的建议》,杜殿坤编译,教育科学出版社,1984年6月第2版。

（苏）苏霍姆林斯基,《公民的诞生》,黄之瑞、张佩珍等译,教育科学出版社,2002年4月第1版。

（苏）马卡连柯，《马卡连柯教育文集》，吴式颖等编，人民教育出版社，2005年1月第2版。

（法）古斯塔夫·勒庞，《乌合之众》，冯克利译，中央编译出版社，2005年10月第1版。

（德）费希特，《论学者的使命　人的使命》，梁志学等译，商务印书馆，1984年10月第1版。

（美）梭罗，《瓦尔登湖》，徐迟译，上海译文出版社，2006年8月第1版。

（奥）A.阿德勒，《自卑与超越》，黄光国译，作家出版社，1986年9月第1版。

陶行知，《陶行知教育文集》，四川教育出版社，2005年5月第1版。

陈鹤琴，《家庭教育》，华东师范大学出版社，2006年5月第1版。

朱旭东，《新比较教育》，高等教育出版社，2008年6月第1版。

陈嘉映，《哲学　科学　常识》，东方出版社，2007年2月第1版。

辜正坤，《中西文化比较导论》，北京大学出版社，2007年9月第1版。

郑又慧，《父母是孩子最好的音乐老师》，作家出版社，2012年9月第1版。

图书在版编目（CIP）数据

最美的教育最简单 / 尹建莉 著. -- 北京：作家出版社，2014.7（2025.6 重印）

ISBN 978-7-5063-7481-1

Ⅰ. ①最… Ⅱ. ①尹… Ⅲ. ①家庭教育 Ⅳ. ①G78

中国版本图书馆CIP数据核字（2014）第175531号

最美的教育最简单

作　　者：尹建莉
责任编辑：郑建华
助理编辑：李　雯
装帧设计：刘晓翔工作室
出版发行：作家出版社
社　　址：北京农展馆南里10号　　　　邮　　编：100125
电话传真：86-10-65930756（出版发行部）
　　　　　86-10-65004079（总编室）
　　　　　86-10-65015116（邮购部）
E-mail:zuojia@zuojia.net.cn
http://www.haozuojia.com（作家在线）
印　　刷：三河市紫恒印装有限公司
成品尺寸：165×240
字　　数：320千
印　　张：23.25
印　　数：1100001-1105000
版　　次：2014年8月第1版
印　　次：2025年6月第34次印刷
ISBN 978-7-5063-7481-1
定　　价：68.00元

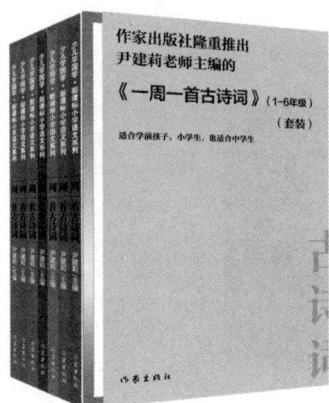

作家出版社隆重推出尹建莉老师主编的
《一周一首古诗词》（1—6 年级）

适合学前孩子、小学生，也适合中学生

本书特点：

一　由著名教育专家尹建莉老师主编

二　有尹老师指导背诵古诗词的最新文章

三　紧贴当下最新课程标准

1. 精选了适合孩子背诵的 300 首古诗词

2. 含小学的全部和初中的大部分古诗词

3. 按年级分为 6 册，每册 50 首，每周一首

4. 各册都包含了本册对应教材里的古诗词

四　优秀教师和教研员编写，按记忆规律设计了"背诵提醒表"

五　有彩色插图，有注释、诗词大意、阅读延伸，便于理解

六　还设计了"口袋书"，方便日常携带

　　《改变孩子先改变自己》是我国著名家庭教育专家、网瘾戒除专家、2012 年中国家庭教育"十佳公益人物"贾容韬老师成为一个好爸爸的心路历程及他多年教育方法的汇集。

　　贾容韬老师曾是位企业家，在孩子出现严重问题后，他去做了陪读爸爸。他看了上千本书，做了 80 多万字的教育笔记，经过反思，他发现孩子的问题其实主要是家长教育的方法问题。他调整了自己的教育方法，孩子也发生了根本变化，考上了全国重点大学。贾老师把自己摸索出的经验用于指导其他家长，也取得了非常好的效果。

　　画云博士在海外生活 20 多年，她的教育研究具有国际化的视野和开放的心态。本书通过她育子和教学的经历，深刻剖析了亲子关系和师生关系的本质，并为优化这些关系提供了许多具体的操作方法。这些方法的灵魂即无条件的爱，它令许多教育问题迎刃而解。

　　本书中西合璧，教育理念前沿。虽然从内容方面来看，谈的是家庭教育和学校教育；但从价值和功用上说，也可以成为一个人自我成长的良好读本，其中的反思、诚恳和自我觉醒意识，尤其值得我们学习和借鉴。

——著名教育专家　尹建莉

《父母是孩子最好的音乐老师》的作者郑又慧老师，是国际音乐协会教材教法研究会7个常务理事之一，台湾著名少儿音乐教育专家，她曾自费去过20多个国家和地区，融汇这些国家的少儿音乐教材、教法，摸索出一套自己的适合孩子的音乐教育方法。本书是她30多年教育经验的汇集，曾获台湾出版最高奖"金鼎奖"。引进到大陆后于2012年9月出版过一次，已经脱销。此次出版为修订本。

本书取名《父母是孩子最好的音乐老师》，意在强调父母在孩子音乐学习中所起的重要作用：在幼儿的音乐启蒙阶段，父母知道怎样做到最好的启蒙；在音乐学习阶段，父母知道怎么给孩子找到最适合的老师并给予帮助；在孩子的专业音乐学习阶段，父母知道怎么帮孩子走得更远。